乐山市廉政研究中心重点研究项目“LSLZ（2019）02”、科研平台项目“LSLZ（2019）003”研究成果
四川省教育厅科研项目“18SB0220”研究成果
2020年乐山师范学院学术著作出版基金资助出版

罪后积极行为及其刑法评价

刘峰江 著

Positive Post-crime Behaviour and Its Evaluation in Criminal Law

WUHAN UNIVERSITY PRESS
武汉大学出版社

图书在版编目(CIP)数据

罪后积极行为及其刑法评价/刘峰江著.—武汉：武汉大学出版社，2021.7

ISBN 978-7-307-22366-0

Ⅰ.罪…　Ⅱ.刘…　Ⅲ.刑法—立法—研究—中国　Ⅳ.D924.02

中国版本图书馆 CIP 数据核字(2021)第 099065 号

责任编辑:陈　帆　　　责任校对:李孟潇　　　版式设计：韩闻锦

出版发行：**武汉大学出版社**　（430072　武昌　珞珈山）

（电子邮箱：cbs22@whu.edu.cn　网址：www.wdp.com.cn）

印刷：武汉市宏达盛印务有限公司

开本:720×1000　1/16　印张:12.75　字数:190 千字　插页:1

版次:2021 年 7 月第 1 版　　2021 年 7 月第 1 次印刷

ISBN 978-7-307-22366-0　　定价:59.00 元

目　　录

第一章 导 论

第一节 选题背景与问题提出

我国刑事立法中存在一类特殊的罪刑条款，规定行为人从事了违反刑法禁止性规范的行为之后，并不对该行为直接进行评价，而是需要综合行为后可能具备的各种积极性行为表现进行整体性的评价，最后再判断是否以犯罪性质论处，是否科处刑罚以及量处刑罚的轻重。例如，根据《中华人民共和国刑法》(以下简称《刑法》)关于第201条关于逃税罪、第196条恶意透支型信用卡诈骗罪、第276条之一拒不支付劳动报酬罪等罪名以及有关司法解释的规定，若具备罪后积极性行为情节，可以作出行为免罪性评价结论。但是，具有罪后积极性行为情节并不意味着必然导致刑法上的免罪性评价，例如，关于拒不支付劳动者劳动报酬罪的规定，只有在刑事立案以前向劳动者支付全额劳动报酬和进行民事赔偿，且没有造成严重后果，在综合罪中与罪后的行为之后，被认定为情节显著轻微的情况之下才可以作出免罪性评价。倘若支付劳动报酬的时间是在立案之后提起公诉之前，则可以作出减轻或者免除刑罚评价。倘若案件已经进入审判阶段，在一审判决作出之前才支付劳动报酬的，则只能从轻处罚，不可能再免除刑罚。倘若是在裁判作出之后再行支付劳动报酬的，则属于履行刑事附带民事裁判文书的行为。在刑事立法中，类似罪后情节产生免罪评价效果的罪名还有不少，除上文所提及的恶意透支型信用卡诈骗罪、逃税罪以外，有关盗窃罪、诈骗罪、敲诈勒索罪、受贿罪以及强奸罪等罪名规范中也存在此类情况。

由此，引发笔者对因罪后积极性行为表现而作出免罪性评价结论是否正当、合理问题的思考？以拒不支付劳动报酬罪的规定为例，为什么根据刑法的规定，对已经满足拒不支付劳动报酬罪犯罪构成的行为因为具有罪后积极性支付并进行相关民事赔偿行为便可以否定之前行为的犯罪性质？为什么根据罪后支付劳动报酬的时间阶段不同刑法评价的结论各异？分别作出从轻、减轻或者免除处罚、免罪性评价结论的根据是什么？引导作出不同减免处罚评价的现有标准是否合理？进而问及，现有立法中还有哪些涉及罪后积极性行为产生减免处罚或者免罪性评价效果的罪名？此类罪名规范体现出背后怎样的立法及司法理念，理论价值何在，对司法实务有何功用？此类与罪后积极行为评价有关的罪名规范是否都符合罪刑法定与罪责刑相适应的基本原则，是否还有值得检讨和完善的地方？再进一步问及，刑法上罪后积极行为评价还可以扩展适用于分则中的哪些罪名，如，立法上是否可以对绑架罪作出罪后行为评价减免处罚的规定？是否可以提炼出罪后积极行为情节从轻、减轻、免罚、免罪评价的相关规律性理论，以便对司法实践中涉及罪后积极行为情节在定罪量刑时提供有益的引导。由此，笔者决定以罪后积极行为及其刑法评价为题进行写作，通过理论上的梳理与论证，以及对现有立法及司法现状的总结与问题反思，最后尝试性地对罪后积极行为刑法评价进行阶序性的设计，以便根据行为人犯罪之后所采取的积极行为的具体情况，再结合罪行本身，在罪刑法定的基础上，更加公平合理地判定行为的刑事责任后果，从而做到罪责刑相适应。

第二节 关联问题立法背景

（一）域外立法借鉴

一些域外国家或地区的刑事立法总则中在量刑总原则问题上规定了与犯罪后采取补救性、恢复性行为、与被害人和解等有关的量刑指导条款。例如，德国刑法典中总则量刑部分便作出规定，行为人在犯罪之后所采取的补救犯罪致害的努力、主观态度以及与被害人和解的情况等都是量刑时应当考虑的情节。① 表现为该刑法典第46条以及第46条a规定，在量刑阶段，法官应充分对事后主动给以受害人的各项补偿和补救措施及效果加以充分的考虑。犯罪人具有以下罪后行为之一的，法官可以对其减轻处罚，如若原本所判刑罚在1年以内或者在360单位日额罚金以内，则可免予刑罚："1. 行为人努力与被害人达成和解，对其行为造成的损害全部或大部分予以补偿，或认真致力于对其行为造成的损害进行补偿的；2. 在行为人可以自主决定对损害进行补偿或者不补偿的情况下，他对被害人的损害进行了全部或大部分补偿。"②再如，意大利刑法典第133条关于"认定犯罪的严重程度"第(3)项规定了量刑时需要把犯罪后的品行作为重要的考量内容。③ 在涉及罪后返还犯罪违法所得以及民事赔偿部分规定，在判定犯罪人再次犯罪的可能性时，犯罪后行为所表现出的个人品行是一项重要的考查内容，审判前便积极赔偿犯罪所造成的损害或积极返还犯罪所得，或者主动采取措施有效预防、消除或者减轻犯罪的危害后果，即便不构成犯罪中止，仍属于可致罪行变轻的重要事由。④ 日本刑法在战后修改时曾作出规定，反映犯罪人在犯罪之后的主观态度等情节是刑罚裁量的重要内容，应当以有利于犯罪控制与帮助和促进犯罪悔改更生为目的。⑤

在罪后民事赔偿方面，美国刑法中设计有专门的刑事赔偿罚，并被规定为一种正式的刑罚手段，当犯罪嫌疑人有主动赔偿情节时，可以一定程度上免去刑事赔偿罚，由刑事赔偿罚代替部分监禁刑的作用。⑥ 德

---

① 参见[德]克劳斯·罗克辛：《刑法中的责任和预防》，[日]宫泽浩一监译，日本成文堂1984年版，第116~117页。

② 参见《德国刑法典》，徐久生、庄敬华译，中国方正出版社2004年版，第17页。

③ 参见《最新意大利刑法典》，黄风译，法律出版社2007年版，第49页。

④ 参见万志鹏：《大陆法系刑法中的"客观的处罚条件"》，《广西民族师范学院学报》2015年第4期。

⑤ 参见付立庆：《战后日本刑法学的发展谱系及其课题》，《苏州大学学报(哲学社会科学版)》2016年第4期。

⑥ 参见[美]埃米利·希尔弗曼：《美国的刑事赔偿制度(上)》，刘孝敏译，《刑法论丛》2006年第5期。

国等大陆法系国家正在积极探索创新型惩罚路径和方法，在总体保留刑罚和保安处分惩罚方式之下，尝试性地引入民事赔偿等替代性的犯罪惩罚方式。① 挪威刑法中也有类似的规定，其中极富特点的制度是，在缓刑的适用中民事赔偿的情况是重点考查的内容，将直接影响缓刑的判罚。② 法国、瑞典、丹麦、葡萄牙等国家的刑法典都有把民事赔偿作为缓刑适用条件的规定。英美法系国家也有经济赔偿与刑罚相挂钩的制度，例如，早在 1984 年颁布的《美国联邦犯罪被害人法》中就对受害人获得赔偿的相关事宜设专章予以规定，把犯罪人对受害人进行民事经济赔偿或者返还财产作为必须履行的义务，当然，法院在作出民事赔偿支付令时必须考虑犯罪人的经济状况，并且，法官在判决免除犯罪人刑罚或者决定缓刑、假释时应当充分考虑犯罪人履行赔偿支付令的情况。③

除此之外，国外刑法中设置有类似于我国的立功制度，例如，德国刑法典对于一些特殊的罪名如谍报罪、叛国谍报罪、组织犯罪集团罪等适用罪后立功减刑。④ 再如，美国的“污点证人作证豁免制度”所规定的污点证人作证免罪免罚评价与我国的自首且立功情节有相似之处。⑤ 涉嫌的犯罪人在完成检方安排的揭露或协助查获犯罪任务之后，应对所涉罪名予以轻免处罚或者撤销对其的刑事指控。

俄罗斯刑法最富特色之处是在总则中专门设计了免除刑事责任规

---

① 参见[德]克劳斯·罗克辛：《德国刑法学总论》，王世洲译，法律出版社 2005 年版，第 55 页。

② 参见《挪威一般公民刑法典》第 53 条规定，缓刑期间内，法官可以责令犯罪人支付到期或者即将到期的赔偿。第 54 条规定，根据犯罪人民事赔偿是否符合刑法的要求，法官将可能作出终结(停止)缓刑或者延长(继续)缓刑的决定，倘若犯罪人拒绝履行民事经济赔偿责任或者义务的情节严重或者具有多次违反的情况，法官可以判决对原判决全部或者部分恢复执行。

③ 参见赵可：《犯罪被害人及其补偿立法》，群众出版社 2009 年版，第 279～280 页。

④ 参见熊瑛：《量刑视野下的立功制度研究》，西南政法大学 2011 年博士学位论文，第 15 页。

⑤ 参见熊瑛：《污点证人作证豁免制度与立功制度的比较考察——兼论构建我国污点证人作证豁免制度》，《湖北社会科学》2011 年第 8 期。

范，并且，在分则中有大量罪名，甚至包括社会危害性较为严重的犯罪类型都有规定了罪后积极性情节免罪的情况。早在 1958 年苏联时期的刑法纲要中便首次出现免除刑事责任的立法规范，并在 1960 年刑法典通过时采用。1996 年俄罗斯刑法修改时，不仅对罪后情节免除刑责以及免除刑罚予以保留，并将其单列成为一编，其中，规定了免除刑事责任的四种情况：(1)罪后积极性悔罪；(2)与被害人和解；(3)情势变化；(4)时效期满。此后，刑法修改时取消了第 3 种免除刑责的类型。再加上刑法典中规定的大赦免罪和未成年人犯罪免罪，俄罗斯刑法典中共规定了六种可以免除刑事责任的情况。其中，因罪后行为人作出积极性行为而免除刑责的共有三种情形，总则中规定了两种类型：一是因罪后积极性悔罪；二是与受害人和解。分则中具体规定了特定罪名因罪后积极行为而免除刑责的情况。总则中规定的悔罪与和解两种情况适用于轻、微犯罪的几乎所有罪名，而分则中特别指出了可以适用的具体罪名，其中绝大多数是规范具有严重危害性犯罪行为的罪名。

俄罗斯联邦刑法在罪后情节中因个人行为而作出刑罚减免的力度相当大，例如，在刑法典中第 64 条规定，当犯罪之后涉及犯罪人所采取的能够产生减轻罪行所造成的社会危害程度时，可以从轻或者减轻处罚。① 第 61 条规定："犯罪人在犯罪之后立即对被害人给予医疗救助或其他帮助，自愿赔偿犯罪所造成的财产损失或精神损害，以及其他旨在弥补对被害人所造成的损失的行为——可以减轻处罚。"②对于侵财类案件，具有罪后公开诚恳致歉和进行民事经济赔偿，或者以金钱形式对精神损害进行补偿，都属于减轻处罚的情节。③ 此外，我国刑法总则中自首可以被免除刑罚的规定在俄罗斯刑法总则中也能找到相似的条款。法

① 参见《俄罗斯联邦刑法典》，黄道秀译，中国法制出版社 2004 年版，第 25 页。

② 参见《俄罗斯联邦刑法典》，黄道秀译，中国法制出版社 2004 年版，第 25 页。

③ 参见[俄]Н. Ф. 库兹涅佐娃 .И. М. 佳日科娃主编：《俄罗斯刑法教程(总论)》，黄道秀译，中国法制出版社 2002 年版，第 669~670 页。

典中第75条中的第一款规定，如果是首次实施犯罪行为，且罪行轻微，倘若具有罪后自首情节，对侦破案件有帮助，并赔偿或补偿犯罪行为所造成的损失，从而体现出真诚悔改不致再危害社会的，可以免除刑责。第76条涉及罪后与被害人和解而免除刑责的情况也需要有罪后赔偿或补偿性积极行为。

俄罗斯联邦刑法在具体个罪罪名中涉及罪后积极性行为评价情形的规定最为详细，涉及较多罪名，其中大部分涉及罪后积极性行为情节免除刑事责任的规定，列举如下：第126条绑架罪、第204条商业贿买罪、第205条恐怖犯罪预备行为罪(还需要结合罪后立功行为情节)、第206条劫持人质罪、第208条组建非法武装或参加非法武装队伍罪、第222条非法获取、销售、运送、携带武器及主要部件、爆炸物品装置罪、第223条非法制造武器罪、第337条擅自撤离部队罪、第338条脱逃罪、第127条第1款贩卖人口罪、第205条第1款引诱或帮助他人实施恐怖性质犯罪、第281条第1款组建极端主义团体罪、第282第2款组织极端主义团体活动罪。①

德国刑法典中，对某些罪名也采用了罪后情节减免刑罚的立法模式，例如，第306e条关于放火罪的规定，行为人若在造成重大损失之前便主动将火熄灭的，便可减轻处罚或免除处罚；第163条第2款中规定，在法庭作出伪证之后，行为人又及时纠正自己的错误陈述的，不再处以刑罚。类似罪后积极行为减免处罚模式还运用于投毒罪、引起核爆炸罪、破坏铁路、航空罪等罪名中。再如，针对绑架罪，德国规定罪后释放人质，保障人质安全等情况下减、免处罚的规定。如美国一半以上多数州的刑法规定，犯罪在被审判之前便主动自愿地将绑架人质释放的，只要被害人尚且存活，犯罪人将被以二级重罪处罚(若不存在此情形，则属于一级重罪)。几乎所有国家都把绑架罪视为本国刑法中的重罪类型，规定了从长期监禁刑到死刑极重的法定刑，但

---

① 参见蒋慧玲：《免除刑事责任：通向割断犯罪和刑罚必然联系的路径——俄罗斯刑法应对和预防犯罪的另一种制度安排》，《刑法论丛》2009年第2卷。

是，只要具有罪后相关积极性情节，则可以得到刑罚的从宽处罚，而且力度较大。

(二)我国立法现状

我国刑法总则部分按照法条顺序与罪后积极行为及其刑法评价有关的制度有民事赔偿、自首、坦白、立功等。在分则罪名体系中涉及罪后积极行为刑法评价的罪名有恶意透支型信用卡诈骗罪、逃税罪、强奸罪、收买被拐卖的妇女或儿童罪、诈骗罪、盗窃罪、敲诈勒索罪、受贿罪、军人违反职责罪、组织或利用邪教组织破坏法律实施罪、非法吸收公众存款罪、拒不支付劳动报酬罪、污染环境罪、非法种植毒品原植物罪、贪污罪、行贿罪。其中，部分罪名因满足罪后积极行为的类型条件，规范评价便可能不认为是犯罪或者免予刑事责任等免罪性结论，也可能是免除刑罚评价结论，部分罪名因罪后积极性行为评价为免除处罚或者减轻、从轻处罚。由此可见，罪后积极行为评价模式被运用于立法和司法解释中的大部分犯罪类型，例如破坏社会主义市场经济秩序罪类中的逃税罪；侵犯公民人身权利和民主权利罪类中的强奸罪、收买被拐卖的妇女、儿童罪；侵犯财产罪类中的盗窃罪和侵占罪；妨害社会管理秩序罪中的污染环境罪；贪污贿赂罪类中的受贿罪、行贿罪等。

在罪后积极性行为导致罪刑减免的规定中，某些罪名设计是出于刑事政策的考虑，此类罪名主要涉及人身或者财产方面；有些是出于预防犯罪的需要，例如，1997 年之前的刑法侧重于从严厉惩处行贿人以从源头上预防受贿犯罪，所以，对行贿人在罪后的积极性交待、坦白和揭发犯罪的行为给以力度较大的宽缓化处遇。《刑法修正案(八)》颁布后，在进一步严惩贪腐类犯罪的刑事政策提引下，对行贿和受贿犯罪都予以严厉打击，所以，对行贿后具有的积极性行为引致从宽处罚规范的把控更为严格，力度有所减弱。相对而言，对于只造成经济类或财产类损害结果而没有侵害职务廉洁性的罪名，通常认为可以通过弥补损失，认罪认罚来减轻或恢复被害法益，例如，逃税罪、盗窃罪等，所以在罪后积极行为从宽处罚层面的力度较大。尤其是对于非法集资罪，考虑到有效减轻犯罪所直接或间接造成的各种危害，罪后积极性返还和补偿既有利于弥补受害人损失，又可以避免引发群体性事件等严重社会影响，立法上可以大胆选择采用犯罪后积极行为的刑法评价模式，对有返还和退赔情况的都尽量考虑从宽从轻处罚。

目前，立法及司法解释基本能体现出罪刑法定与罪责刑相适应的原则要求，但仍然存在部分罪后积极情节减免处罚力度过大；部分罪名应当适用罪后积极情节减免处罚而未采用；部分司法解释语意较为模糊，不利于统一司法实务操作等问题。①

第三节 我国理论研究发展及启发

现有刑法基础理论当中并没有罪后积极行为概念，学界也尚未形成对罪后积极行为的系统性理论研究成果。刑事立法中有一些涉及罪后具有积极性情节的制度规范，如民事赔偿、坦白、自首和立功等，与上述制度有关的基本理论也比较成熟，但学界一致认为，现有制度或理论在不少方面还值得推敲，仍有进一步研究的空间。而且，现有的理论成果也大都只是关注局部某一种或某类积极性情节，针对罪后积极性行为或情节的一般特征以及刑法评价效果、评价原理层面的研究较少，对罪后积极性行为的刑法评价模式从理论上进行专门设计与论证的成果更是阙如。2018 年《刑事诉讼法》修改后正式确立了认罪认罚从宽制度，必然会对刑事实体法上根据罪后积极行为情节从宽量刑方面产生重大影响。有关认罪认罚从宽制度的理论与实务方面的研究成果为本书在讨论罪后积极行为类型以及阶序性评价模式时提供了有益的参考。

目前，虽然没有针对我国刑法分则罪名体系中有关罪后积极行为及其评价的资料整理与系统性研究论述，但是，针对具体个罪罪名存在一些探讨罪后量刑情节的研究成果。例如，张明楷教授撰写的《逃税罪的

① 该部分内容在本书第四章将加以详细讨论，此处仅加以简要概括。

处罚阻却事由》一文以逃税行政违法与刑事犯罪之间的衔接为视角，认为逃税刑事立案以税务机关行政处理为必要前置程序，由此，罪后积极性补缴税款和接受行政处罚的行为构成对成立逃税刑事责任的阻却。① 陈兴良教授在《贪污贿赂犯罪司法解释：刑法教义学的阐释》一文中主张，贪污、贿赂行为在罪后具有积极性上交、退赃行为的，如果能够表明行为人虽然收受了财物，但是不具备受贿故意，才能解释为不以受贿论处。② 张明楷教授在《贪污贿赂罪的司法与立法发展方向》一文中认为，在受贿人退还行贿者财物的情况下，对行贿者并未追究刑事责任，显然是把其当作犯罪的受害人，由此也认为受贿人不是受贿，但是在解释时也要求受贿人事前没有受贿的故意。③ 刘为波在《〈关于办理受贿刑事案件适用法律若干问题的意见〉的理解与适用》一文中认为，已经收受他人财物，构成受贿既遂，事后退还、上交只能是量刑情节，所以仍旧应当定以受贿罪。④ 对于强奸罪中因罪后与受害人长期通奸可以产生免罪评价的问题，杨新培教授最先在《"先强后通"不以强奸论处质疑》一文中表示质疑。⑤ 涉及先强奸而后通奸问题探讨的文献还有董晓松的《一个司法解释的困境与出路——"先强奸后通奸不宜以强奸罪论处"的再审视》等。对于关于恶意透支型信用卡诈骗罪的司法解释中规定的罪后及时偿还欠款行为可以导致免罪或免罚性评价的规定，学界对此持肯定意见的占大多数，其中，刘宪权教授在《"恶意透支"型信用卡诈骗罪若干问题研究——兼评"两高"〈关于办理妨害信用卡管理刑事案件问题的解释〉之有关内容》和《"恶意透支型"信用卡诈骗罪的刑法分析》二文中指出，采用弹性立法及解释原则与宽严相济政策思想高度一致，由

---

① 参见张明楷：《逃税罪的处罚阻却事由》，《法律适用》2011 年第 8 期。

② 参见陈兴良：《贪污贿赂犯罪司法解释：刑法教义学的阐释》，《法学》2016 年第 5 期。

③ 参见张明楷：《贪污贿赂罪的司法与立法发展方向》，《政法论坛》2017 年第 1 期。

④ 参见刘为波：《〈关于办理受贿刑事案件适用法律若干问题的意见〉的理解与适用》，《人民司法》2007 年第 5 期。

⑤ 参见杨新培：《"先强后通"不以强奸论处质疑》，《法学》1988 年第 2 期。

此，从出罪机制层面反射性提高了入罪门槛，具有合理性。① 专文论述信用卡诈骗罪罪后积极偿还的刑法评价的文献还有毛玲玲《恶意透支型信用卡诈骗罪的实务问题思考》。关于恶意透支型信用卡诈骗罪的最新研究成果出现于张明楷教授的《恶意透支型信用卡诈骗罪的客观处罚条件——〈刑法〉第 196 条第 2 款的理解与适用》一文，文中指出，“经发卡银行催收仍不归还”并非恶意透支型信用卡诈骗罪的构成要件要素或责任要素，而是客观处罚条件，倘若经发卡银行催收后予以归还，则虽成立信用卡诈骗罪，但因缺乏客观处罚条件，所以不能处以刑罚。② 孙佑海教授在《明确环境司法依据，从严打击环境犯罪——关于〈最高人民法院、最高人民检察院关于办理环境污染刑事案件适用法律若干问题的解释〉的解读》一文中论及，对污染环境的企业和个人在实施危害环境的行为之后再采取的环境恢复、损害补救行为给以从宽从轻处罚，可以有效激励犯罪人积极地采取行动，努力恢复和减轻对自然环境造成的污染损害。③ 对于拒不支付劳动报酬的罪后积极行为情节，李梁博士在其《拒不支付劳动报酬罪的行政附属性规定研究》一文中主张，从行政与刑事程序有效衔接以及罪量考查立场上，如果未经有关政府部门责令支付这一程序以及不具备经政府有关部门责令支付仍不支付这一事实，都不能成立拒不支付劳动报酬罪。④ 董丽君博士在《拒不支付劳动报酬罪适用中宽严相济刑事政策之贯彻》一文中主张，具有罪后支付劳动报

---

① 参见刘宪权、庄绪龙：《“恶意透支”型信用卡诈骗罪若干问题研究——兼评“两高”〈关于办理妨害信用卡管理刑事案件问题的解释〉之有关内容》，《当代法学》2011 年第 1 期；刘宪权、曹伊丽：《“恶意透支型”信用卡诈骗罪的刑法分析》，《华东政法大学学报》2010 年第 6 期。

② 参见张明楷：《恶意透支型信用卡诈骗罪的客观处罚条件——〈刑法〉第 196 条第 2 款的理解与适用》，《现代法学》2019 年第 2 期。

③ 参见孙佑海：《明确环境司法依据，从严打击环境犯罪——关于〈最高人民法院、最高人民检察院关于办理环境污染刑事案件适用法律若干问题的解释〉的解读》，《环境保护》2013 年第 15 期。

④ 参见李梁：《拒不支付劳动报酬罪的行政附属性规定研究》，《政法论坛》2017 年第 5 期。

酬的行为可以产生从宽处罚的效果，但是应当区别对待有能力支付与无能力支付情况。① 专文研究涉及军人违反职责罪、非法吸收公众存款罪、组织或利用邪教组织破坏法律实施罪等罪名规范采用罪后积极行为评价的成果较多，在此不一一列举。

第四节　创新性研究方法及运用

(一)法经济学研究方法——成本效益与行为激励

在结合法学与经济学两大学科优势之后所形成的法经济学在当下渐趋成为显学，法学引入了经济学思维使得法律可以被量化。② 正是因为刑罚是有成本的，所以经济学上的分析研究方法在刑法学中有更大的研究空间。③

对于刑罚配置的经济性问题我国学界早已开始研究，研究视角主要集中在刑事政策或者刑法理念层面，如刑法谦抑原则、轻刑化、刑法轻缓化等，其中便涉及以最小的刑罚投入(成本)产生最大的预防犯罪收益的问题，为立法及司法上运用经济学思维配置和量制刑罚提供了宏观的指导。但是，除了在政策和理念之外，对于如何把刑罚的运用具体化从而与"成本→效益"模型匹配并没有进行深入的研究，而这种经济效益逻辑关系必须从制度的细节、犯罪行为的发展等微观层面加以考察才有可能实现。对罪后积极行为及其刑法评价模式的研究便是利用了法经济学理论与研究方法，并立足于刑法公平、正义的维度，对罪后积极性行为的正能量因素加以分析、评判，得出的结论是：罪后行为的积极性程度越高，花费刑罚成本的必要性以及成本值应当越低、越小，同时取

---

① 参见董丽君：《拒不支付劳动报酬罪适用中宽严相济刑事政策之贯彻》，《中国人民公安大学学报(社会科学版)》2018年第6期。

② 参见[美]尼古拉斯·L. 吉奥加卡波罗斯：《法律经济学的原理与方法：规范推理的基础工具》，许峰、翟新辉译，复旦大学出版社2014年版，第3页。

③ 参见胡启忠等：《经济刑法立法与经济犯罪处罚》，法律出版社2010年版，第166~167页。

得的预防犯罪，恢复受害法益等社会效益越高。

刑罚威慑效应最优化要求法律有效配置资源，目标是以最小成本实现刑罚威慑，我们应当思考惩罚犯罪的运转成本最小化问题。① 刑事立法和司法活动本身不仅要遵循经济学原理，也要教会行为人如何运用经济学思维，“行为激励”便是最好的理论素材。罪行发生之后，犯罪人的最优行为选项是积极弥补犯罪致害，尽早投案，坦白自首，当损害已无法彻底挽回时，积极进行民事经济赔偿，真诚悔罪，认罪认罚，唯有如此，方有可能得到法律的宽恕或者受到轻、缓的刑罚处遇。只有把上述最基本的罪后经济学道理在立法与司法中充分贯彻并加以深入论理，犯罪人以及其他国民才能更加精确地预测行为的后果，从而进行更有利于个体利益的行为选择，在此过程中，刑罚成本与产出最优化的目标亦同步实现。

（二）社会学研究方法——定性与定量分析

社会学研究中的定性与定量分析方法可谓硬币的正反两面，其重要性不言而喻。简言之，定性方法研究的是对象的质，亦即事物或现象的本质性特征；定量方法研究的是对象量上的数值或数据及其变化过程。对于刑罚目的与实践的研究，除了刑法学与犯罪学之外，定性与定量法等研究社会的理论和方法也应加以运用。②

刑罚结构与强度本质上由该特定社会的经济基础决定，这是马克思主义关于法与社会的基本理论。由此可以解读早期资本主义殖民诞生了“流放”型刑罚，城市商业阶层崛起衍生侵犯财产类罪名并被加重刑罚的原因。③ 西方社会在转型过程中，刑法理论诸如犯罪构成也在发生变动，例如不法层面的扩张。进入风险转型社会的中国刑法也正在经历着

① 参见[美]罗伯特·考特、托马斯·尤伦：《法和经济学》，张军等译，上海三联书店1994年版，第755页。

② 参见李波：《当代美国刑事政策发展新趋势及其启示》，《法商研究》2016年第6期。

③ Nicos Poulantzas, State, Power, Socialism, Verso, 2000, p. 103，转引自刘涛：《刑罚研究中的社会理论：历史演进与运用前景》，《法制与社会发展》2018年第5期。

犯罪圈扩大，新型罪名涌现，但整体朝向“严而不励”发展的特点，这与现实经济条件和社会环境促成行为社会危害性价值判断的变化不无关系。曾被认为严重危害社会的投机倒把罪行从刑法中去除，侵犯公民信息、隐私的行为成立新罪等罪名设置的变动说明了对行为社会危害性概念的理解不可能一成不变。具有严重的社会危害性是刑法明文规定的行为入罪条件，刑法明文规定的不是犯罪的行为必然不被认为是严重危害了社会，例如，刑法规定逃税后补税并交纳行政罚款的行为，恶意欠薪后及时补给的行为可以不被认为是犯罪，所以，若整体上考察上述两种行为，均可以被认为不具有严重的社会危害性。

但是，刑法明文规定逃税和恶意欠薪的行为达到一定数额便属于犯罪，当然构成严重的社会危害性，怎么就因为后来的补税、补薪行为便推翻了原行为的严重社会危害性认知呢？根据定性理论，社会危害性是对有害于社会的负价值行为的法律评价，这一点毋庸置疑；根据定量理论，对社会造成的危害有程度之分，反映出行为负价值量的大小，当行为负面价值量达到一定的程度值则被认为符合刑法规定的犯罪构成。根据质量互变原理，一定程度量的积累便可能带来质的飞跃或改变，一定阶段量的积累所产生的质的变化又可以成为另一阶段质变过程中的量化因子。以逃税后补缴税款为例，无论如何，逃税行为是有害于社会的行为，这是该行为性的本质；补税行为是有益于社会的行为，这也是其行为性本质，正是因为补税行为的量达到法定值①并产生质的飞跃，所以考察行为人从欠税到补税整个行为过程之后，刑法对整体性行为的评价结论是不构成严重的社会危害性，亦即不具备犯罪性质。由此可见，刑法上社会危害性概念的内涵并不是在某个时点上对行为负价值的评价，而是在法定时间“幅”范围内得出的评价结论，所以，本书提出社会危害性“幅”的概念，以便于把罪中行为以及罪后行为合并为一个阶段整体进行统一性的行为社会危害性结果评价。得出的结论是：罪后积极行为达到一定的量便可以抵消或消减原罪中行为的负价值，从而降低整体

① 该法定值体现为刑法所规定的足额缴纳应交税款、滞纳金以及行政罚款。

行为的社会危害性程度。当社会危害性判断结果降至法定严重性程度以下，行为评价为非罪；若未达到法定严重性程度以下，则行为仍被评价为犯罪，但因为危害程度降低，所以可以被轻、免处罚。通过社会危害性“幅”的概念解释，或许可以回应民众对某明星欠下巨额税款，通过罪后补税并缴纳8亿元罚款之后刑事司法最终没有作为犯罪处理的诸多质疑。①

① 参见：《范冰冰被罚8个亿，为何不用坐牢？专家解释来了》，https://www.sohu.com/a/257590627_758240，发布日期：2018-10-03，访问日期：2018-11-18。

第二章　罪后积极行为及其刑法评价概述

第一节　概念拟定与特征归纳

一、罪后积极行为的概念和特征

本书所指的犯罪后(的)积极行为是指行为人首先实施了具有犯罪性质的前危害行为，而后又实施的能够在刑法上产生积极性评价效果的行为。罪后积极行为的概念涵摄了犯罪行为作出之后行为人所采取的各种形式的能够促使刑法对其予以积极性评价的所有行为。由此可见，该概念所包含的内容较为宽泛，并不拘泥于特定的行为方式，在刑事实体法上既可能体现为刑法总则中规定的如罪后民事赔偿、自首、立功等现有制度明确规定的积极性行为，也可以是分则罪名规范中描述的行为，例如盗窃、诈骗、受贿后主动退还或者上交司法机关的行为。

根据以上概念，可以归纳出罪后积极行为的两个典型性特征：

1. 发生在犯罪之后

犯罪情节可以区分为案中情节和案外情节，通常认为，犯罪情节与案件的定性和量刑有关，而与案件毫无任何关联性的事实或行为通常不作为案件情节加以研究，例如罪犯的身高、籍贯、职业等。案件之外的情节以发生时间为序可以区分为罪前情节和罪后情节，犯罪后的积极行为则属于罪后情节的范畴，区别于犯罪过程中发生的行为以及发生在犯罪之前的行为。事实上，诸如犯罪人一贯表现较好，没有违法犯罪前科，或者曾经还有见义勇为、重大立功的记录，也能表现出行为主体具有较好的人格素质，但这些内容都是行为人犯罪之前的“历史”，虽然也能体现出行为人积极性的一面，在量刑时也可能被法官酌情参考，但因不符合“犯罪之后”的特征，因此不属于本书所拟概念研究的范围。

2. 行为具有积极性

犯罪之后的行为既然可以提炼出具有积极性的类型化行为，自然也可以划分出消极行为的类型，也存在与罪责没有任何关联性的行为。在犯罪之后被捕之前可能存在的消极行为通常是逃逸、销毁证据、制造假证，在被捕之后也可能存在抗拒抓捕、串供甚至涉嫌再犯罪的消极行为。至于罪后消极行为是否必然会在定罪和量刑层面产生对犯罪人进一步的不利评价问题不能一概而论，即便是具有相同样态的行为，由于发生在不同的罪行之后，所产生的消极评价后果也可能并不相同，例如，同样是罪后逃逸行为，在交通肇事后逃逸或者在重大安全责任事故犯罪后不救助、逃逸的，立法与实践将其作为从重处罚的情节，犯罪人将获得更为不利益的刑法评价。但是，在故意杀人，强奸等罪行实施之后逃逸的，应当认为是行为人犯罪后的一种常态行为，由于不具有期待可能性，因此，不能认为罪后试图逃避抓捕或者刑罚制裁的行为人特殊预防的必要性更大，所以便不属于从重处罚情节。① 本书对犯罪后的积极行为采用了较为宽泛化的定义，囊括了罪后大多数具有积极性的行为。之所以称之为积极行为，主要原因在于法律鼓励行为人罪后主动采取，并且设计了积极性的结果评价规范，例如，犯罪之后立即自首、坦白或者一般性的认罪都体现出行为人的罪后积极性，在我国刑法分则中某些罪名特别规定了罪后积极性行为规范，例如，逃税后补缴税款和罚款的行为，非法种植毒品原植物但在收获前自动铲除的行为等。

二、罪后积极行为刑法评价的含义

罪后积极行为的刑法评价具有两层含义：一是对罪后积极行为本身

---

① 参见张明楷：《论犯罪后的态度对量刑的影响》，《法学杂志》2015 年第 2 期。

的评价；二是综合犯罪行为性质与罪后积极行为而进行的行为整体性刑法评价。犯罪行为是影响犯罪构成的基本要素，不属于本书的主要研究内容，本书的研究对象是罪后方才采取的具有积极价值的行为。但是，对罪后积极行为的考查和评价本身并非研究的唯一目的，本书的研究目标在于：对罪后积极行为作为行为人整体行为体系中的一部分进行刑法评价的正当性和合理性进行论证；对如何评价罪后行为本身的积极性程度以及如何评价具有罪后积极行为的行为人的问题进行考察；探讨刑法评价罪后积极行为的理念和理论支撑、评价规则与程序的规范化，以及建立阶梯式评价体系等。

刑法对犯罪行为的评价结论总体上分为有罪、无罪、罪重和罪轻四种情况，具体反映到刑罚适用上，理论上分为有罪判决、无罪判决、从重处罚、加重处罚、从轻处罚、减轻处罚和免除处罚七种情况。根据罪后行为的积极性特点，刑罚评价结论可以是从轻处罚、减轻处罚、免除处罚和无罪四种情况。罪后行为可导致刑罚从宽的原因在于具备了法律认可的积极性价值，理论上认为，从罪后行为便能体察行为人罪后的态度，而“犯罪后的态度，反映犯罪人人身危险性的大小和改造的难易程度，因此，从有利于刑罚目的的实现出发，这一事实情况应在量刑时予以考虑”①。我国澳门地区刑法中规定，倘若犯罪人罪后真诚悔罪，并尽力去弥补致害损失，则可以获取刑罚从宽。域外刑事法学理论上一般都认为，通过刑罚从宽性评价引导行为人作出罪后积极性表现还可以起到免除被害人和证人作证的义务，缩短诉讼周期和程序，节省司法成本的作用。②

正因如此，我国刑法中规定了大量有关罪后积极行为评价的条款，以“立功”为例。刑法总则中规定的一般立功行为，刑法对其评价为“可以从轻或者减轻处罚”，对于重大立功行为，刑法评价为“可以

---

① 高铭暄、马克昌主编：《刑法学》，北京大学出版社、高等教育出版社 2011 年版，第 264 页。

② E. g., Sentencing Guidelines Council 2007; Law Reform Commission of New Zealand 2008; New South Wales Sentencing Council 2009.

减轻或者免除处罚”；再如，总则中规定的死缓犯立功行为，刑法评价为在服刑“二年期满以后，减为二十五年有期徒刑”。刑法分则中也规定了特殊的立功行为，如关于行贿罪的规定，行贿人在被追诉前“有重大立功表现的，可以减轻或者免除处罚”。再如，对于宣告缓刑的犯罪军人，“确有立功表现时，可以撤销原判刑罚，不以犯罪论处”。

第二节 罪后积极行为及其刑法评价的范畴

当一个事物的概念被建立起来，下一步便需要把范畴也建立起来，这样事物就分为范畴内和范畴外两种，而没有模糊不清的情形。① 本书上一节提出了罪后积极行为的概念以及罪后积极行为刑法评价的含义，奠定了研究的基础。为了更准确地理解和把握罪后积极行为以及罪后积极行为刑法评价的含义，本节拟从主体、时间、情节三个方面探讨罪后积极行为刑法评价的范畴，旨在对概念或理论的适用范围作一个清晰的界定。

一、主体范畴

（一）一般主体

现代刑法扬弃了团体责任、家族连带的刑事归责制度而采用罪责自负的思想原则，各个国家的刑法都较好地体现了这一思想。② 罗尔斯在《正义论》中所提出的分配正义的法理思想便要求坚守罪责自负。③ 罪责

---

① John R. Taylor，Linguistic Categorization：Prototypes in Linguistic Theory，2th ed.，Oxford：Oxford University Press，1995，p. 23. 转引自刘方圆：《从客体到主体：法学范畴分类的认知解释》，《政法论坛》2019 年第 6 期。

② 我国刑法中体现罪责自负的条款不少，例如主刑判罚只能针对犯罪人；再如关于没收财产的规定，《刑法》第 59 条规定：“没收财产是没收犯罪分子个人所有财产的一部或者全部。”

③ 参见郑延谱：《罪责自负原则——历史演进、理论根基与刑法贯彻》，《北京师范大学学报(社会科学版)》2014 年第 4 期。

自负思想就是强调个人只对自己的罪行承担刑事责任，而不可能去对他人的行为承担刑责，这也是公平与正义原则的基本要求，民间有“恶有恶报、善有善报”的正义观念，体现在刑法思想上便是罪责自负。没有恶行就不能给予恶报，否则便是不正义；承担恶报责任的人也只能是实施了恶行的人。①

如果说罪责自负是现代刑事立法和司法的指导思想之一，让那些实施了恶行的人承担刑责体现为“恶有恶报”，反之亦然，对犯罪后有“善行”者刑法给以积极性评价则体现为“善有善报”。对为“恶”者只能对其本人施以刑罚惩罚，而不是惩罚第三人，照此逻辑，刑法对罪后具有积极行为的人给以从宽性处罚“奖励”的前提必然是行为人本人具有罪后积极从“善”的行为或表现。因此，通常情形下，罪后积极行为的实施者是犯罪者本人而不能是其他第三人。对此，以罪后立功的主体性成立要求为例，《关于办理职务犯罪案件认定自首、立功等量刑情节若干问题的意见》中规定，立功必须是犯罪嫌疑人本人实施的立功行为，若是犯罪人的亲友给警方提供的帮助（包括直接揭发犯罪、提供线索或是抓获犯罪嫌疑人），即便立功目的可能是为了帮助犯罪分子获得从轻处罚，也不能认定为犯罪嫌疑人本人罪后立功。

（二）特殊主体

一般情况下，犯罪人必须自己亲自采取了罪后积极行为，方有可能获得刑法宽恕，对于犯罪人在他人协助之下完成，或者完全由他人代为履行的行为是否也能产生刑法积极性评价效果的问题值得探讨。本书认为，第三人代为履行的罪后积极行为符合特定条件时仍然可以产生具有积极性的规范评价结果。

首先，当罪后积极行为以退赃退赔、挽回损失、弥补损害等形式体现出来时，一般应允许犯罪人以外的第三人代为履行，同时，把积极行为评价的法律效果归属于犯罪人。例如，在一些人身伤害案例中，犯罪人自己并不愿意赔偿或补偿被害人的物质或精神损失，但是犯罪人的亲

---

① 参见张明楷：《刑法格言的展开》，法律出版社2003年版，第80页。

属或亲友却主动地承担了赔偿的责任，从而最终取得了被害人及其家属的谅解，此种情形下，可以认为被害方的报应情感得到了满足，报复情绪得以平复，社会层面的惩罚和报应情感也得以满足和平息，因此，可以认为犯罪预防的必要性降低，从减轻预防刑的角度施以刑法积极评价并无不妥。当然，需要对第三人帮助赔偿或补偿的情形与被告人因主动悔罪而自愿赔偿或补偿的情形作出适当的区分。以交通肇事后救助受伤者为例，在发生交通事故之后，行为人没有对伤者予以及时救助也没有拨打求救电话的，属于罪后消极性表现，但是，倘若肇事者向亲友或者其他第三人联系，让其帮助救助受害者的而自己却并不参与反而逃逸的，张明楷教授认为，这种情况下，不应认定肇事者为逃逸，① 从而佐证了罪后由第三人采取积极行为的法律效果可以归属于犯罪行为人本人。

此外，帮助立功制度的确立证明了立功行为并不要求必须由犯罪人独自完成。最高人民法院关于自首与立功制度的司法解释中“关于‘协助抓捕其他犯罪嫌疑人’”的规定，不完全列举了 4 种犯罪嫌疑人协助罪后立功的情形。② 抓捕其他犯罪嫌疑人的立功行为并不要求犯罪人完全依靠一己之力独立完成，而是只需要对司法机关予以协助即可成立罪后立功。关于职务犯罪中的自首和立功行为的司法解释也有类似规定，例如，犯罪嫌疑人本人或者其亲属、朋友代为挽回各项经济损失；或者由司法机关以及犯罪嫌疑人所在单位挽回经济损失，虽然不能认定为犯罪人的罪后立功表现，但是，仍然可以作为酌情从轻处罚的情节。③ 理论上认为，一些特殊罪行之后的立功虽然并非由犯罪人独自完成，但通常情况下犯罪人也作出了相当程度的努力和贡献，倘若没有犯罪人的积

---

① 参见张明楷：《论犯罪后的态度对量刑的影响》，《法学杂志》2015 年第 2 期。

② 参见 2010 年 12 月 22 日由最高人民法院印发《关于处理自首和立功若干具体问题的意见》的通知第 5 条“关于协助抓捕其他犯罪嫌疑人的具体认定”。

③ 参见 2009 年 3 月 12 日，由最高人民法院、最高人民检察院印发《关于办理职务犯罪案件认定自首、立功等量刑情节若干问题的意见》的通知“四、关于赃款赃物追缴等情形的处理”中第 4 款。

极参与和协助，破案并抓捕其他犯罪嫌疑人的目标难度必然加大，因而，帮助立功行为(包括一般立功与重大立功)在刑罚裁量阶段和刑罚执行阶段同样应予适用。①

因犯罪人以外的第三人采取积极行为而致使刑法对犯罪人本人予以积极性评价的情况并不只是体现于上述罪后退赃、民事赔偿以及立功等制度，在刑法总则自首等制度以及分则一些罪名规范中也存在特殊主体罪后积极行为刑法评价的问题。②

二、时间范畴

(一)起始时间

本书把罪后积极性行为的起始时间点设定为犯罪行为结束之时。无论犯罪行为处于预备、未遂、中止抑或既遂形态，都存在处于实际犯罪形态的行为结束时点，例如，当行为处于预备阶段，即使最终并未实际着手实施犯罪，预备行为结束之时即可为本书所指的罪后积极行为的起始时点。此外，过失犯罪也存在行为人罪后采取积极行为的问题，例如，过失致人重伤后及时送医救治，积极向受害方赔偿等。由于罪后积极行为与罪中行为发生在两个相对独立的阶段，因此，本书在探讨罪后积极行为及其刑法评价问题时不对行为人的主观心理状态刻意作出区分。对于既遂犯，本书在讨论罪后积极行为及其刑法评价问题时也无所谓结果犯与行为犯之分，凡是在不考虑罪后各种情节的情况下，原行为已经能够被独立评价为犯罪之时的这一时间节点即为罪后积极行为的起始点。例如，属于结果犯的故意杀人罪，若是犯罪既遂，则在受害人被杀死之时便可以成立罪后积极行为的起始点。③ 再如，属于危险犯的醉酒型危险驾驶罪，当行为人一旦作出在醉酒状态下(血液中的酒精含量

---

① 参见吴琦东、董桂武:《论帮助立功的价值及其规范结构》,《中国刑事法杂志》2009 年第 1 期。

② 该问题可以参见本书第四章相关部分的内容。

③ 这里是一种假定状态下的罪后积极行为起始点，倘若具体个案中犯罪人在罪后没有作出任何积极性行为，自然不存在起始点的问题。

大于或者等于 80mg/100ml)驾驶机动车的行为，这一时点即可为罪后积极行为的起始点。① 本书所讨论的罪后积极行为，对实害犯与危险犯也不刻意作出区分。例如，属于实害犯的盗窃罪，在未遂情形下，犯罪人被动(不得已)放弃犯罪之时，或者盗窃行为实施终了，但客观上犯罪目的无法实现之时即为罪后积极行为的起始点。再如，属于危险犯的放火罪，只要实施了符合刑法分则中放火罪构成要件的行为，即为该罪的构罪时间点，同时也是罪后积极行为的起始点。根据刑法第 114 条关于放火罪的规定以及相关法理，在既遂形态下，犯罪人实施放火行为，物体被点燃且已经存在危及公共安全的危险时，即使由于意志以外的原因，没有造成财产被烧毁的实际损害后果，亦构成既遂，此时，目的物被点燃为罪后积极行为的起始点。假如正在点火之时，便被抓获，或者由于意志以外的原因火没有被点着，则属于该罪的未遂，则点火之时即为罪后积极行为的起始点。②

(二)结束时间

本书把罪后积极行为的终点理论上设定为生效判决作出之时，相应地，该时间点也是对罪后积极行为进行刑法评价的结束时点。笔者并非主张判决生效后犯罪人再作出的积极性行为在刑法上没有意义，相反，刑法上规定了在刑罚执行期间通过考量罪犯的各种行为表现决定是否适用减刑的制度，如，罪犯在刑罚执行阶段由于积极接受教育改造或者有立功表现而被减刑。但是，本书在探讨罪后积极行为及其刑法评价问题时并不涉及刑罚执行阶段，原因在于在刑罚执行阶段，刑事政策的作用空间大，灵活性更强，涉及执行阶段罪犯减刑的立法与法理与审判阶段定罪量刑过程中评价罪后积极行为所依据的立法和法理存在极大的差

---

① 通常情况下，醉酒驾驶人是在醉驾行为结束之后才会采取积极性补救行为。但是，把醉驾行为起始时间点作为罪后积极行为起始点并无不妥，因为理论上仍然可能存在醉驾人主动将车开到交警停车检查点要求约束至酒醒，其后自认为已经恢复清醒状态(非醉酒状态)，趁交警离开把车开走，而后又被逮住，发现仍处于醉酒驾驶的情形。

② 本书此处在“危险犯具有犯罪未遂的形态”的肯定论主张的立场下进行的阐述，倘若持否定论主张，并不影响罪后积极行为起始时间点的判断。

异，例如，执行阶段存在一般减刑与立功减刑，而审判阶段不可能存在一般减刑问题。

综上所述，能够引起刑法积极性评价的罪后行为发生的时间区间为：原犯罪行为结束之时至生效判决作出之前。在此期间，犯罪嫌疑人的各项积极行为表现均属于本书所提出的罪后积极行为的概念范畴，应当适用后文所提出的罪后积极行为的阶序性评价方法，评价结论可能是不认为是犯罪(免罪)、定罪免刑、从轻或者减轻处罚。

三、情节范畴

所谓犯罪情节，简单讲，就是刑法中规定的，能够反映犯罪行为过程和事实的，表现行为性质和程度的各种事实、事件或者情况，即法官裁判所依据的事实和情况。① 司法裁判过程中，根据功能和作用的不同，把情节划分为定罪情节和量刑情节，通常认为，一般意义上的情节不包含行刑情节，② 刑罚执行时出现的事实和情况不属于犯罪情节的概念范畴。

以功能和作用的不同作为区分标准，犯罪情节可以分为定罪情节和量刑情节。定罪情节即是与定罪有关的事实和情况，量刑情节即是与量刑有关的事实和情况。定罪情节不同于刑法中规定的犯罪构成的情节，因为定罪情节还需要考虑犯罪之后的与定罪有关的事实和情况，即罪后情节，行为人犯罪后的积极性行为表现即为罪后情节所需要考虑的内容。例如，受贿罪的定罪情节包括行为人收受贿赂的行为、事实或情况，同时，收取贿赂之后的行为表现也可能成为定罪情节。根据有关受贿罪的司法解释，行为人在收受贿赂之后具有及时上交或者返还情节

---

① 参见敬大力：《正确认识和掌握刑法中的情节》，《法学与实践》1987 年第 1 期，转引自廖瑜：《情节的定义》，《北京大学学报(哲学社会科学版)》2008 年第 3 期。

② 参见廖瑜：《情节的定义》，《北京大学学报(哲学社会科学版)》2008 年第 3 期。

的，不认为是受贿行为。① 由此可知，行为人犯罪后的积极行为表现可能成为定罪的情节。罪后积极行为更多情况下表现为量刑情节，同样以受贿罪为例，假如行为人在收受贿赂款之后又上交了国家机关或返还给请托人，但是不具备及时性，在此情况下，上交或者返还的行为仍然应当进入法官刑罚裁量的视野，只是与定罪无关，属于量刑情节而已。因此，罪后积极行为可能对定罪产生影响，成为定罪情节，也可能是在量刑阶段才发挥作用，成为量刑情节。

以法律是否有明文规定作为区分标准，犯罪情节可以分为法定情节与酌定情节。李洁教授认为，法定情节就是法律明确规定的情节；酌定情节则是由司法机关酌定掌握的情节。② 笔者认为，法定情节可以是定罪情节，也可以是量刑情节；酌定情节也可以作为定罪情节或者量刑情节，但是，当酌定情节作为定罪情节时只能在出罪层面发挥作用，亦即，只能是作为出罪情节而不能作为入罪情节，并且酌定情节不能独立成为出罪情节，否则便与罪刑法定原则相违背。引用德国刑法典中的名句，“已经是法律构成要件的标志的情况，不允许加以考虑”。③ 犯罪构成所规定的事实和行为属于最为重要的定罪情节，而法律没有作出明确规定的，裁判者根据案件情况和独立判断作出选择性适用的情节只能作为量刑情节，不能僭越为入罪情节。同样以受贿罪为例，司法解释中明确规定，收受请托人财物后返还或者上交的，必须满足“及时性”条件方能作为定罪情节，从而考虑免去犯罪性质认定的问题。假如“及时性”的条件不满足，无论如何也不能把“超时”返还或上交的行为单独作为定罪情节而对原非法受财行为予以免罪化处理，否则就违背了罪刑法

① 参见2007年7月8日最高人民法院、最高人民检察院关于印发《关于办理受贿刑事案件适用法律若干问题的意见》的通知第9条第1款：“国家工作人员收受请托人财物后及时退还或是上交的，不是受贿。”

② 参见李洁：《定罪量刑情节若干问题研究》，《北华大学学报(社会科学版)》2001年第3期。

③ 参见廖瑜：《论犯罪情节》，西南政法大学2009年博士学位论文，第78页。

定的原则。① 罪后积极行为既可以是定罪情节也可以是量刑情节，既可能由立法明确规定为法定情节，例如罪后自首、立功，也可能是立法并未明确规定，体现为酌定情节。当作为酌定情节时，罪后积极行为只能作为量刑的情节，不能因为罪后行为的积极性表现突出，而对行为人免除其罪，例如，我国刑事立法中并没有抢夺财物之后积极返还所抢财物并积极赔偿受害人损失的可以不认为是犯罪的规定，因此，哪怕抢夺者只抢到 1 万元，却甘愿赔偿 10 万元，受害人也表示接受和谅解，司法者也不可以把其作为定罪情节处理，而只能在量刑中加以考虑。

以时间阶段作为区分标准，犯罪情节可以划分为罪前情节、罪中情节和罪后情节。现在，已经很少有人主张，定罪情节只能存在于罪中情节，罪前和罪后情节都只能是量刑情节。② 事实上，无论是罪中还是罪前、罪后情节都可能反映出法益侵害性的程度或社会危害性的大小，其作用都不容忽视，不能任意偏执于某一类型，罪前、罪中、罪后情节在犯罪本质性的判定过程中存在辩证统一关系。但是，罪前与罪后情节在定罪方面的作用应当限制于出罪层面，如此，方与罪刑法定原则相符。罪后积极行为按其发生的时间显然属于罪后情节的范畴，是罪后情节中具有积极价值的那一部分。有学者对罪后情节作出如下定义，罪后情节是指在特定的犯罪行为或者结果出现之后发生的，能够对定罪量刑产生影响的主客观事实情况，“罪后情节包括罪后态度和罪后行为，罪后态度通过罪后行为得以体现”。③ 因此，亦可以从罪后情节的角度对罪后积极行为作出如下定义，罪后积极性行为是犯罪行为或结果出现之后，在行为人的努力之下能够产生刑罚宽免性评价效果的罪后情节，是犯罪人罪后主观心理趋“善”性变化与客观积

---

① 在我国刑法学界，对于司法解释能否视为立法的问题存在争议，本书在此回避争议，采取司法实践中当然认同司法解释视为立法的立场。

② 参见胡云腾：《论我国刑法中的情节》，西南政法学院 1986 年硕士学位论文，第 23~24 页。

③ 林竹静、徐鹏：《论罪后情节》，载《中国刑事法杂志》2004 年第 3 期。

极性行为相结合的体现。

第三节 罪后积极行为与相似概念厘清

刑法理论上现有的某些概念与罪后积极行为概念在内涵和外延上有一定的交叉，但是，相互间均不存在全包含的关系，而且即便对某些现有概念及其内容加以改造，亦不能完全涵盖罪后积极行为概念以及罪后积极行为刑法评价的预设功能，正因如此，罪后积极性行为是其他概念或理论所不能替代的。目前，在国内、外刑法学的重要研究成果中尚未发现关于犯罪人在罪后采取的具有积极意义的行为以及对此类行为在刑法上如何进行系统性评价的专门研究，但存在一些涉及以犯罪后的行为为研究对象的相关理论和学说，现概述如下。

一、犯罪既遂后行为

犯罪既遂后行为又可简称为遂后行为，是指行为人在犯罪既遂之后再次作出的有害社会的行为，该行为可能被刑法再次作出否定性评价。① 遂后行为的出现，最终可能导致犯罪人刑事责任加重。由此可见，遂后行为的研究对象为犯罪既遂之后的“恶”行为，与罪后积极行为所体现出来的“善”的本质截然相反，二者理论上可谓“互为补充”。遂后行为的理论与实践意义在定罪与量刑层面均有所体现，但主要反映在量刑层面。

首先，在定罪层面一般认为不能通过遂后行为直接判断原行为的犯罪性质。遂后行为概念的含义特指遂后采取的有害社会的行为，而且该行为并未达到刑事入罪所要求的社会危害性程度，换言之，遂后行为虽然有害于社会，但并未达到构罪要求，倘若遂后发生的有害行为构成新罪，则属于数罪并罚的问题，并不属于遂后行为的概念范畴。由此，根

---

① 行为人此前的行为构成犯罪既遂之后便会受到刑法的否定性评价，所以既遂后再次作出的有害社会的行为便可能受到刑法的第二次否定评价。

据刑法学基本理论，遂后行为对判断原行为是否符合犯罪构成均不产生实质性的影响。在三阶层犯罪论下，遂后行为对构成要件要素以及行为的违法性与有责性都不能直接构成否定性或者肯定性的作用；在四要件理论下，无论是主观还是客观方面，遂后行为也不能成为行为定罪的直接性判断因子。例如杀人后的碎尸行为，倘若杀人行为本身符合正当防卫的构成要件，也不能因为之后的碎尸行为在伦理道德层面体现出的残忍的非人性化特征而对前正当防卫的行为本质予以否定。① 遂后行为形态万千，倘若法律允许对原本不构成犯罪的行为(或者犯罪构成存疑)却因为事后行为而具有非难性，进而断然作出犯罪性质认定，则必然与罪刑法定原则相悖离，这样的法律不可谓之良法。

虽然遂后行为在原行为入罪问题上不具备决定性意义，但是可以作为辅助性资料帮助验证对原罪行性质的判断。例如，故意放火后还往着火的人员或财物上浇汽油，浇汽油的行为充分反映出行为人实施放火行为时其主观犯罪目的和意图十分强烈、明显，因而可以强化对行为人故意放火犯罪行为的认识。再如，由于证据方面的原因犯罪人以过失致人死亡罪被判入狱，入狱之后，犯罪人告知其家人把沾染血迹的榔头扔掉或把染血的衣服烧毁，此时，犯罪人的遂后行为起到了“逆向”提示原犯罪性质判定可能出错的作用。司法实践中遂后行为的帮助验证功能被经常性使用，成为司法机关准确认定犯罪的有力理论武器。

其次，遂后行为在量刑层面的作用具有普遍性，几乎所有的罪行在事后表现出的犯罪人的行为特征，均具有一定的量刑意义。② 遂后行为能够在不同程度上反映出犯罪人的主观恶性程度、人身危险性程度、刑罚改造难度、再犯可能性程度等指标，从而强化司法人员对罪行社会危

---

① 但是，犯罪既遂后的行为倘若具备积极性行为的特质，在某种情况下可以对原行为的犯罪构成产生实质性影响，亦即可以消除原犯罪性质认定。这也正是本书研究的主要问题之一。

② 本书在此并非要表达一切遂后行为都能对实际案例中的具体量刑幅度造成影响，而是旨在说明在量刑时都应当对犯罪人的遂后行为有所考虑。例如，犯罪行为人入室抢劫杀害多人后，又放火烧毁房屋。实际上，放火烧房的行为在量刑时的意义极其有限，但是司法人员仍然应当对该遂后放火行为予以判明。

害程度以及否定犯罪人具有悔罪表现的认识。正因如此，遂后行为的理论意义主要就在于对前犯罪行为量刑层面的影响。严格按照犯罪构成定罪是罪刑法定的必然要求，考虑到遂后行为对前罪行量刑时的作用则是罪责刑相适应原则的充分体现。例如，在量刑时，应当充分考虑交通肇事罪致人死亡后先抛尸灭迹再逃逸的情况与直接逃逸的情况之间存在遂后行为方面的较大差异性。

二、事后不可罚行为

事后不可罚行为理论与罪后积极行为理论具有完全不同的研究对象和研究旨趣。事后不可罚行为又可称之为不可罚的事后行为，是一个源自大陆法系的舶来概念，运用于状态犯场合，是犯罪人对犯罪“成果”的利用。对不法状态继续本身，已经符合其他罪名的犯罪构成，且具有可罚性，但是，在综合行为犯罪与状态犯罪之后，刑法仅评价行为罪名，而认为状态罪名没有必要再单独评价。① 简言之，状态犯指的就是犯罪行为虽然已经结束，但由其导致的不法状态仍然还在持续。② 例如，盗窃他人财物后又损坏或者丢弃的，只成立盗窃罪，损坏或者丢弃财物的行为可视作事后不可罚行为，不能单独成罪。

事后不可罚行为评价最为独特之处在于事后的行为本身来讲是可罚的，亦即，事后不可罚行为既具备构成要件的符合性，又满足违法性、有责性要求。理论通说认为，假使行为本就不符合犯罪构成，便没有纳入事后不可罚行为概念的必要，这也被视为与遂后行为等概念的重要区别之处。例如，盗窃公私财物之后，又予以挥霍消费。挥霍掉盗窃赃物的行为在刑法上不能构成犯罪，所以，通常认为挥霍或消费赃物的行为不属于事后不可罚行为。事后不罚行为的概念本身也容易引发歧义和诸

---

① 参见张明楷：《外国刑法中的本来的一罪》，《甘肃政法学院学报》1991 年第 3 期。

② 参见高铭暄、马克昌主编：《刑法学》，北京大学出版社 2014 年版，第 184 页。

多的问题,① 甚至极易使人误把原本属于遂后行为概念范畴的并非能独立成罪的事后行为一并纳入事后不罚行为的理论范畴之内。所以，为了突出事后不可罚行为本身可以独立成罪但又存在被前犯罪行为所吸收而不可能再被刑法独立评价的特性，德、日学者便提出了用“共罚的事后行为”来替代“事后不可罚行为”概念。在中国的刑法学理论研究中，学者们习惯混同使用事后不可罚行为、不可罚的事后行为以及共罚的事后行为概念。在理论上，能够独立成罪，而又被认为具有不可罚性的行为，根据与原主要犯罪行为在时序上的关系可以划分为：不可罚的事前行为、不可罚的伴随行为以及不可罚的事后行为三种类型。② 由此可见，刑法上的不可罚行为实际上不止事后不可罚行为一种类型。

对于事后不可罚行为理论是否只能适用于状态犯一种类型，学界存有争议。马克昌教授指出，“状态犯”的说法缺乏明确性，因为严格意义上状态犯并不是一种犯罪，而是犯罪后的一种状态，该状态具有不法性。行为一旦既遂，犯罪要素也已经考查完毕，后续状态已不再属于犯罪本身考查的范围。③ 在我国台湾地区，有学者认为，用继续犯来代替状态犯说明犯罪后的结果并无不妥。④ 笔者也认为，有关状态犯的理论在学理上以及实践中的意义极其有限，用继续犯囊括状态犯的概念进行理论研究和制度提炼更加具有合理性。对于事后不可罚行为的适用问题，以绑架罪为例，绑架行为与受害人的人身自由受到控制和限制均一直处于持续性状态，因此，与盗窃罪的行为方式不同。通常认为，盗窃

---

① 参见陈洪兵:《认真评价本犯的事后行为》,《南京农业大学学报(社会科学版)》2009 年第 1 期。

② 参见贾楠:《刑法中的不可罚行为研究》，华东政法大学 2012 年博士学位论文，第 69~76 页。本书此处采用以事后行为的众多相关理论与研究主题中的罪后积极行为相对比的方法，因此，对文中所提到的事前行为、伴随行为不再予以详述。

③ 参见马克昌主编:《犯罪通论》，武汉大学出版社 1999 年版，第 625 页。

④ 参见蔡墩铭主编:《刑法总则争议问题研究》，台湾五南图书出版公司 1988 年版，第 322~324 页。

行为具有即时完成特征，盗窃罪中仅认为受害人的财产一直处于被他人(占有)侵犯的状态存在，所以，盗窃罪是状态犯而绑架罪是继续犯。但是，稍加对比就会发现，在绑架罪中，前犯罪行为(绑架行为)所造成的法益侵害与后行为(控制人身自由行为)所造成的法益侵害具有同一性，所以完全可以认为后行为的侵害结果状态是前行为的自然延伸和存续，这一点与状态犯前犯罪行为与危害结果状态延续并没有任何区别，只是状态犯中缺少前行为本身的继续存在而已。

受此启发，笔者试图构建一个“包罗万象”的罪后积极行为概念，既包含刑事实体法上相关概念和制度所规定的行为，如以金钱赔偿为主的弥补被害损失，预防犯罪危害结果发生或程度加重的行为，返还犯罪所得，接受行政处罚，自首，坦白以及立功等，也囊括了刑事程序法上规定的认罪认罚、与被害人和解等展现犯罪人罪后积极性的行为表现。对此，本书后面相关章节再予详述。

三、遂后自行恢复行为

遂后自行恢复行为并非刑法学理上的成熟概念或理论，事实上，我国学界尚未系统提出遂后自行恢复行为理论，但是在我国澳门地区的刑法中已经存在了对犯罪既遂以后行为人自行采取恢复措施而引致刑罚从宽的法条规定。①

《澳门刑法典》第 2 章“犯罪之形式”第 23 条首款规定：“行为人因己意放弃继续实行犯罪，或者因己意防止犯罪既遂……或者犯罪虽既遂，但因己意防止不属于该罪状之结果发生者，犯罪未遂不予

① 在《澳门刑法典》中并未直拉称之为遂后自行恢复行为，但本书所指的自行恢复与其第 2 章第 23 条的规定内涵一致，也有学者将其命名为既遂后自动恢复行为，笔者认为用遂后自行恢复概念更为恰当。从文义上讲，自动恢复意为主动性恢复，而自行恢复除了包含行为人主动恢复以外，还包含经有关部门提醒之后再自行恢复之意，后一种情形也应纳入其中，所以，笔者主张使用遂后自行恢复概念。对于有学者主张的既遂后自动恢复的观点，请参见闫雨：《论危险犯的既遂后自动恢复》，《中国社会科学院研究生院学报》2015 年第 5 期。

以处罚。”①通常认为，犯罪既遂之后，理论和实务中均不可能再承认犯罪后果回溯，换言之，犯罪已然构成既遂，再无认定犯罪未遂的可能。所以，针对《澳门刑法典》第23条，众多学者提出反对意见。程红教授认为，《澳门刑法典》第23条的大胆创设虽然有一定的实用价值，但实质上与21条的规定自相矛盾，且与刑法犯罪既遂与未遂在理论上的明确分野相悖，更是有违刑法典的严肃性，并不可取。② 笔者赞同程红教授的观点，倘若从犯罪既遂之后自行恢复的刑法功利主义角度，对犯罪人予以从轻从宽甚至免予处罚并无不可。《澳门刑法典》第23条的问题在于把既遂后自行恢复直接称之为犯罪未遂，所以当然与传统刑法理论相悖离，招致批评也在情理之中。但是，正如《澳门刑法典》的规定，遂后自行恢复行为理论一般只适用于危险犯，理论范畴并不包括实害犯构成既遂之后再采取的自行恢复行为，而本书所讨论的罪后积极行为把前行为类型扩展致危险犯与实害犯。所以，一定程度上，遂后自行恢复行为理论为本书罪后积极行为及其刑法评价模式的讨论提供了较大助益，尤其是关于构成条件的基本原理部分，现简述如下：

第一，主动性。遂后自行恢复行为要求犯罪人在行为既遂之后主动采取各种措施，积极性地朝法益恢复的方向努力，这是成立遂后恢复行为的主观条件。假若犯罪人是在受到外力强制之后不得已而采取的补救措施，虽然仍然应当受到相应的积极性评价，但被认为不属于自行恢复的范畴，因而一般不能得到免予刑事处罚的宽待。例如，故意伤害他人之后，在警察权的作用之下，侵害人与受害人达成赔偿协议，然后侵害人按协议进行民事赔偿的行为不能认为是遂后自行恢复行为，因为赔偿协议事实上构成侵害人采取恢复行为(民事赔偿)的强制力，因而不具有主动性。所以，遂后自行恢复是犯罪人完全在自己意志支配下对自己真实利益作减法的行为，任何外力强制都是对主动性要求

① 参见《澳门刑法典》第21条：“行为人作出一已决定实施之犯罪之实行行为，但犯罪未至既遂者，为犯罪未遂。”

② 参见程红：《中止犯基本问题研究》，中国人民公安大学出版社2007年版，第146~147页。

的否定。①

第二，及时性。犯罪既遂之后的自行恢复行为理论采取了“迟到的正义非正义”的信条，对超出时间性要求的行为予以否定，过于迟延的被害恢复虽仍然可能产生一定的恢复效果，但法理上不再将其视为自行恢复。遂后自行恢复通常要求行为人在国家公权机关强制介入之前采取，在公权介入后再采取的自行恢复行为由于失去了“主动性”与“及时性”，便不被认为是遂后恢复行为，尤其是在司法机关采取强制措施或者提起公诉，甚至是在审判机关立案之后，更是不能再成立遂后恢复行为。②

第三，实效性。理论上而言，无论实际被害法益能否完全恢复，只要在犯罪人朝向法益恢复的方向努力，就值得法律肯定其积极性价值。但是，成立遂后自行恢复行为对恢复的效果有较高的要求，需要达到法益完全恢复或者基本完全恢复的程度或效果，这是适用遂后自行恢复行为理论对行为人免予刑事责任追究或者免予刑事处罚的客观必要条件。由于刑法评价上的从宽力度极大(非犯罪性或者免除刑罚待遇)，所以，必然应当对行为人在犯罪完成之后的补救或恢复行为提出更高的要求，如此方能体现出法律上之公平、公正。

第四，针对性。是指行为人所采取的积极努力防止被害损失出现或者扩大的行为直接针对的是自己之前所犯罪行所侵害的法益，倘若遂后行为并非为了恢复被害法益，则不能构成遂后自行恢复行为。例如，张三盗走李四从王五那里借去的超过归还日期的财物，并返还予王五的行为不是遂后自行恢复行为，原因在于张三所欲恢复的财产法益(归属于

---

① 需要补充说明的是，倘若犯罪人是在亲友的说服之下而积极采取的法益恢复行为，可以认定为是犯罪人主动采取；如若是亲友代替犯罪人而采取的法益恢复行为，满足一定的条件可视为犯罪人自己所为。

② 对此需要说明的是，公权介入之后的法益恢复行为虽然不再被称为遂后恢复行为，但并非不认可此时行为的积极性价值，刑法仍然应当视具体情形而有条件地从轻从宽处罚。遂后恢复行为的刑法评价结果只能是免予刑事责任或者免予刑事处罚，并不包含从轻、减轻处罚情况，这一点与本书所提出的罪后积极行为“包罗万象”式的评价模式不同。

王五)并非张三所侵犯的财产法益(归属于李四)，所以恢复行为缺乏特定的针对性。

四、事后行为

大陆和英美法系国家的刑法理论中并没有事后行为的概念，中国刑法教科书中也没有该概念。有研究论文对事后行为的概念描述为“犯罪成立之后，犯罪嫌疑人实施的对犯罪的法律评价产生影响的行为”①。笔者认为以此定义事后行为的概念并无不妥，但事实上，照此定义我国刑事立法中有关事后行为的概念和制度还确实不少。刑事实体法上包括但不限于退赃退赔、接受行政处罚、自首、坦白、立功、逃逸、抗拒抓捕、累犯、惯犯、再次犯罪(累犯情况除外)、接受改造、抗拒改造、遵守或违反缓刑制度等，甚至犯罪之后才出现的一些自然事件均可能影响刑法对犯罪人的评价结果，例如，犯罪人意外死亡致使审判终结，死亡也必然导致未执行的已判刑罚不用再执行(执行终结)。刑事程序法上最为常见的事后行为的形式有：与受害人和解、认罪认罚、申请鉴定、对鉴定意见提出异议、扰乱法庭秩序、申诉、上诉、申请复审、提出死刑执行异议、执行和解等。由此可见，事后行为概念所囊括的行为类型实在是太过于宽泛，对学理上的进一步研究和司法实践的具体指导作用都不大。即便对事后行为的概念进行修正，将其限定于刑事实体法，而且不考虑刑罚执行阶段的那一部分，事后行为实际包含的行为类型也足够之多，且理论研究意义极为有限。就连作此定义的学者本人也承认，在罪刑法定原则下，具有消极作用的事后行为的情况实际上并不存在，只是能起到与积极性事后行为相对应的形式上的区分作用，但并不具有实际意义。②

由此可见，事后行为确属一个中性的概念，其内涵既包括事后能够

---

① 李丽涓：《事后行为的出罪功能及其限制》，中国政法大学2011年硕士学位论文，第5页。

② 参见李丽涓：《事后行为的出罪功能及其限制》，中国政法大学2011年硕士学位论文，第6页。

对犯罪人产生进一步负面评价的行为，也包括事后能够产生积极性评价可能导致免除罪责或者刑罚从宽的行为。所以，可以把事后行为中具有积极性价值的那一部分独立出来，然后剔除刑罚执行阶段所考虑的内容，如此便与本书所提出的罪后积极行为的内涵相暗合。

五、犯罪中止行为

在犯罪过程中，自动放弃犯罪或者自动有效地防止犯罪结果发生的，是犯罪中止。“犯罪中止是犯罪未完成形态之一，在我国被认为是‘惩办与宽大相结合’的刑事政策在刑法中的具体体现。”①在我国刑法理论中，犯罪中止是在犯罪过程中主动性地放弃犯罪、防止危害结果的行为，而犯罪未遂是由于犯罪分子客观上的原因不能完成犯罪既遂的形态。简言之，虽同样是犯罪未能发展到既遂，犯罪中止是因为犯罪人主观放弃，而犯罪未遂则是犯罪人客观不能所造成。体现在犯罪人的主观恶性程度上，犯罪中止小于犯罪未遂，但是也不能绝对地认为犯罪中止就一定比犯罪未遂所造成的客观危害小。例如，甲男在深夜袭击孤身一人的乙女，欲对乙实施抢劫，成功之后欲杀人灭口，于是用刀制向乙，乙躲闪及时只刺中手臂，后乙一边与甲搏斗，一边哀求甲不要杀害她，并保证不告发甲，后甲一方面感到害怕，二来被乙的哀求打动，遂放异杀害乙的念头，并送其就医包扎伤口，后乙经鉴定构成轻伤。按照张明楷教授的观点，甲在抢劫之后的行为属于“放弃重复伤害的行为”，应当认定其后的故意杀人行为构成犯罪中止。②同样的犯罪情景假设，只是甲在抢劫得手后杀害乙的过程中由于刀意外脱手，而被乙拾起并控制住，甲见凶器脱手而且有群众听到呼救声正跑过来，便急忙逃走。甲的故意杀人行为构成犯罪未遂无疑问，但是，两种案情假设中显然前一例故意杀人中止比后一例故意杀人未遂所造成的

---

① 林亚刚：《论犯罪中止的若干争议问题》，《法学评论》2003 年第 6 期。

② 对于何为放弃重复伤害的行为，并且如何判断是否构成该行为以及刑法如何评价的问题，参见张明楷：《论放弃重复侵害的行为性质》，《中外法学》2017 年第 6 期。

客观危害较大。[1] 可以认为，抛开犯罪中止主观性放弃犯罪的"善"的一面与犯罪未遂主观方面不想放弃犯罪的"恶"的一面，从犯罪都未完成的客观结果考察，二者并没有任何区别，理论上认为犯罪中止与犯罪未遂都属于犯罪的未成形态。本书在后面章节设计犯罪后积极行为评价时，对刑法上评价犯罪中止与犯罪未遂的制度进行了参考和借鉴，行为的"善"与"恶"及其程度不仅体现在客观上，也反映在主观上。具有犯罪后积极行为表现的犯罪人，刑法可以对其评价为，其犯罪行为是可恶的、可恨的，因而是可罚的，但是犯罪后积极行为又表明犯罪人或许是可以被谅解的。

犯罪中止行为与犯罪后积极行为有着更多的相似性，主要反映于行为人的主观层面，行为人都有在某个时间点之后具有主观悔罪并采取实际行动避免犯罪危害发生或者加深加重的情节，因而刑法对该两种行为都应当给以一定的鼓励。[2] 笔者在此进行一个理论假设，假如立法和学理上去掉犯罪中止这一个现成的犯罪形态，那么只要犯罪行为开始着手，便只存在两种形态——犯罪未遂与犯罪既遂，只要行为人在犯罪行为着手之前或者当时预设的犯罪目标最后没有实现的都可划入犯罪未遂的范畴。于是，便可能产生这样的疑问，在上述假定的"大"犯罪未遂行为圈中，对于犯罪人主动放弃犯罪或者有效预防犯罪结果发生的行为，亦即现行刑法中属于犯罪中止的行为该如何处理才合理呢？事实上，引入犯罪后积极行为之后便能产生现行法中犯罪中止的制度效果。笔者在此并非妄自主张由犯罪后行为取代犯罪中止的概念和制度，而是旨在说明犯罪中止行为实际上就是一种犯罪后积极行为，但是由于犯罪后积极行为的内涵相比犯罪中止行为更为宽泛，而且既然犯罪中止在刑

---

① 从案例中可以得出，犯罪中止的情况造成了受害人轻伤，而犯罪未遂的情况没有造成客观实害。

② 当然，此处所言的刑法鼓励并非先鼓励人们去犯罪，而后又鼓励人们去中止犯罪或是采取积极行为弥补损害，而仅指后一个层面的意思，即鼓励已经着手进行犯罪的人或者完成犯罪行为的人尽早悬崖勒马，停止犯罪或是预防犯罪结果发生、加重。

法和学理上有特别的制度予以规定，那么便应当认为犯罪后积极行为的概念和内涵并不包括犯罪中止形态。此外，在构成犯罪中止之后，行为人仍然可能采取积极性的行为，因此，该种情形也被纳入犯罪后积极行为评价的范围之内。在此有必要对犯罪中止的特征进行简要阐述，以便与犯罪后积极行为的特征相比对：

1. 时间性

犯罪中止的时间特征也是其成立的时间性要求，亦即犯罪中止应当在哪一个时间段内成立的问题。其他各国的刑法典也大多规定了犯罪中止制度，但是对概念的描述和时间性的要求不尽相同。在德国《刑法典》中，犯罪中止表述为“自动中止未遂”，实际上是把犯罪中止归为犯罪未遂的一种情形，并且在第 24 条中规定对犯罪中止的行为“完全不处罚”。① 日本刑法中也有此类似的规定，把犯罪中止实际上归类为犯罪未遂的类型之一②，成立的时间条件是在行为开始着手之后至犯罪既遂之前这一区间范围。在我国刑法中，犯罪中止的时间明确规定为“在犯罪的过程中”，但是对于如何准确理解“犯罪过程中”，学界一直存在争议。以马克昌教授为代表的多数学者主张，犯罪中止只能存在于犯罪预备之后至犯罪结果发生之前这一时间段，换言之，在犯罪预备之前以及在既遂之后都不可能再出现犯罪中止的情况。③ 马克昌教授的观点实际上与德、日大陆法系国家“犯罪既遂之后无中止”的传统理论观点相吻合，被视为犯罪中止成立时间条件的通说。只是把犯罪中止的终止时间描述为“犯罪结果发生之前”是否准确还有待继续探讨。林亚刚教授认为，犯罪中止应当描述为在犯罪既遂之前更为准确，他同时主张危险犯既遂之后即使具有防止危害后果实际发生的情况也不能再退回去以犯罪

① 参见[德]汉斯·海因里希·耶赛克、托马斯·魏根特：《德国刑法教科书》，徐久生译，中国法制出版社 2017 年版，第 721~722 页。

② 参见[日]山口厚：《刑法总论》，付立庆译，中国人民大学出版社 2018 年版，第 290~294 页。

③ 参见马克昌主编：《犯罪通论》，武汉大学出版社 1999 年版，第 464 页。

中止来判定行为的性质。[①] 笔者也认为，无论是结果犯还是危险犯，在犯罪之后再承认犯罪中止形态的存在必然陷入理论矛盾之中而无法自圆其说。但是现实社会生活中，在行为既遂之后犯罪人又确实采取了诸多事后补救措施，并实际产生了挽救犯罪损害的真实效果。针对司法实务中对于此类既不属于犯罪中止形态而实际法益恢复效果又与中止犯的要求相当的行为该如何处理的问题，迫切需要理论的引导和解读。中国素来有鼓励犯罪人“悬崖勒马”“改邪归正”刑罚矫正的传统观念，现代西方国家所提出的恢复性司法理念又逐渐被世界各国所认可和推行，在此形势下，李斯特所言的“引导犯罪人重返社会的黄金桥”[②]急切呼唤理论和制度的搭建。犯罪后积极行为的概念及其评价原理能够合理解释此类发生在犯罪中止之后的悔罪性危害防止或补救行为，通过建立犯罪后积极行为的刑法评价体系，这座“黄金桥”被有效地搭建起来。

2. 主动性

对于刑法中关于犯罪中止所规定的“自动放弃犯罪或者自动有效地防止犯罪结果发生”中“自动性”的理解，学理以及司法实务中总体上采用主观心理层面的考察标准来加以判断。[③] 陈兴良教授认为，中国刑法中犯罪中止所要求的自动性包含两层含义：一是犯罪人首先要有自认为能够完成犯罪的主观心理，才存在此后中止犯罪行为的说法，此为前提性条件；二是中止犯罪是基于犯罪人本人的主观意愿，所以称其为主观放弃，此为实质条件。[④] 但是，对于何为“基于主观意愿”，存在下述三种观点：(1)主观说。该说认为，行为人只要是基于自己的意志而不愿再继续犯罪行为的，即为中止，对于中止犯罪是基于行为人什么样的心理，都在所不问，周光权教授引用富兰克(Frank)公式对主观说总结为，

① 参见林亚刚：《论犯罪中止的若干争议问题》，《法学评论》2003年第6期。

② 参见[德]李斯特：《德国刑法教科书》，徐久生译，法律出版社2006年版，第346页。

③ 参见陈兴良：《教义刑法学》，中国人民大学出版社2010年版，第615页。

④ 参见陈兴良主编：《刑法学》，复旦大学出版社2003年版，第183页。

“欲达目的而不能，是犯罪未遂；能达目的而不欲，是犯罪中止”①。(2)限定主观说。该说强调，行为人放弃犯罪的主观性内容同样应予要求，王昭武教授认为，必须在对先前行为具有主观悔罪或是对法规范有清醒认识的前提下才能表明行为在主观上是自动放弃，也才有可能成立犯罪中止。② (3)客观说。该说主张，如果止步于对行为中止的主观心理层面特征性的分析判断是不完备的，还必须结合一般人在客观环境之下是否倾向于放弃犯罪，黎宏教授认为，如果客观情势下按照一般犯罪人的心理通常会选择继续犯罪而实际上采取了中止行为，则应认定为犯罪中止，如若一般人会选择放弃，那么，即使行为人中止犯罪，也只能成立犯罪未遂，而不是犯罪中止。③

可以肯定的是，无论是以主观说还是以客观说为依据来判断中止行为的自动性都有极大的理论价值。主观说既便于理解，其标准也简单明确；而客观说更加符合裁判者和民众的一般观念，容易被人接受。但是，上述两种学说都存在一定的问题，主要表现为仅从心理学的主观层面解说行为人的意志因素在决定行为中的作用，无法搭建与中止犯减免处罚规范判断之间的联系，从而出现心理学的理论台词与实际依规范裁判出现在自动性问题考量上的“两张皮”现象。④

事实上，在中止性行为研讨问题上，不能与其后立法规范上的轻免处罚相脱节。而刑法对犯罪中止行为采用轻免刑罚“奖励”必然与刑事政策考量以及犯罪特别预防的目的有着紧密的关联。既然行为人放弃了继续犯罪的念头，那么对其进行特殊性预防的必要性就有所降低，如若放弃犯罪的念头是出自行为人的自动性选择，而不是被动无奈之举，就可以认为特殊预防的必要性大为降低。潜在犯罪人在法规范的指引作用下，为了不至于遭受刑罚的最严厉性惩罚，中止犯罪行为的可能性加

---

① 参见周光权：《论中止自动性判断的规范主观说》，《法学》2015 年第 5 期。

② 参见王昭武：《论中止犯的性质及其对成立要件的制约》，《清华法学》2013 年第 5 期。

③ 参见黎宏：《刑法学》，法律出版社 2012 年版，第 254 页。

④ 参见周光权：《论中止自动性判断的规范主观说》，《法学》2015 年第 5 期。

大，一般预防层面的必要性也就降低。因此，从刑事政策和犯罪预防的角度，无论是为了预防犯罪人再次犯罪，还是为了威慑社会普通人，都应当认为对中止犯处以刑罚的必要性降低或者不复存在。①

因此在拟定中止的自动性要件时，刑事政策的功能指导和实现犯罪预防的目标都是首先需要考虑的因素，此外还必须充分考虑犯罪行为着手之后至刑事裁判作出之前的一系列犯罪人可能采取的具有积极性价值的行为，决不能忽视对积极性行为刑法评价的阶序性问题，因为刑法的评价结论必须与犯罪人的罪责相适应，行为着手之后的积极性行为评判与对原犯罪行为的评判对最终的定罪量刑都起着至关重要的作用。实际上，犯罪中止属于积极性行为中较为罕见和特殊的类型，是反社会行为当中对国家、社会和民众侵害性质最为恶劣，程度最为严重的行为——犯罪当中最为“弥足珍贵”的积极性价值最大的行为类型。对此，在适用刑罚上给予了极大的“奖励”空间——应当免除或者减轻处罚。所以对中止犯的适用条件不能太过于宽松，而且要与其后的犯罪后积极行为的规定相协调，换言之，犯罪中止行为在前，犯罪中止之后方才属于罪后积极性行为的评价功能区域，无论从社会危害性程度还是主观悔罪性程度衡量，对中止行为都应予以更大的刑罚轻免“优惠”，因此，对其成立条件提出更高更严格的要求便在逻辑之中。那么应当如何来量制犯罪中止的特征性构成要件呢？笔者为了后文论述犯罪后积极行为的刑法评价机制问题打下基础，现就目前较为常见的关于中止犯“自动性”要件判断的一些观点作出少许修正，以实现规范上从严认定的解释效果，以便彰显中止行为的“稀缺”，并与犯罪后积极行为形成适当的规范区隔。

上文已论及，对中止犯采取轻免性处罚的正当性根据必然是与犯罪的预防目的有关，而且，在特殊预防才是刑罚的真正唯一目的观点渐已成为学界共识②的理论态势下，基于特殊预防的必要性来定义中止犯

① 参见马克昌：《比较刑法原理》，武汉大学出版社 2006 年版，第 532 页。
② 参见周少华：《作为目的的一般预防》，《法学研究》2008 年第 2 期。

“自动性”的特征及要件更具合理性。同时，为了刑事司法规范层面更易操作，应当把“自动性”理解为从犯罪人自行选择放弃继续犯罪的行为表现可以合理推断其日后再次犯同样罪行的可能性与普通人相当，正因如此，笔者认为“自动性”用语应只能包含自行选择的词义而不能涵摄“较为彻底地放弃犯罪念头”的主观积极性悔罪特征，所以用“主动性”代替并列为节首。采用如上“主动性”标准，更加能够体现出立法上规定对中止犯免除处罚的合理性和正当性。为此，笔者通过如下几起案例，通过案情分析来引导和判断中止行为是否足以表明犯罪人的再犯可能性降至极低，是否能够合理推断出犯罪人的犯罪念头已经彻底地放弃。

案例 2.1　梁某某深夜持刀伏于 ATM 机外，伺机对取款人进行抢劫，在等待一男子独自取出钱后，便上前持刀威胁男子交出钱物，该男子表明警察身份并随即掏出身上的警官证，后梁某放弃犯罪逃离。

案例 2.2　张某深夜在郊区蹲伏，准备对孤身一人的妇女实施强奸，后见一女性身影走近，遂冲上去欲实施犯罪，在施暴过程中，近身后才发现对方是自己的同事，遂起身逃离。

案例 2.3　李某获知甲家保险柜中有价值上百万的珍贵文物，一日趁甲家中无人，遂进入其家打开保险柜，没有发现文物，但是里面有上万元现金，后李某空手离开。

案例 2.4　王某夜晚在公园里见独自一人的女性甲，上前欲对其进行强奸，后发现甲衣着讲究，在抢过甲的挎包后发现里面有名牌手机和大量现金及银行卡，遂放弃强奸念头，拿着抢来的包逃跑。

案例 2.5　罗某夜晚在偏僻小路上寻找女性强奸对象，甲女刚好路过，罗某在欲强奸之时发现甲正处于生理期，且嫌甲某容貌丑陋(罗某被捕后自述)，遂放弃犯罪并逃离。

案例 2.6　陈某见刚搬来的邻居甲女年轻貌美，于一日潜入甲的房间，欲行强奸，甲告知对陈某也有好感，并谎称下午自己主动去陈某住所，陈某信以为真，主动离开。

案例 2.7　刘某为盗窃而潜入乙家，后发现乙家人员众多，遂放弃犯罪离开。

首先，对以上案例中的犯罪人放弃犯罪的动机按常态逻辑分析归纳如下。案例 2. 1 中梁某放弃继续对取款男子实施抢劫的主观动机为：一是对面前男性警察的身份及身手感到惧怕，唯恐不能顺利实现抢劫目的；二是上述情况对其顺利逃逸形成障碍。案例 2. 2 中张某放弃对其女同事实施强奸的主观动机为：一是害怕事后被同事告发；二是觉得同事之间有碍情面，会妨碍继续实施犯罪和将来正常关系的维持。案例 2. 3 中李某放弃盗走现金的主观动机为：一是只对文物感兴趣，对现金不感兴趣；二是唯恐甲回家发现钱财被盗后报警，从而自己极可能面临牢狱之灾，然而又没有实现盗取文物的最理想目的，因而会得不偿失；三是若此次盗窃未成，改日还可以再来，以免打草惊蛇。案例 2. 4 中王某放弃强奸改为抢劫意图的主观动机为：主观上认为抢劫比强奸妇女甲所带来的利益更大或者诱惑更强。案例 2. 5 中罗某放弃强奸甲女的主观动机为：一是嫌甲女容貌不佳；二是不愿继续强奸尚处于生理期间的女性。案例 2. 6 中陈某放弃强奸邻居甲女的主观动机为：误对甲所言对其有好感信以为真，并预估此后甲会自愿与其发生性关系。案例 2. 7 中刘某放弃盗窃的主观动机为：一是害怕乙家人多，不仅盗窃难以成功，且容易被发现；二是寻找机会，另择他日再来乙家盗窃。

其次，需要对上述案例中行为人着手犯罪之后的自动选择中止本次犯罪行为的主客观行为特征进行分析，在此基础上才能作出能否合理得出行为人再犯罪的可能性降至与普通人相当的结论。详言之，如果能推理得出其再犯可能性仍然较大，即犯罪特殊预防的必要性较大，则不能认定中止行为具有“主动性”，进而排斥犯罪中止定性；若相反，特殊犯罪预防必要性较小，则符合成立中止犯所要求的行为“主动性”特征。那么，有人可能会提出如下问题，“犯罪可能性降至普通人水平”与“特殊预防的必要性较小”不是仍然过于抽象，不利于司法实践中具体操作吗？笔者认为，可以通过下述两个方面来合理推断预防必要性问题。其一，在同样的犯罪场景下，大多数犯罪人是否会作出与案例中特定犯罪人一样的中止犯罪的选择，亦即，中止行为是否“少见”，或曰是否“反常”；其二，在遇到没有相同或者类似于案例中特定阻碍事由时，行为人再起犯意并实施犯罪行为的可能性有多大，该问题应当联系案件中犯罪人对受害对象的选择是具有唯一性还是随机性进行考查，由此可以反映出犯罪人对犯罪本身的“抵触”性程度。

案例 2.1 中的梁某以及案例 2.7 中的刘某中止犯罪的行为动机之一体现为主观上认为继续实施犯罪难度较大或者被擒获的危险性增加，客观上表现为自行放弃了继续本次犯罪的念头。但是，该二人的行为不具有“反常”性，即是说，在同样犯罪情景下，大多数犯罪人会作出停止继续犯罪的举动；同时，二人的行为也没有充分体现出犯罪“抵触”性，很难预测犯罪人再次萌生犯意的可能性较小，也难以预言，在没有类似客观阻碍的情况下犯罪人不会选择再实施犯罪。综合判断之后可以认为，梁某和刘某仍然存在再次实施同样罪行的可能性，特殊预防的必要性仍然存在。

案例 2.2 中的张某和案例 2.5 中的罗某都存在放弃继续实施强奸的情节，且都是自己选择的结果，并没有受到来自外部因素的强有力阻碍。虽然，笔者上文对犯罪人中止行为的主观动机在合理揣测的基础上进行了判断，但是，行为人的心理活动是一种复杂的现象，刑法上不能仅仅凭借揣度就贸然评价，此时，便应当结合客观说的合理内容再行判断。① 案例中描述的被害人情况可能构成对犯罪人实现犯罪目的一定程度上的阻碍，因此，犯罪人停止继续实施强奸行为的举动在相当大程度上可以认为是多数此类强奸性质犯罪人的一种“常态”，亦言之，大多数的强奸犯罪人当遇到案例中的情形便可能就此罢休，而通常不会选择继续实施犯罪，由此，可以得出行为不具有“反常”性；更为重要的是，很难推断出张、罗二人此时和将来能够对罪行的社会危害性以及对可能造成的受害人的伤害产生清醒的认识和深刻的反省，由此，犯罪“抵触”性结论难以获得，因此，预防必要性仍然存在。

案例 2.3 中的李某和案例 2.4 中的王某一开始都是按照自己最初的

---

① 参见张明楷：《刑法原理》，商务印书馆 2011 年版，第 339 页。

犯意及计划行动，但在具体行为过程中出现了可能诱使其他犯罪的情况，李某在犯意无法实现的情况之下又“抵制”住了大量现金的诱惑，最终放弃了盗窃行为，而王某的犯意发生了从强奸到抢劫的转化。单从李某盗窃私人珍贵文物的行为属于客观不能从而构成犯罪未遂，以及王某犯意转化后实施抢劫构成既遂的判断不存在疑问。但是，李某“无视”大量现金的存在放弃顺手牵羊的“机会”而不用的事实能否定之前行为的未遂性质吗？通常情况下，对于盗窃特定物的场合尤其是入室盗窃，被害人家中必定还存在其他有相当价值的财物，倘若法理上对行为人空手而归的情况都认定为犯罪中止而免除处罚，则在刑事政策上难以起到有效预防此类犯罪的目的，这无异于告诉一般人可以尝试去偷取文物，盗挖古墓，盗窃金店等盗取特定物的行为，如若成功则犯罪目的实现，如若遇到困难放手即罢，只要不拿走特定物周围的其他财物，便不会受到刑罚惩罚，于是，犯罪人在事实上或者法律上都因此而“得利”，如此解释必定带来较大的负面效果。① 此外，李某放弃盗窃现金的行为也不足以表明其对盗窃罪行本身的“抵触”性，与通常盗窃文物者的行为不构成“异常”性表现，所以，行为不具有中止“主动性”特征。王某的行为不仅不能体现出其犯罪危险性降低，相反，其再犯强奸罪和抢劫罪的可能性都较大，放弃强奸而实施抢劫的动机只能解释为经过“深思熟虑”后的罪恶意图选择，所以，王某前强奸行为属于未遂而不构成中止。

案例2.6中的陈某放弃强奸女邻居的行为同样也不符合“主动性”犯罪中止的特征。首先，强奸停止并不“反常”，大多数的犯罪人在被此类受害人的“谎言”所骗之后都极可能因憧憬日后在受害人自愿情况下发生性关系而放弃强奸。其次，理论认知以及司务上的一般做法是，对于欲入室盗窃而无法打开门窗，欲抢劫而被受害人所骗称自行交出等类同案例中的犯罪停止行为均认定为犯罪未遂而非犯罪中止。

---

① 参见周光权：《刑法解释方法位阶性的质疑》，《法学研究》2014年第5期，第173页。

有人可能会提出如下疑问，按论者对“自动性”的解释无疑会使得犯罪中止形态的具体适用受到极大的限缩，如此限缩性解释的合理性根据在哪里？照此推理，犯罪中止的概念还是否有存在的必要？对此，笔者通过下列案例予以解答：

案例 2.8　被告人杨某在山上放羊，见乙女独自一人砍柴，上前着手实施暴力强奸，乙女极力反抗并声称如果被杨侵害就上吊自杀以及其母定会报警，杨某惧怕停止犯罪。①

案例 2.9　关某与甲是同村邻里，有远亲同辈关系，两祖辈有恩怨，少有来往，近日由于琐事两家产生矛盾，关某与甲发生轻微肢体冲突。之后，关某之子与初中同校同班的甲之女在班上因事吵架，随后，关之子受到甲之女和其他男同学的辱骂并被按倒在地，在老师干预下方才脱身，后关之子与甲之女均受到老师批评。为此，关心中不爽，独自到甲家理论，见只有甲之女一人在家，且对其出言不逊，于是上前把甲之女按倒在地并强行脱掉甲之女衣裤欲行施暴强奸，甲女一边反抗一边以长辈身份称呼关某并向其求饶，后关某起身警告甲女后离开。

案例 2.10　周某因大学考试严重舞弊被开除学籍，后因手头拮据决定实施入室盗窃，在选择一栋别墅楼后遂翻墙入内，见室内有父子二人，遂躲藏，听见父亲正在教育年幼的儿子要认真学习，诚实做人以及勿贪小便宜，周某顿悟后离开。

上述三例，犯罪嫌疑人着手之后又停止犯罪的行为具备“主动”性，构成犯罪中止。案例 2.8 中，杨某继续实施犯罪确实存在一定的阻碍，但是，此种阻碍影响力很小，而且杨某完成犯罪后被即时抓捕的现实危险性几乎不存在，所以，停止犯罪行为属于“反常”情形；同时，犯罪嫌疑人表现出一定的犯罪抑制主动性，即“抵触”性特征较为明显；试想，犯罪人在如此轻微的阻力之下便“轻易”放弃了犯罪念头，日后即便再起犯意，实际着手的可能性并不大，因此，犯罪特殊预防必要性

---

①　该案以及裁判内容参见福建省长泰县人民法院(2000)泰刑初字第 117 号刑事判决书，笔者略有删节。

较小。

案例2.9中，关某或许是出于多种原因放弃伤害受害人，但是，受害人哀求必定是重要因素之一，在受害人哀求之下便停止犯罪行为能够充分体现犯罪人的“良知”尚存，在一般犯罪人层面表现出“罕见”的“善”的特征，应认为行为“反常”，而且，较容易得出其对罪行本身的“抵触”性素质，再犯可能性小，认定为犯罪中止并无不妥。

案例2.10中，周某的行为也属于犯罪中止。本案与案例2.7中刘某行为的重要区别在于停止犯罪的动机不同，刘某是出于犯罪阻碍和被抓可能性加大，而周某应认定为“迷途知返”，因此，周某行为在此类一般犯罪人当中实属“反常”，刑法应予肯定和奖励。

对刑法第24条关于犯罪中止的“自动性”特征解读为“主动性”，是否会造成由于中止条件变得“苛刻”而使得部分情况下的犯罪人因被排斥犯罪中止定性而受到过于严厉的刑罚？对于该问题的回答与笔者在本节大费笔墨讨论犯罪中止特征及成立要件的动因紧密相关。犯罪中止自动性特征限缩解释的理由上文已述及，提出因此会加重对犯罪人刑罚的问题也在情理之中，但是，正是因为犯罪后积极行为以及刑法评价问题的提出和引入，上述案例中主动选择停止犯罪而又不能成立犯罪中止的行为的“积极性”价值并没有被法律忽略，只是评价的方法、模式和结论不同而已。①

---

①　简言之，对犯罪中止采用当然性免罚评价，而对犯罪后积极行为视具体罪名和情节评价为免罪、免罚、减轻、从轻等。出现罪后积极行为评价结论（免罪）可能轻于犯罪中止（免罚）的情况是由于存在罪后积极行为评价免罪所适用罪名范围的特定性以及罪后行为的特殊性。此部分内容请参见后文详述。

第三章　罪后积极行为评价的功能性契合

根据上文所述，罪后积极行为是指行为人首先实施了具有犯罪性质的前危害行为，而后又实施的具有积极意义的行为。罪后积极行为的法律评价指的是在综合前犯罪性质的行为和后续积极性行为之后所进行的刑法上的整体性评价。评价的内容可能是不构成犯罪，构成犯罪但是应当或者可以免除刑事处罚或应当或者可以减轻或从轻处罚等。

罪后积极行为概念的引入在刑事立法和司法层面均具有十分重要的意义，把罪后积极行为引入刑法评价体系与代表当今世界刑法发展急流的一些典型思想、理念的功能目标相契合，因此可以认为，下文提及的刑法思想和理念的价值追求也就是本书提出罪后积极行为及其刑法评价的价值目标。

第一节　恢复性司法理念

西方人认为，美国学者巴内特(Barnett)首先提出了“恢复性司法”的概念。① 恢复性司法来源于犯罪人——被害人关系的创新性考察，因其理论与制度上的优势后被欧洲国家吸收和借鉴，至 20 世纪 70 年代末几乎所有的欧洲国家都建立有该制度，现今恢复性司法深刻地影响着世界各国的刑事司法理论及实践。

虽然各国或地区选择首先尝试恢复性司法的领域不尽相同，例如，

---

① Marshall, T. (1996), The Evolution of Restorative justice in Britain, European Journal on Criminal Policy and Research, Vol. 4, pp. 21-23。

英国及美国秉承加拿大首创于青少年犯罪领域中的恢复性司法理念并进行了较大的改进和更为广泛的运用，而亚洲的日本、印度以及韩国和我国香港地区尽管溯源法系有异，但恢复性司法在财产类犯罪中的运用更为常见。德国著名犯罪学家施奈德主张，社会在不断变革和发展，对和平解决成员之间冲突的需求越来越大，基于预防和控制犯罪的目标，恢复性手段的运用有着决定性的意义，国家、社会、犯罪人与被害人应当共同致力于和平的恢复。① 如今，英国的恢复性刑事司法理论研究以及司法实践处于领域的前沿，犯罪学家马歇尔认为协商是恢复性司法的要义，他强调特定犯罪人与受害人自愿性地共同处理罪后的事务并共同走向未来。澳大利亚学者指出，被害人、加害人以及所在社区都应当纳入被修复的对象，其中需要更为关注受害人的如下方面：身体、物质、精神、情感、社会容纳和认可等。②

一、恢复性司法的价值取向

（一）关注的重点是损害后果而不是惩罚本身

传统刑事司法观念认为，犯罪主要是对国家利益的侵犯，因此通过国家强制力对罪犯处以刑罚自然理所应当。恢复性司法主张，犯罪首先是对被害人的侵犯，犯罪所造成的损害后果是刑法首先需要关注的问题，如何恢复犯罪人对被害人以及所在社区的侵害是刑法的首要目标。所以罪行发生之后，如何对待犯罪人以及对其应当处以何种刑罚完全取决于修复损害和恢复和平的需要，而不应当把惩罚犯罪人当成唯一性或者首要的目的。接受刑罚惩罚是犯罪人责任内容的一个方面，积极性地消除和弥补对受害人所造成的损害是其责任的另一方面，而恢复性司法认为后一个方面更为重要。因此，刑法应当根据犯罪致害以及恢复的实际情况来决定施以怎样的刑罚。

---

① 参见[德]汉斯·约阿希姆·施奈德：《国际范围内的被害人》，许章润等译，中国人民公安大学出版社 1992 年版，序言第 2 页。

② 参见[美]霍华德·泽尔：《视角之变：一种犯罪与司法的新焦点》，狄小华等译，中国人民公安大学出版社 2011 年版，第 1~5 页。

（二）给犯罪人以更多的关注和悔罪的机会

传统刑事司法制度关注对犯罪人的报应性惩罚，而恢复性司法则为犯罪嫌疑人提供了多种解决问题的方案，例如为犯罪人与受害人之间搭建对话和交流的平台以促进受损法益和双方关系的恢复。加害人可以通过采取积极弥补罪过的方式获取受害人的谅解，为其尽快重新融入社会创造有利条件。加拿大犯罪学家苏姗·莎楚提出了恢复性司法的可量化指标，其强调强化犯罪人的责任，但是这里的责任并非刑罚惩罚而是对受害人所遭受损害的弥补责任，这既有利于被害人，同时也利于犯罪人尽快复归社会，由此，需要更为关注加害人的如下方面：身体、物质、精神、情感、社会容纳和认可等。①

（三）对被害人从物质到精神全方位的关怀

传统刑法司法似乎奉行亘古不变的犯罪追诉两造格局——国家和犯罪人，两者相互对立，通过条文构造与诠释延展形成各种罪名规范，而犯罪行为的受害方不可能成为法律关注的重心，其个人权益被排除于主流视野便在情理之中。所谓的行为人刑法学也都是按照犯罪人理论为中心构建而成的，无论是前期的旧派行为人刑法学还是新派的行为人刑法学，都赋予国家或社会代理被害人利益的法律拟制，所以几乎在所有的公诉案件中，被害人的实体利益不仅在刑事立法上处于边缘地位，其程序性利益在刑事诉讼法上亦难以得到切实的关注和保障。自恢复性司法理念提出之后，经过几十年的发展，人们逐渐意识到在物质和精神层面同时抚慰被害人的重要性和必要性。犯罪现象与政府的相关反应不及时和缺乏有效性有关，而不仅仅是犯罪人的责任。因此需要为被害人提供多种可供选择的方案来实现其利益恢复的自由意志决断，被害人可以选择与犯罪人和解并接受犯罪人的诚挚道歉和损害修复行为，进而一定程度上决定诉讼的进程，这彰显出被害人在刑事司法程序中的地位大为提高。

---

① 参见[美]霍华德·泽尔：《视角之变：一种犯罪与司法的新焦点》，狄小华等译，中国人民公安大学出版社2011年版，第1~5页。

二、恢复性司法与罪后积极行为评价的功能契合

恢复性司法的目标是罪后社会关系复归原有的平衡状态，且并不主张绝对地通过刑罚方式实现，而是建立在犯罪人悔罪和积极赔偿的基础之上，使旧有社会生活的平衡关系被打破之后具有积极意义的新形态平衡得以重建。恢复性司法必须寻求一条有效路径方能最终实现，犯罪人是通向恢复性司法平衡重构的主角，唯有犯罪人在罪后的积极性被充分予以调动，通过犯罪人积极性的诚挚道歉、经济上的赔偿以及精神上的抚慰，被害恢复的目标才有实现的可能。

所以，传统刑事司法以国家是唯一主导犯罪后续工作的主体性观念在恢复性司法理念下已经无法行得通，犯罪处置以及被害人权益、社会秩序的恢复不再由国家机关完全支配。一些国家实践“恢复性司法”的经验做法是以民间组织为主的方式进行，其具有保持中立的属性和筹备、协调和组织的功能。① 要求犯罪人给以被害人实质性物质赔偿和精神慰藉，被害人权益的弥补不再是“为了震慑犯罪的需要”或是“施舍与同情”。② 以往，被害人的实体和程序性利益在立法上受到忽视的根源一定程度上与理论研究的侧重点不无关系，从被害人教义学的理论发展脉络上不难得出，与被害之前时序阶段有关的犯罪被害学研究的比重远远超过被害之后的被害人行为以及受害权益恢复的研究，至少在“恢复性司法”理念被大力提倡之前是如此。对被害前的行为研究通常从犯罪人的视角展开，同时也在被害人的层面有所延展，诸如被害人自陷风险、被害人接受、被害人自我答责等理论无疑均从被害促成的视角让被害人对所受到的侵害加以分担，从而轻缓犯罪人

---

① 各国恢复性司法的制度实践主要有两种方式，一种是以民间非官方组织形式为主，另一种是以国家官方机构为主。中国的恢复性司法探索主要是以后一种方式展开，其中，又主要体现为在司法程序中引入恢复性司法理念，例如和解、认罪认罚制等。

② 参见杜宇：《司法观的“交战”：传统刑事司法 VS. 恢复性司法》，《中外法学》2009 年第 2 期。

的罪责程度。①

由此可见，无论是恢复性司法理念还是犯罪后的积极行为评价，所倡导的都是“以人为本”的正义观，被害恢复须臾离不开犯罪人的积极参与。犯罪人不仅是制造被害的主角，也应当是被害恢复的主角。无论在被害前还是被害中，抑或被害后，被害人的反射性行为均因犯罪人的行为而呈现出相应的动态回馈，比如犯罪人的暴力侵害必然激起受害人的激烈反抗，被害人呼救、反抗、乞求可能成为犯罪中止或未遂的原因，同样犯罪人在事后的真诚悔过或积极赎罪也可能促使被害人谅解。所以，与犯罪有关的整个事前、事中、事后阶段，都可以从犯罪人与被害人“二重协奏”的关系视角进行解读。② 而要唱响所谓的“二重协奏”，必须首先从刑事政策、刑事立法和司法上正确引导犯罪人罪后积极采取各种行动，唯有如此，真正意义上的被害恢复才有可能生成。

第二节　轻刑化思想

轻刑化是世界上大多数国家和地区刑法发展过程中所呈现出来的一种共同发展态势，预示着刑事立法与司法向着彰显文明与人性的法治生态方向迈进。纵观国内外刑事立法与实务，轻刑化态势主要体现为立法上对刑种的设置、司法上的刑罚轻缓化以及刑罚执行中的轻刑化。③ 当前，我国学界对轻罪化、轻刑化的呼声较高，④ 但尚未形成实现路径层面的主流性认识和成果，轻刑化更多意义上尚且停留于思想意识和政策理念层面，并未发展成为一种客观现象，所以急需在理论和实现路径方

---

① 参见董文惠：《犯罪被害人国家补偿制度基本问题研究》，中国检察出版社 2012 年版，第 149 页。

② 参见张少林：《刑法学研究新视野被害人行为初探》，《全国研究生学术论坛优秀文集》2008 年（经济学 · 法学卷），社会科学文献出版社 2009 年版，第 704 页。

③ 参见江溯：《刑罚的文化分析——大卫 · 加兰德刑罚社会学研究》，《清华法学》2008 年第 5 期。

④ 参见何荣功：《我国轻罪立法的体系思考》，《中外法学》2018 年第 5 期。

向上进行大胆的探索，进而形塑制度根基。此外，轻刑化所蕴含的价值要素如何在量刑中予以体现和实现成为一个并非无的放矢的急需思考的难题。受到来自司法环境因素的作用，来自两个不同向度的对轻刑化本身的倡导或质疑都呼唤对一个简单命题的复杂论证，亦即，哪些犯罪行为可以轻刑化？如何轻刑化才能与罪刑法定以及罪责刑相应原则不相背离？由此，利用罪后积极行为刑法评价与轻刑化的理念契合，为实现轻刑化探寻出一条可行性的路径。

一、轻刑化的价值取向

（一）提倡刑法谦抑与人道主义

轻刑化思想体现了一种倡导用尽可能轻的刑罚来惩罚和控制犯罪的刑事政策。① 轻刑化被认为是刑法谦抑性的主要内容和实现方式之一，② 而所谓的刑法谦抑性又可称之为刑法的补充性，是在其他社会统治手段不力时才不得已动用刑法，③ 本质上便是倡导只要能有效地预防和控制犯罪，则尽量少用甚至不用刑罚。④ 由于充分展现出人道主义和人性发展的特征，"刑法谦抑性"被世界各国作为刑法发展的方向，轻刑化思想在刑法改革议程中被不断推向新的高度。

刑罚是刑法内容的实现方式之一，本质上是对危害社会最为严重的行为所给予的最严厉的惩罚手段，但它并不是孤立的存在，而是必须与社会关系的发展相匹配，从而呈现出一个不断变化和调整的动态过程。刑事政策的内容应当随着犯罪情况的变化而适时调整，否则国家和社会将难以组织对犯罪的有效反应。而达到预防犯罪的最低需求是刑事政策

---

① 参见赵志华、鲜铁可：《轻刑化问题实证研究——以轻刑化趋势和犯罪态势的内在平衡为视角》，《中国刑事法杂志》2011 年第 9 期。

② 刑法谦抑性的另一项重要内容为"非犯罪化"。参见张明楷：《论刑法的谦抑性》，《中南政法学院学报》1995 年第 4 期，第 55 页。

③ 参见［日］平野龙一：《刑法总论Ⅱ》，有斐阁 1972 年版，第 47 页，转引自杨燮蛟：《在人性观视野下对刑法谦抑性的诠释》，《政法论坛》2010 年第 3 期。

④ 参见陈兴良：《刑法的价值构造》，中国人民大学出版社 2006 年版，第 292 页。

的底线，当然也是决定采用轻刑化以及具体程度的主要标准之。人们已经逐渐意识到，刑罚并不是国家对付犯罪的唯一方法，所以重刑未必能解决一切问题，尤其是预防犯罪的需要和各种关系的恢复，但是，仍然需要犯罪人付出相应的代价来维持社会的报应心理平衡以及伸张正义。① 由于轻刑化思想无不包含着人道主义和人权保护的司法理念，进一步促使人们对重刑主义的反思并积极探寻刑罚的发展未来。

（二）主张刑事制裁措施的多元化

刑法制裁措施包含刑罚措施与非刑罚措施两种性质不同的类型。我国近几次刑事立法修正呈现出刑法制裁措施多元化的趋势，非刑罚制裁措施的比重和作用增大，主要表现为如下两个方面：

第一，制裁措施的价值目标多元化。传统观念认为必须动用刑罚，尤其是监禁刑来惩罚犯罪者方能体现出“报应正义”。但是，近几次的刑法修正表现出惩罚与预防并重，且逐渐倾向于犯罪特殊预防的刑法制裁措施，例如，引入禁业规定与禁止令等制裁措施充分体现出了既有制裁功能兼具预防措施定位的立法倾向，② 通过以外力帮助罪犯避免接触诱发犯罪环境因子，从而表现出个别预防功能，对于促进罪犯重返社会、回归正常家庭生活起到了一定的作用。在刑法制裁犯罪多元化的制度背景下蕴含着目标价值取向为“预防犯罪比惩罚犯罪更高明”③的轻刑化制裁逻辑。

第二，制裁措施的处罚因子多元化。以犯罪行为社会危害性的大小决定适用刑罚的轻重程度是我国传统刑罚制裁措施适用的惯常思维方式，亦即，按照社会危害性→案件不同情况→承担刑责的思维递进方向推演出最后具体需要判处的刑罚。由此可见，社会危害性的概念不仅标

---

① 参见梁根林：《刑事制裁：方式与选择》，法律出版社 2006 年版，第 31 页。

② 参见李适时：《关于〈中华人民共和国刑法修正案（九）（草案）〉的说明》，赵秉志主编：《〈刑法修正案（九）〉的理解与适用》，中国法制出版社 2015 年版，第 395 页。

③ ［意］贝卡里亚：《论犯罪与刑罚》，黄风译，北京大学出版社 2008 年版，第 102 页。

示着犯罪的本质发生，同时进化为刑罚解释论上的工具。① 建立在立法及司法实践经验基础上，经过刑法理论的提炼，学界总体上认同了决定刑法制裁犯罪的措施方式并不局限于罪中的情节，罪前、罪后情节中所体现出来的与犯罪行为及犯罪人有关联性的各种因素，如犯罪的动机、目的、方法和手段，犯罪的时间和地点，犯罪侵害的对象及造成的后果，特别是从罪后犯罪人的各项表现所体现出来的犯罪人主体人格的变化情况等，都是刑罚裁量时必须考虑的法定或酌定情节。② 与预防犯罪有关联的因素连同犯罪行为以及危害结果的情况一并成为发动制裁措施的考量因子。虽然，人格行为论尚未完全被我国理论界接受，也并未把犯罪人的人身危险性作为刑事责任判定的主要影响因素，但是其辅助性功用不容忽视。③ 而人身危险性减小所体现出来的犯罪人主体人格趋“善”性变化，无疑为轻刑化的制度逻辑提供了理论素材。

二、轻刑化与罪后积极行为评价的功能契合

中国有一定的重刑主义传统，从理解轻刑化的理念到接受再到制度全面实践轻刑化需要长时间的发展过程。一方面对于重刑非人性层面的弊端人们有了清醒的认识，另一方面在量刑层面的轻刑化所倡导的刑罚限缩本身也会付出一定的代价，因为在社会整体法秩序的维持上刑罚至关重要的保障作用仍然无可替代。即便立法上创制了非刑罚处罚措施，但其适用的范围应当被限制于轻微犯罪且必须建立在预防必要性小的基础之上，所以刑罚并不能一味地追求轻缓、温和而背离惩罚的初衷，否则不仅难以起到预防犯罪的目的，而且刑罚最基本的功能也极可能面临消减和丧失的隐忧。

所以，轻刑化必须找准实行方向和适用对象，其制度人性以及犯罪

---

① 参见王政勋：《论社会危害性的地位》，《法律科学》2003 年第 2 期。

② 参见董桂武：《论刑罚目的对量刑情节适用的影响》，《法学论坛》2018 年第 6 期。

③ 参见袁彬：《刑法制裁措施多元化的功能审视与结构完善》，《法学评论》2018 年第 4 期。

者人权保障的功能才能体现。在量刑阶段，轻刑化的具体运作可以从反映罪行恶性本身的罪中情节着手，另一条路径便是罪后积极性情节所折射出的犯罪人人身危险性衰减向度上的变化。量刑上的轻缓化处罚方式存在免除处罚、减轻处罚、从轻处罚、缓刑、死刑缓期执行等情况，从狭义上讲，对于罪行本身较为轻微的在量刑时从宽处理不应当认为是轻刑化思想的具体实现，因为，对轻罪用轻刑本身就是罪刑法定原则、罪责刑相适应原则的基本要求。现代刑法无法理解用重刑惩治轻罪的想法，因此，对轻罪采取轻刑化的刑事政策是刑事司法的基本要求，其所彰显出的轻刑化特征并不明显，其功能与作用有限。

在量刑阶段轻刑化的突出运用表现在根据罪后积极行为刑法评价的原理而采取的从宽从轻处遇。例如，刑法总则中规定了自首、坦白、立功等涉及罪后积极行为评价的制度，通过这些制度的广泛适用，便能体现出刑罚适用轻刑化的特征。事实上，坦白制度是在刑法修正案(八)颁布后正式确立，以此为契机，轻刑化趋势更加明显。大量废除死刑适用的罪名以及罪名规范中刑罚整体区间下调，在刑事诉讼法上认罪认罚从宽制度确立无不体现出罪后积极行为评价在实现轻刑化目标中的重要作用。对罪行严重的犯罪人同样应当适用自首、坦白与立功，量刑轻缓的效果仍旧能够体现。我国刑法分则中的一些罪名规范明确规定了当具备罪后积极行为时刑法评价的轻缓化指向，如逃税罪、受贿罪、拒不支付劳动报酬罪、非法吸收公众存款罪、恶意透支型信用诈骗罪、盗窃罪、诈骗罪等罪名都采取了根据罪后行为指引刑法评价轻刑化动作的立法模式。①

第三节 行为激励理论

法律上所言的行为激励理论也可谓之法律“激将法”。法有三大功能：组织、管理社会生活；奖善；罚恶。“行善，勿恶”是法律激励旨

---

① 请参见本书第四章，刑法分则中关于罪后积极行为立法评价部分。

在实现的目标，“奖善，罚恶”则是为实现目标而采取的激励方法和手段。由于以前受到“斗争法学思维”的桎梏，法学研究过分强调法律的阶级属性①，主张刑法的功能是以惩罚为主，则极易衍生出“敌人刑法”观②，“法即刑”“法即罚”的观点长时间占据主流，刑法似乎很少考虑“奖赏”的问题。实际上，中国古代就已产生具有激励性的法律制度，最早的形式为君王发布的军令。夏启发兵攻打有扈氏时发布的军令是中国法制史学界共同认可的中国历史上第一部法律。夏启军令中有如下表述：“王曰：嗟！六事之人，予誓告汝：有扈氏威侮五行怠弃三正天用剿绝其命今予惟恭行天之罚。左不攻于左汝不恭命右不攻于右汝不恭命；御非其马之正汝不恭命。用命，赏于祖弗用命，戮于社，予则孥戮汝。”其中，夏启号令中的“用命，赏于祖”这五字表述即可认为是中国历史上最早在法律中运用奖赏激励性法律条款的例子。③

刑法也是引导人们从事符合国家意志和社会意志，不损害他人利益行为的制度，所以刑法实质上也是一种激励性制度，刑法激励的对象不仅包括守法者，也应当包含违法者和犯罪者。那么，刑法是具体通过什么方式或方法来激励人们从事合乎需要的行为呢？根据刑法规范的二重属性，可以分为两类规范——行为规范与评价规范。“刑法是道德底线”是最低最基本的道德要求，所谓的刑法激励便是利用社会整体道德评价系统的功能，激励人们多为善勿作恶，即除恶扬善，一旦为恶刑法就会作出负面评价，恶行便会受到刑罚惩罚。

一、行为激励理论的价值取向

（一）鼓励犯罪人自我“赎罪”

设置刑罚应当最大限度地发挥其激励功能，通过奖励—惩罚的“利

---

① 参见胡元聪：《我国法律激励的类型化分析》，《法商研究》2013 年第 4 期。

② 参见何荣功：《“预防性”反恐刑事立法思考》，《中国法学》2016 年第 3 期。

③ 参见倪正茂：《从法律激励看对中国法律文化传统的继承》，《法学》2014 年第 1 期。

益”引导模式来促使行为人作出符合国家意志的行为。通过“趋利避害”的行为心理激励犯罪人罪后作出符合国家意志的行为，这正是刑罚罪后激励功能的运作机理。

针对已经实施罪行的行为人，刑法激励的运行机理通常表现为允许犯罪人罪后“赎罪”。“赎罪”并不是“以钱买刑”或“以钱抵刑”，而是鼓励犯罪人戴罪立功，努力弥补犯罪对受害人造成的伤害，成语表述为“将功赎罪”或“将功折罪”，这里的“赎”和“折”有“替代”之意，刑法中的“赎罪”机制是通过犯罪人以功绩或者钱财来折抵本应承担的刑罚。

为犯罪人在立法上构建“赎罪”通道会存在一定的风险，比如可能助长潜在犯罪人的犯罪欲望，亦等于预先由法律设计好了逃避惩罚的通道，从而必然有损“有罪必究”的刑法、刑罚理念，危及刑法权威。即便如此，近年来不断有学者提出应当扩展“赎罪”通道，甚至在某些情况下的“赎罪”可以使得犯罪既遂后不构成犯罪——出罪，因为“赎罪”行为主动修复了犯罪行为破坏的法益，是“善意”抵消了“恶意”。① 因此，从行为过程上看待赎罪，它具有犯罪抵消的功能；从行为结果上看待赎罪，它具有阻却违法和消除危害的功能，换言之，因有赎罪，所以可以认为犯罪不存在了，因此，既遂后再通过赎罪渠道构造行为出罪理论完全符合罪刑法定和刑法的人文精神。②

（二）以刑罚减让作为激励手段

刑罚减让是行为激励的方式和手段，其目的是让行为人作出符合国家意志的行为，例如，刑法中规定了罪后积极退还赃物，赔偿被害人的经济损失可以从轻、减轻处罚，通过刑罚减让的处理方式来有效激励行为人在财产类犯罪之后作出退赃或上缴行为，帮助受害人恢复受到损害的财产法益。由此可见，刑罚减让的理由可以解读为犯罪行为的社会危害性程度有所减轻或者人身危险性程度有所降低。倘若有益于法益恢复

---

① 参见尹振国：《刑法激励制度研究》，西南政法大学 2017 年博士学位论文，第 67 页。

② 参见储槐植、闫雨：《赎罪——既遂后不出罪存在例外》，《检察日报》2014 年 8 月 12 日第 3 版。

的行为能够反映出刑罚减让的合理性，那么便可认为，刑法中所设立的行为激励机制是有效的；倘若司法实务上因犯罪人作出对社会有益的行为而处以轻缓性刑罚，而犯罪人此后没有再次犯罪情况，那么可以认为司法上的行为激励是卓有成效的。不可否认，有些犯罪人在犯罪之后确实萌生悔改之意，并且积极性地争取立功的机会，或者努力挽回被害人的损失，因此而给予适当的刑罚减让性“奖励”更能体现刑法的公平。

此外，刑法行为激励性的功能也体现为刑罚的非强制性。刑罚最显著的特征在于其具有强制作用，可以把罪犯强制性地投入监狱，也可以强制性地没收犯罪人的财产，甚至可以强制性地剥夺犯罪人的生命。此外，刑罚也具有威慑作用，正是基于合法地强制剥夺罪犯权利的正义性，因而起到威慑潜违法犯罪人的作用。刑罚除了强制和威慑作用以外，有时还具有行为激励的功能，所以刑罚未必都是强制性的，刑法规范也未必都是强制性规范，显然，激励性的刑法规范属于任意性刑法规范，并不具有直接的强制性特点。犯罪未发生前，对所有民众而言，任意性规范在一定的程度或范围内，刑法可以容忍人们对自己是否行为、行为的方式和范围甚至后果进行自主性选择。犯罪已然之后，具有激励性质的任意性刑法规范同样应当允许犯罪人根据其自由意志进行行为选择。① 例如，刑法总则中规定的自首和坦白制度，通过激励性的罪后条款设计来达到引导犯罪人作出符合立法意志的行为，犯罪人如果具有此类积极性罪后行为，则可以被从轻、减轻，甚至免除处罚。随着刑法和刑罚的发展，具有激励性的任意性非强制规范在刑法中的比重将越来越大，理想状态下的刑法应当以任意性规范为主。

二、行为激励与罪后积极行为评价的功能契合

如上文所述，罪后履行积极性的补救行为可以导致出罪的刑法评

---

① 刑法中的强制性规范和任意性规范是以行为人的意志选择为区分标准，而无论行为人违反的是强制性规范抑或任意性规范，但对法官而言，都必须依照刑法的规定进行裁判，因此对裁判者而言任意性规范仍然是强制性的。

价，因为可以把“赎罪”行为视为对犯罪行为破坏法益的主动修复，是用罪后的“善意”抵消了犯罪的“恶意”，其中，罪后的“善行”便是刑法拟制的行为激励规范所产生的实际效果。刑法运用行为激励机理的制度如自首、坦白、立功以及刑事诉讼法中的认罪认罚从宽条款都属于与“赎罪”有关的现成制度。① 此外，刑法设计激励性手段的另一个表现为民事、行政惩罚手段与刑事惩罚手段的融合，传统的民、刑互不干涉模式已经受到了极大的挑战。在国外的刑事立法例中，民法与刑法之间的藩篱早已被破除，在实体和程序上，民事与行政责任的履行情况将很大程度上决定刑罚的必要性和处罚的轻缓程度，部分民事赔偿手段甚至可以直接替代刑罚。例如，在美国，刑法引入民事赔偿的方法，称之为刑事赔偿罚，并被正式作为一种刑罚手段。② 大陆法系国家如德国也正在探索一条新的刑事惩罚路径，保留刑法上采用刑罚和保安处分的惩罚方式，尝试引入民事赔偿作为替代性犯罪惩罚模式。③

就刑事程序法而言，现有的惩罚模式或者刑事附带民事赔偿模式并不利于在犯罪行为发生后建立起有效的激励性积极行为发动模式。一些刑事案件发生后，犯罪人缺乏积极赔偿受害人的动力，“案了事结”的立法和司法初衷事实上难以实现。以非法吸收公众存款罪为例，司法人员经常感受到相关利益的衡量难以抉择，刑民交叉问题涉及不同集资参与人(受害人)之间存在的不同利益诉求，同时，司法者还需要考虑地方政府的利益。案件发生后，参与集资的被害人一方意欲通过民事判决索回集资款以获得最大的利益保障，另一方面又想利用刑事强制措施和刑罚手段追究集资人(犯罪人)的刑事责任，通过刑事程序最大限度地追缴赃款并挽回损失。一旦集资人可能因构成非法吸收公众存款罪而被判入狱时，受害人又会集体强烈要求释放集资人，因为集资人一旦被定

---

① 参见杨学海：《赎罪事实也应是量刑的根据》，《法学杂志》1992 年第 3 期。

② 参见[美]埃米利·希尔弗曼：《美国的刑事赔偿制度(上)》，刘孝敏译，《刑法论丛》2006 年第 5 期。

③ 参见[德]克劳斯·罗克辛：《德国刑法学总论》，王世洲译，法律出版社 2005 年版，第 55 页。

罪入狱，想要收回集资款就基本无望了。因非法集资问题引发群体性事件的情况并非罕见，民众不但不支持法院为他们伸张正义，反而阻碍执法，要求犯罪人继续从业，以偿还集资款。笔者认为，我国刑法对非法集资罪的行为要件描述过于笼统化，没有考虑到非法集资人事后积极主动偿还集资款并赔偿损失等情况的可能性。所以，倘若刑法可以考虑在行为人非法吸收公众存款或变相吸收公众存款后，增加"若一年内偿还全部欠款，或承诺偿还全部欠款并得到受害人谅解的，不予追究刑事责任"这样一条行为激励性的条款，则可有效引导、督促和激励犯罪人事后竭尽全力偿还所有欠款，从而实现受害人损失得到最大程度弥补的目的。所以，在非法集资之后，倘若刑法上具备笔者上述建议增设的行为激励性条款，则非法集资人作出积极性退还集资款，补偿集资人各项损失的行为的可能性便大为增加。由此可见，罪后行为激励机能充分发挥作用正是以刑法上对罪后积极行为的正确评价为前提条件。

此外，犯罪侵害发生之后，法益被害(无论实害还是危险)已经成为事实，即使有所弥补也不能轻易认为法益侵害就不存在了。况且，某类犯罪即便侵害的是个人法益，同时也必然对国家与社会利益造成了程度不同的侵害，这正是民事法律保护法益与刑事法律保护法益的分野之处，例如，犯罪行为所造成的社会不安和民众恐慌便不属于刑法上个人法益的范畴。如果罪行本身的实质违法性通过罪后"赎罪"就能轻易完全抵消，刑事立法的规范机能难免被削弱，造成的结果是一方面本应受到刑罚处罚的犯罪人利用"赎罪"逃避惩罚；另一方面可能激发潜在犯罪人谋生并实施犯罪意图。由此可见，仅仅从"出钱"→"免罪或免罚"的规范逻辑上是无法解释"赎罪"的合理性问题，理由首先就在于罪后"赎罪"行为充其量可以被认为是能够抵消直接侵犯的法益，若意图主张还能消除或弥补一般性的国家和社会法益受害，则需要在理论上另辟蹊径。①

① 对此将在本书第六章第一节第一个小节"免罪前提：受害法益恢复"部分加以探讨，请参阅。

第四节 去“犯罪标签”化

一、“犯罪标签”的功能控制

标签的中文词源含义为标明物品名称、价格、规格的纸签，属于一个中性词汇，在西方label(标签)一词最早寓意为基督教主至高无上的权力象征，特指教主帽沿边上的一条布带。发展至今，标签一词用语相当广泛，不仅指物，也可指人或事，贴上或是注明标签的目的无外乎便于人们识别、分类、查找等。标签是一种文化，现代社会较重地依赖标签的作用，否则以往的经验无法传递，数据信息更是无法识别，社会各项事务的高效率无法实现。人们常常利用标签的作用来进行价值判断和目标性行为选择，在一定程度上讲，标签促进了社会的发展。

犯罪标签理论属于犯罪学理论范畴中的内容，与其他犯罪学理论内容相比，其标新立异之处在于主张犯罪的原因并非出自犯罪人，亦非社会环境造成，而所谓的犯罪性质冠名只是社会反应的结果，所以，犯罪标签理论又被称为建立在社会反应理论基础上的起到标识、标定作用的理论。国外犯罪学理论中，犯罪标签意为Social labeling theory，亦即社会标签理论。① 作为犯罪学理论领域的富有特色的子理论，标签理论充分融入了心理学和社会学中的相关理论和研究方法，从解释学的视角阐述了犯罪发生的原因。

犯罪标签理论认为，对已然犯罪贴上标签是一种社会反应的表现，同时，也是后续犯罪产生的动因，所以，“贴标签”行为是犯罪发生的肇始。② 犯罪标签的作用可谓众说纷纭，集中表现为：(1)起到帮助社会和人们识别的作用；(2)有标签的标示作用才有犯罪，无标签标示则无所谓犯罪；(3)促使犯罪人对标签的内化和认同，并对其行为产生显

---

① Larry J. Siegel, Criminology, Thomson Wadsworth, 2009, p214.

② 参见李明琪、杨磐：《犯罪学标签理论的应然走向》，《中国人民公安大学学报(社会科学版)》2012年第3期。

性和隐性的影响。由此可见，犯罪标签的概念和功能是建立在纯理论经验性假设的基础之上，虽然具有一定的逻辑合理性，但是由于理论本身就是属于对犯罪学绝大多数理论的离经叛道，反叛就意味着讽刺，所以属于纯思维化模型下的理论猜想。但是，犯罪标签在社会环境、司法环境中的现实性功效和影响却是一个不容忽视的问题，犯罪标签究竟是应当被舍弃还是存续，是应扩大适用还是限制适用等尚存疑惑且确实需要排解。

犯罪标签的积极性作用较为明显，体现在犯罪的社会与司法控制层面，其具有犯罪预防、秩序维持和行为指引的功能与作用。任何实施了犯罪行为的人都可能因为被贴上犯罪的标签而遭受到来自家庭、单位以及社会大众的负面评价，而且，该否定性负面评价通常会与所犯罪行的性质程度密切关联，并影响到负面效应的持续时间。因此，因害怕被贴上犯罪标签，潜在的犯罪人通常会选择隐忍和克制自己的犯罪欲望，在此意义上，犯罪标签便自然起到一定的犯罪预防作用。所以，借用刑事司法程序的威慑作用，囿于被贴上“反叛”的标签，人们的行为方式便自觉不自觉地步入社会需求的控制轨道，标签的标示、警示以及威慑功效便充分彰显，同时与刑罚威慑相得益彰。即使是数额很小的罚金、缓刑等轻微刑罚惩罚，对犯罪人仍旧形成一定的威慑。① 通过犯罪标签的标识性作用，便于人们明晰哪些行为属于合法行为，哪些属于一般性违法，哪些又属于犯罪行为。同时，人们从犯罪人身上的标签也会领悟到一旦触犯刑法将会在法律上和社会生活方面遭受怎样的境遇，从而理智地选择行为方式。正因如此，有学者认为，维护社会秩序和实现社会控制不能完全脱离犯罪标签，正因其在秩序维持方面的显著功用。②

事实上，标签在道德评价和行为评价中的作用也十分明显，例如，人们常说某人道德素养较高，抑或品行败坏。标签作用也被立法和司法

---

① 参见乔治·B. 沃尔德，托马斯·J. 伯纳德：《理论犯罪学》，方鹏译，中国政法大学出版社 2005 年版，第 268~269 页。

② 参见吴宗宪：《西方犯罪学史》，中国人民公安大学出版社 2010 年版，第 1191 页。

所广为运用，例如在刑法层面，立法上对于曾经有过犯罪记录又再次犯罪的人会给予不同于初犯的惩罚；在民事司法层面，动用社会力量整治和清理“老赖”等执行难问题也必须借助于标签，被贴上“老赖”标签的被执行人由此在享受各种社会服务时将受到与常人不同的限制，如限制其高消费，乘坐飞机，投资经营等。在西方国家，对于强奸等暴力性犯罪人，即使在服刑期满之后也会受到警察和政府部门的特殊眷顾，一些与女性特别是幼女服务有关的行业通常禁止该类犯罪人进入。在我国，刑法第 37 条之一“禁业规定”，因利用职业便利实施犯罪，或者实施违背职业要求的特定义务的犯罪被判处刑罚的，人民法院可以根据犯罪情况和预防再犯罪的需要，禁止其自刑罚执行完毕之日或者假释之日起从事相关职业，期限为三年至五年。对特定犯罪人刑罚执行完毕之后的禁业处罚同样属于对犯罪标签的功能性扩展运用。所以，恰当运用犯罪标签作用，把犯罪人与非犯罪人、特殊犯罪人与一般犯罪人、严重犯罪人与轻微犯罪人区别开来在理论和实践上都具有重要的意义。

但是，“犯罪标签”化也一直广受诟病，其最大的问题在于对罪犯的改造和再次融入社会构成很大的障碍。在中国，政策上坚决明确地反对歧视有过犯罪记录的人，而且各级政府都在不断努力解决犯罪释放人员在工作、学习、劳动、家庭等各方面的困难，为其提供尽量充足的条件，但现实情况是，嫌弃、歧视他们的传统和习惯性力量实在是非常强大,① 整个社会已经习惯于通过犯罪标签来实现人为区分犯罪人与未犯罪的人。但是，换一种思维思考，国家和社会也是借助刑法的标签作用唤醒犯罪人，使其改过自新或者戴罪立功，这体现出标签的改造激励作用。但是，犯罪标签在实际生活中的作用并非人们预设的那样在各种维度综合性地发挥出来，反而在排斥犯罪人重回社会方面表现尤其突出，甚至掩盖了其他方面的功能价值，甚至时常超越罪行本身的社会危害范围，对犯罪人的个人品行、修养进行全盘的否定。显然，在法定犯发展迅猛的时代，社会对一些妨害社会管理秩序和经济秩序的犯罪人如此反

---

① 参见马克昌主编：《刑罚通论》，武汉大学出版社 2001 年版，第 713 页。

馈和对待太过偏颇，与公平正义理念产生了距离。

建立在经验基础之上的立法罪名规范以及司法运作和社会控制都不可能完全抛弃犯罪标签的手段性作用，既然对罪犯贴上标签活动无法避免，而犯罪标签又存在诸多诟病之处，那么，如何从制度上有效设置一些防止犯罪标签功能异化或者过于扩大化的措施就显得非常必要了，迎面而来的首要问题便是，对哪些行为需要而且必须贴上犯罪标签？

二、去“犯罪标签”化与罪后积极行为评价的功能契合

绝对意义上的“去‘犯罪标签’”化应当说是一个伪命题，因为有刑法就有犯罪，有犯罪便离不开刑法，二者相互依存且共同消亡。既然刑法规定了什么行为是犯罪，那么，对于该类行为贴上犯罪的标签似乎并无不妥。有相当多的学者认为，罪犯在受到刑法的应有惩罚之后（司法实践中即是指刑罚执行完毕之后），不应当再被贴上罪犯的标签，服完刑的罪犯与常人无异。① 这里存在一个前提条件的问题，就是监狱等改造制度在相当大程度上能够胜任重新塑造犯罪人的功能使命，但现实并非如此，所以，犯罪标签的作用仍然应当肯定。

正常情况下，社会对服刑期满或者已经接受其他惩罚措施的犯罪人保持一定的警惕并对其从事与所犯罪行有关联的特殊行为加以限制是合情合理的，要求对罪犯与普通人在各方面都必须具有相同的待遇（除既判刑罚外）并不合理，因此，要求社会对所有犯罪人不作区分地在服刑期满之后无条件地都得到国家、社会和受害方原谅的想法也不现实。但是，并不是说不能构造合理的犯罪标签退出机制以“返还”犯罪人“清白”之身，实际上，道德评价体系与刑法评价体系都应当在犯罪标签退出机制层面进行相应的变革。从刑事立法上看，刑法修正后仍然保留前科报告制度，《刑法》第 100 条规定，“依法受过刑事处罚的人，在入伍、就业的时候，应当如实向有关单位报告自己曾受过刑事处罚，不得

① 参见谷超、马荣春：《论刑法的标签化及其克制》，《海峡法学》2014 年第 4 期。

隐瞒。犯罪的时候不满十八周岁被判处五年有期徒刑以下刑罚的人，免除前款规定的报告义务”。所以，在我国实际上只有未成年人，而且是仅犯有轻微罪行(5年有期徒刑以下)的犯罪人才能被免除前科报告义务。除此之外的所有犯罪人均必须接受前科罪行报告，但是，什么时候可以彻底消除犯罪不良信息报告，什么时候能作为正常人，刑法及其他法律并没有示明，这不能不说是一个很大的缺憾。刑法中规定的前科报告制度正是充分体现了犯罪标签作用在立法上的制度认可和运用。

事实上，实践部门已经意识到贴标签活动的负面效果，并且积极努力推进“去标签化”的政策，但是这一努力基本上仍处于对“烙印”的事后处理阶段，对于贴标签过程中以及之前的行为并没有予以关注，这与标签对受标定者的影响方面的研究缺乏不无关系。这一缺陷不仅制约着实践中对标签负面作用的回避，而且也会成为标签理论本身发展的桎梏。只有我们将标签理论发展的重心置于标签对受标定者的影响方面，继而发展出内容丰富的成果，才能有效地指导刑事司法等社会反应体系的运作，才能为实现将“去标签化”的效果前置于贴标签活动理念提供切实可行的操作途径。

所以，犯罪标签应当回归刑法的原初设计，标识具有严重社会危害性的犯罪人，限制其刑罚结束之后的某些社会性行为，并有效提醒社会成员加以警惕并构成相应的制度以预防再次犯罪的发生，这便应当视为犯罪标签的主要功能定位，亦是将来制度设计时需要努力的方向。当然，犯罪标签化的克制是相当困难的，所以需要限制适用的范围和构建退出机制。简言之，刑法仍然需要坚持严重罪行的标签标识和轻微罪行的去“犯罪标签”化。由此，犯罪人罪后的表现必然纳入去标签化的设计思路当中。囿于犯罪标签的巨大负面影响，犯罪人必然会竭尽全力地展现其悔过自新的一面，法律应当为此创造合理的契机。正如日本刑法学家西原春夫教授所言，刑法决不应忽视国民各方面的欲求。① 犯罪人

---

① 参见[日]西原春夫：《刑法的根基与哲学》，顾肖荣等译，三联书店1991年版，第93页。

一想到标签的负面评价作用，便自觉不自觉地会控制自己的欲求，满足刑法的要求，自愿步入法所预设的改造步骤当中，与社会为伍，积极地展开“救赎”自己的事业。虽然，犯罪人罪后进行合乎刑法给予改造悔悟有关的活动带有相当大的被逼迫性特征，仿佛是罪者为了迎合法律和社会的要求而刻意地压制自己的欲求或压缩权利，表现为自我权利性“阉割”，但是应当看到，犯罪人的这种自我权利约束和限制的前提是其对他人和社会的伤害，此后的积极性行为表现便是自己对先前罪行的救赎，而且法律只是作出了激励性的规范，是否就范完全取决于犯罪人的意愿。于是，研究并恰当地构建激励性的规范体系来促使犯罪人犯罪后采取各种积极性的行为以努力争取免掉罪犯的“帽子”便属题中之义。

第四章　罪后积极行为及其刑法评价的理论挖掘

犯罪论与刑罚论在刑法理论中的分野早在古典刑法学中便开始产生并存续至今，形成了自洽性的独立理论研究体系。本章在总体框架上沿用罪、刑两极划分的模式，从犯罪论和刑罚论两个层面对罪后积极行为及其刑法评价的关联理论加以挖掘和探讨。犯罪论层面拟解决的问题是具有罪后积极行为的情况下，是否必须延续原行为犯罪性质判定的问题，亦即罪后积极行为是否能够成为原行为出罪条件的问题；① 刑罚论层面拟解决的问题是犯罪性质确定基础上，当涉及罪后积极性行为情节时如何减免处罚的问题。

随着刑法理论的发展，学界对罪刑间相互关系的思考和研究进一步深入，逐渐从独立体系性研究视野转向与二者相互影响、相互解释、相互阐发的向度融合。表现为，刑罚不仅仅被认为是犯罪的应然结果，还可以反向性地影响和决定犯罪的成立，甚至出现以刑罚论取代犯罪论在刑法研究中始点地位的迹象。② 有学者认为，在规范层面，根本上是先有刑罚而后才有犯罪，刑罚是犯罪的"上位"概念。③ 由此，犯罪论原有的严密的牢不可破的构成理论则面临被刑罚论相关理论突破和逾越的风

---

① 参见刘峰江、莫洪宪：《犯罪后正行为模式的功能主义形塑》，《法律适用》2020年第5期。

② 参见王世洲、刘孝敏：《关于中国刑法学理论体系起点问题的思考》，载《政法论坛》2004年第6期。

③ 参见冯亚东：《理性主义与刑法模式》，中国政法大学出版社1998年版，第65页。

险。事实上，国内刑法学者的上述观点与西方功能主义刑法思想精髓具有极大的共通性，西方功能主义刑法观以德国著名刑法学者罗克辛教授跨越“李斯特鸿沟”思想为代表，主张刑法实际上已经被纳入一个被称为“刑事政策”的广泛的、开放的整体体系之中。① 刑罚论中的可罚性理论成为解决问题的突破口之一，形成了对原有犯罪论严密体系的“破坏”，造成了刑罚论对犯罪论的逾越。其中，可罚性层面所考量的重要事实和法律问题之一便是罪后积极性情节，这导致一定程度上行为的刑事可罚性判断偏移，该部分属于本章第一节中第一个问题所研究的内容。同时，基于外来理论本地化改造目标，通过社会危害性以及人身危险性理论的阐释和进一步发展，本书创制了一条罪后积极行为生成原行为非罪化的合理性路径，对此，在本章第一节后两部分予以详述。对于罪后积极行为产生减免刑罚效果的理论根据探寻与发展问题在本章第二节“刑罚论层面减免处罚的理论依据”加以研究。②

第一节　犯罪论层面出罪的基本原理

一、功能主义刑法思想启迪

（一）功能主义刑法观的思想溯源

功能性的刑法体系又被称为目的理性的刑法体系，由对古典的犯罪论体系抱有亲和感并采用刑事政策的、机能主义犯罪概念的学者们提出，③ 其中最杰出的代表便是德国学者罗克辛教授及其名著《刑事政策

---

①　米海依尔·戴尔玛斯·马蒂：《刑事政策的主要体系》，卢建平译，法律出版社2000年版，第23页。

②　需要说明的是，为了帮助论证罪后积极行为可以产生免罪或减、免刑罚评价效果的正当性与合理性问题，以及引导如何对其进行刑法评价的问题，本章对一些现在刑法理论在挖掘、整理的基础上加以探讨，所作的理论挖掘并非穷尽而是尝试，而探寻更为恰当理论的研究任务，笔者定会坚持不懈地努力实现。

③　参见陈家林：《犯罪论体系之演变》，《刑法论丛》2009年第3期，第105页。

与刑法体系》。[①] 在这篇著作里，罗克辛针对李斯特的“刑法是刑事政策不可逾越的屏障”[②]这一格言进行了理论批判从而实现了跨越“李斯特鸿沟”，其现实意义并不在为李斯特贴上学术标签，而是在于罗克辛实现了刑事政策和刑法教义学的真正有机统一，德国学者许乃曼教授称其具有“架桥结构”之重大理论意义。该理论引入中国后更是有“天堑变通途”之感，国内刑法学界开始密切关注刑事政策与刑法教义学之间的相互逻辑关系，并力图探索刑事政策进入法教义学体系的有效通道。

功能主义刑法体系实质上就是通过把刑事政策恰当地引入刑法体系，从而使其“功能化”和“活性化”。刑法教义学应当活用刑法目的理论，教义学内容应与刑事政策相符，[③] “如此一来，刑事政策与刑法体系的关系问题就转变为目的理性的刑法体系如何构建的问题。”[④]转向后的刑事政策更具实用性和价值性，更能合理而有效地组织对犯罪的反应。

那么，刑事政策借助什么通道并以什么方式进入刑法教义体系才既能发挥其“活性化”功能又不至于对原有教义体系造成过多的打扰？张明楷教授认为，“目的是刑法的创造者，刑法目的具有刑事政策(指导刑事立法)的机能”。[⑤] 劳东燕教授认为，只有通过目的，刑事政策与刑

---

① 该著作是在Roxin1970年5月13日柏林讲演稿基础上扩充而成，中文版由蔡桂生译，首见于《刑事法评论》2010年第1期，后被收入同名译著。可参见克劳斯·罗克辛(Claus Roxin)：《刑事政策与刑法体系》，蔡桂生译，中国人民大学出版社2011年版，第3页。

② 陈兴良教授翻译为“刑法是刑事政策不可逾越的藩篱”，或“罪刑法定是刑事政策不可逾越的边界”。可参见梁根林等：《刑法教义与价值判断》，北京大学出版社2016年版，第86页。

③ 参见冯军：《刑法教义学的立场与方法》，《中外法学》2014年第1期，第183页。

④ 劳东燕：《风险社会与功能主义的刑法立法观》，《法学评论》2017年第6期。

⑤ 参见张明楷：《刑法目的论纲》，《环球法律评论》2008年第1期，第19页。

法教义学体系之间才能实现有效的沟通。① 因此，只有目的解释可以引导出实质性的价值判断，并容纳刑事政策性的考量。② 罗克辛也主张目的行为论在刑法教义学与现实之间重建联系的功能效果，③ 认为教义学不仅需要强调概念的秩序和稳定性，并且要能够回应和解决现实问题，也就是必须符合刑事政策的目标设定。所以，可以认为，刑法目的论能够为刑事政策进入教义体系提供一条有效的理论路径。

（二）罪后积极行为引导免罪性评价：借助功能主义刑法的需罚性判断

事实上，李斯特并不反对刑事政策与刑事立法之间的联系，并且对目的论在关联二者之间的通道作用也予以肯定，但是，他对目的的功能开发仅仅局限于刑罚论的理论视域，并未延伸至犯罪论的体系构建层面。这种思想差异直接影响到罗克辛、李斯特二人对罪刑法定的功能看法和定位。李斯特看重罪刑法定的消极功能，将不应作为犯罪对待的行为予以排除，而罗克辛强调罪刑法定原则在犯罪论阶层范围内发挥实质审查的功能，即便某一种行为符合犯罪构成要件，但是并非一定就作为犯罪处理，根据三阶层理论，完全可以在违法和责任层面将其排除在犯罪之外。刑法领域与行政法领域都在经历一个制度和理论的变迁过程，在刑法领域即在不危及法治国这一绝对原则的前提下，刑事政策的问题不仅影响到了其本身的具体内容，而且也影响到了犯罪论的一般理论。④

德国犯罪论体系在贝林之后经历了两阶层与三阶层的争论，但刑法体系与刑事政策二元分野的思想一直维系，行为人在犯罪之后采取的以

---

① 参见劳东燕：《风险社会与功能主义的刑法立法观》，《法学评论》2017 年第 6 期。

② 参见杜宇：《“犯罪人—被害人和解”的制度设计与司法践行》，《法律科学》2006 年第 5 期。

③ 参见克劳斯·罗克辛（Claus Roxin）：《刑事政策与刑法体系》，蔡桂生译，中国人民大学出版社 2011 年版，第 12～20 页。

④ 参见倪正茂：《从法律激励看对中国法律文化传统的继承》，《法学》2014 年第 1 期。

弥补损害为主线的具备合作和悔罪性质的各种行为也只能在量刑阶段予以考虑。涉及刑罚需罚性的问题也只能在基准刑确定之后再进行调节考量。罗克辛的目的理性刑法体系认为，应该打破区分应罚性和需罚性的传统，体系构造的设计必须同时符合应罚性和需罚性的要求，① 刑事政策不只是刑罚论中的课题，也是犯罪论中应该顾及的课题，如果是刑事政策上无法满足预防目的的处罚，也就不应该予以处罚。应罚性是犯罪成立与否的判断依据，是法教义学的探讨对象，需罚性则是处罚与否的判断依据，是刑事政策上应思考的课题。② 由此可见，需罚性功能理论与刑事政策目的论二者具有功能目标的同质性。因此，在阶层犯罪论的责任阶层就考虑刑事需罚性判断，等于是把刑事政策的价值引导功能提前至定罪阶段，从而更有利于实现罪刑法定原则。

本书所提出的罪后积极行为刑法评价所主张的融入刑事政策对罪后积极行为态度的立法和司法改良与功能主义刑法体系中的需罚性理论实质一致。用需罚性理论来解读我国刑法中某类条款，可以发现其与法条文本的书义及背后法理完全吻合。例如，《刑法》第 201 条第 4 款规定，“经税务机关依法下达追缴通知后，补缴应纳税款，缴纳滞纳金，已受行政处罚的，不予追究刑事责任”。按照文义理解，行为人逃避纳税达到法定情节就认为符合逃税罪的客观构成要件，应当受到本条规定的刑罚处罚，即行为具备应罚性。但是，行为人在收到税务机关的行政追缴通知后，补缴了税款和滞纳金，也接受了罚金等行政处罚，体现了对行政处罚等行政行为的认可和合作，在客观归责反映主观罪过的立场上能够推定行为人主观上经历了一个从故意逃税到认罪悔罪的主观心理变化过程，所以法律认为没有再对其处以刑罚的必要，因而法条设定了不予追究刑事责任即犯罪赦免的评价结论。由此可见，我国刑法已经局部客观存在与目的理性功能主义刑法体系理论相符合的法条内容，易言之，

---

① 参见于改之、吴玉萍：《刑法中的客观归责理论》，《法律科学（西北政法学院学报）》2007 年第 3 期。

② 参见许玉秀：《当代刑法思潮》，中国民主法制出版社 2005 年版，第 89～98 页。

我国刑法中已经存在整合罪后积极行为再对犯罪行为进行整体性评价的立法实践，并且已经打破了“应罚性是犯罪成立与否的判断依据，需罚性是处罚与否的判断依据”的传统观念，表现出刑事政策上预防犯罪(包括行为和结果)的价值判断不仅运用于刑罚论，同时也运用于犯罪论的立法实践。简言之，罪后积极行为在刑法教义学上的理论基础就在于，行为构成犯罪必须同时符合应罚性与需罚性的要求。① 如若在刑事政策价值判断上无法得出具有预防犯罪目的的结论，就不应当作为犯罪处理。

二、社会危害性判断的出罪机理

(一)罪后积极行为对前行为社会危害性的消减

我国刑法学习和借鉴了苏联刑法理论，将社会危害性融入了刑法第13条明文规定的犯罪概念之中，行为具有严重的社会危害性是成立犯罪的前提条件，即，并非所有危害社会的行为都被规定为犯罪，还需要达到一定的程度。而且，并非所有的严重危害社会的行为刑法都会拟制为犯罪，还与代表国家意志的立法者的态度有关，例如，帮助安乐死在中国被认为是犯罪行为，而在西方如荷兰、瑞士、瑞典等一些国家则属于合法行为。所以，在适用社会危害性理论的国家都承认危害性不仅需要区分“有无”，而且需要区分“大小”，在立法上便首先评价为合法与不合法(违法)，其后，又在不合法的基础上细分为一般违法和严重违法，通常认为，严重违法行为即为犯罪行为。② 合法行为→违法行为→犯罪行为的划分标准正是着眼于行为与行为社会危害性之间的关系。社会危害性为“零”还是“正数”用以区分合法行为与违法行为，社会危害性的“数值”大小用以区分一般违法与犯罪，犯罪根本上是具有严重社

---

① 参见刘峰江、莫洪宪：《犯罪后正行为模式的功能主义形塑》，《法律适用》2020年第5期。

② 事实上，立法论意义上的犯罪行为必然还存在一个融入刑事政策考量之后再对严重违法行为进行“筛选”的过程，例如，在我国刑法中卖淫、嫖娼、自吸毒品等行为属于违法行为，多次被行政处罚仍然屡教不改或者有其他严重情形的便是严重违法行为，但是，无论受到过多少次的行政处罚，也只是(行政)违法行为而不是犯罪行为。本书采用“严重违法即为犯罪行为”的惯常观点。

会危害性的行为。

那么，如何判断行为是否具有社会危害性，又如何衡量社会危害性的程度？有学者提出，行为社会危害性程度的判断应当考虑下列六大要素：①行为侵犯的社会关系，此为首要因素；[①] ②行为的性质以及采用的手段和方法；③是否有危害结果以及危害结果的大小及严重程度；④行为人的责任能力以及特定罪名所要求的身份情况；⑤行为人的主观因素，包括故意或过失、目的和动机；⑥情节是否严重、恶劣。[②]

那么，社会危害性是一个"点"的问题还是一个"幅"的问题？换言之，是应采用静态的方法还是应采用动态的方法来考查社会危害性呢？社会危害性数值已经为"正值"，还可否因行为人的积极性行为表现而作"减法"，进而回复至一个较小的表征一般违法行为的"数值"呢？在犯罪行为层面，储槐植教授认为影响社会危害性的情节既包括罪中情节，也包括罪前和罪后的情节。[③] 罪后积极行为即属于罪后情节当中的"从善"情节。罪后积极行为并不拘泥于某些特殊的形式，可以认为，无论何种形式的罪后积极性行为表现都不同程度地对原犯罪行为，或者说对犯罪人的社会危害性程度起到了反向削减作用。并非所有的罪后积极行为对社会危害性的影响都能够上升到刑事立法明文评价的层次，但是，刑事司法过程不应忽视犯罪人在罪后的任何一个积极性行为或表现。某些罪行罪后行为的积极性价值较高且评价标准较为明确，以法定情节的形式予以明确规定，其余的罪后积极行为由裁判者在司法程序中作为酌定情节予以适用。

立法上明确规定的罪后积极行为法定情节如：盗窃、诈骗后的退赃、退赔行为；强奸后的长期同居行为；逃税后的补税、接受行政处罚

---

① 参见马克昌主编：《犯罪通论》，武汉大学出版社 1999 年第 3 版，第 22 页。

② 参见孙建保：《刑法中的社会危害性理论研究》，华东政法大学 2013 年博士学位论文，第 129～130 页。

③ 参见储槐植、张永红：《刑法第 13 条但书与刑法结构——以系统论为视角》，《法学家》2002 年第 6 期。

行为；信用卡恶意透支后及时归还行为；拐卖妇女或儿童后的善待受害人行为；受贿后的上交或退还行为；军人在战时的立功行为等。此类行为由于能够反映出行为人以及原犯罪行为社会危害性明显降低，所以立法上认为处罚的必要性相应降低甚至不再具备。学理上也早就认为赔偿、退赃等罪后行为正是减少犯罪财产损失和社会危害性的重要途径。①

（二）在罪后行为层面实现社会危害性理论引导出罪评价

我国刑事立法采用“定性+定量”二元犯罪规范的入罪模式。② 所谓定性，指违法性质认定，定量则体现为在情节、数额、数量等方面达到法定要求，“性”不达标或者“量”不够格均不能认定为犯罪。

通过社会危害性理论引导出罪是一条有效的路径，而且并不违背罪刑法定原则。刘宪权教授认为，罪刑法定原则要求禁止类推解释，从人权保障机能的角度理解，应当是指不利于犯罪人的类推解释，而并不排斥有利于犯罪人的解释。所以，只要是有利于犯罪人，即使刑法没有明确规定，都可以类推解释为“无罪”或“罪轻”。因此，完全可以通过刑法解释论来建构与罪刑法定原则相符的出罪机制。③

我国犯罪构成理论中确实存在各要素之间过于强调同时性和横向联系性，而实际犯罪认定中规范意义上的形式评价与实质评价混同进行的问题，从而造成了入罪体系强大而出罪机制弱小的局面。④ 针对平面耦合式犯罪认定的现实弊端，笔者认为把行为的社会危害性纳入罪行实质性评价寻求出罪的现实路径有三条：⑤ 第一是正当防卫和紧急避险，我

---

① 参见王育君：《退赃应规定为法定情节》，《法学研究》1996 年第 6 期。

② 我国学界普遍承认刑事立法实际上采用了“定性+定量”的立法模式，有一些学者对这一模式的合理性提出疑问，从反面印证了该模式的客观实在性。可参见储槐植、汪永乐：《再论我国刑法中犯罪概念的定量因素》，《法学研究》2000 年第 2 期。

③ 参见刘宪权、谢非：《罪刑法定原则下的出罪机制》，《上海法治报》2018 年 5 月 23 日第 B06 版。

④ 参见肖中华：《犯罪构成及其关系论》，中国人民大学出版社 2000 年版，第 44 页。

⑤ 以下三条路径为并存关系，应同时展开。对于第一和第二条路径，不是本书主旨，恕不予详述。

国刑法中明文规定的法定排除犯罪性事由。第二是立法没有明文列举而由裁判者依据法理而酌定裁量的事由，参见国外刑法，如下典型行为可资借鉴：被害人同意行为、正当医疗行为、体育竞技行为等。① 第三条路径便是充分利用刑事立法中的“定量”因素，通过社会危害性理论来对行为的性质进行实质性评价。社会危害性的“量”的表征因素一般有“情节”“后果”“数额”等，这些因素在罪前、罪中和罪后通常会存在一定的变化，例如，最终故意杀人既遂的犯罪人可能在实施杀人行为之前只存在恐吓或者小小地教训一下受害人的动机，可谓情节一般，而罪中的行为动机发生瞬时改变，从杀人行为以及事后分尸行为的残忍性可以看出情节恶劣、后果严重，但是，犯罪实行行为完结之后顿时悔悟于是投案自首，之后认罪态度良好并积极向受害者家属道歉，达成和解并全额履行民事赔偿，则又具有罪后积极性情节。同样，对于侵财类犯罪如盗窃、诈骗罪，由于罪后的及时返还、赔偿，此时表征社会危害性的“数额”与罪中比较发生了变化。笔者认为，“量”的改变表征社会危害性程度的变化是刑法出罪机制构建的在“定性+定量”犯罪认定模式下的唯一合理性路径。换言之，出罪路径只能从罪后积极性行为表现层面进行设计，而不应当从罪中情节里“不够量”层面予以解释，原因在于犯罪构成对“性”和“量”作出了明确的要求，行为不够“量”本身便说明其社会危害性程度不够入罪标准，也就是说，行为只构成一般违法，不构成犯罪。理论和实践通常认为，对不够“量”的违法行为不作为犯罪处理体现出宽严相济刑事政策对犯罪人宽大处理的一面，笔者认为，此类表述不够准确，对于不构成犯罪的行为不作为犯罪处理何来宽大之意？刑事政策“宽待”犯罪人的出罪机制和路径只能在罪后情节中寻求，诉诸罪中或罪前在理论和逻辑上均难以自圆其说。

所以，需要把犯罪构成所必需的“量”转换为表征社会危害性的“量”的元素，包括“情节”“后果”或“数额”等，并从行为动态变化的视

---

① 参见张明楷：《外国刑法纲要》，清华大学出版社 2007 年版，第 177～187 页。

角予以解读。如上文所述，体现违法行为社会危害性的时点是一个“幅”的概念，在立法所规定或认可的时间“幅”内，行为的社会危害性程度可能发生变化，① 而社会危害性程度的变化必然起因于行为人在犯罪之后采取了具有积极性的行为，是刑事立法对罪后积极性行为评价的重要内容，也是评价之后所得出的结论。

这里仍以刑法关于逃税罪的规定为例加以说明，刑法学理论上认为，逃税罪所侵犯的客体是国家的税收管理制度，② 所以，逃税犯罪行为所造成的社会危害性表现为对国家税收管理制度和正常秩序的侵犯，同时也表现为国家税收经济利益的减损、流失。逃税也是一般(行政)违法行为，同样会影响国家税收管理的正常秩序和造成税收利益的减损，因此，税收行政执法的首要目的是纠正逃税行为，并且令逃税人全额补交所欠税款，同时施以罚款等行政处罚措施予以惩戒并以儆效尤。所以，对于已经构成逃税的违法行为，补齐税款和交纳罚款是国家希望并鼓励的行为，或曰逃税后法律所鼓励的积极性行为。因此，当行为人具有这样一种积极行为时，必然表现为社会危害性程度降低。正因如此，刑法在修改时依据罪后积极性行为所表现出的社会危害性程度降低的结果特征，再在宽严相济刑事政策的指引下考虑给予违法犯罪人一个悔过自新的机会。由此可见，行为社会危害性评判的时间概念不再是传统理论所认为的犯罪完成的时刻点，而是体现于罪中以及罪后一定时间阶段之内的“幅”，在时间“幅”之内，具有积极性行为表现被认为是原行为社会危害性程度不同地相应降低，在满足其他条件时，甚至可以认为社会危害性已经不再存在。③ 其他罪名如侵犯财产类犯罪，由于社会

---

① 根据上文提到的笔者所赞同的大多数学者所主张“社会危害性理论只能用于出罪，而不能用于入罪”的观点，罪后行为只能朝向社会危害性程度减少而非相反的方向解读。

② 参见高铭暄、马克昌：《刑法学》，北京大学出版社、高等教育出版社2000年版，第438页。

③ 当然，假若其他条件不具备，法律便认为原来犯罪行为的社会危害性仍然存在，例如，关于逃税罪刑法第201条第4款后半句规定，“但是，五年内因逃避缴纳税款受过刑事处罚或者被税务机关给予二次以上行政处罚的除外”。

危害性结果主要体现为对被害人财产利益的侵犯，对于犯罪之后的退还、赔偿等行为，在法定条件满足时，原行为的社会危害性可以忽略不计。刑事立法对罪后积极行为免罪只是一种情况假设，倘若不存在罪后积极行为表现，原犯罪行为的社会危害性便不能轻易被否定，但是，正如胡萨克所言，向犯罪人以及社会传递行为是否不法的信息是刑法的重要目的之一，即使没有一个人的行为因刑法的表达而改变，但该目标仍然存在。①

三、人身危险性的理论解说

（一）人身危险性理论概述

人身危险性概念是刑法理论革命的产物，具有十分重要的意义。②人身危险性概念由刑事实证学派所提出，用以描述与犯罪人犯罪倾向有关的某些人身性特征。意大利刑法学家菲利时常把犯罪人比作病人，他与刑法学家龙勃罗梭在各自著述中都使用“天生犯罪人”的概念，其相关理论从生物学和遗传学的视角研究潜在犯罪人的体态等特征，从而试图说明此类人具有较大的人身危险性。

日本刑法学在受到西方“天生犯罪人”理论影响下，刑法学家团藤重光教授提出了“人格责任”理论，在此基础上，刑法学家大塚仁教授系统性地创建了人格刑法学。团藤重光认为，刑法在确定行为人的责任时，不仅应当以行为为基础，也应看到行为背后的人格因素。③ 而人格的形成是一个既包含先天因素也包含后天影响的动态过程，主要有遗传基因、成长环境、教育程度、职业、婚姻、家庭以及其他日常生活情况中与人格有关的元素，此外，还包括犯罪后的认罪态度以及接受改造的情况等。在 1974 年日本刑法修改时，明确写入了刑罚适用时除了必须

---

① ［美］道格拉斯·胡萨克：《过罪化及刑法的限制》，姜敏译，中国法制出版社 2015 年版，第 217 页。

② 参见陈兴良：《论人身危险性及其刑法意义》，《法学研究》1993 年第 2 期。

③ 参见洪福增：《刑事责任之理论》，中国台湾刑事法杂志社 1982 年版，第 39 页。

考虑罪行本身，还需对犯罪人的年龄、经历以及其他影响犯罪动机的人格因素加以考量，犯罪后态度与罪犯改过自新情况同样与刑罚运用紧密相关。

由此可知，西方国家以及日本在确认行为人刑事责任问题上除了必须重视罪行本身以外，行为人的人格因素也是考查的重要对象，而人格因素中涉及的内容与我国人身危险性的概念内涵有着极大的相似之处，其中，充分考虑犯罪之后的态度对原罪责的影响几乎是各国刑法的共识。

我国刑法学界通常把人身危险性理解为再犯可能性，“表现出犯罪人主观上的反社会性格或危险倾向”①。广义的人身危险性概念除了特指犯罪人的再犯可能性之外，也包含有一般人从事犯罪可能性的意思，后者被称为初犯可能性。对于已经实施了犯罪的人而言，人身危险性指的就是再犯可能性。尽管理论上对人身危险性的理解不尽相同，但大体上都一致认为人身危险性应当包括犯罪之前、犯罪当中以及犯罪之后所反映出的个人情况。②

（二）因罪后积极行为致使人身危险性减弱

社会危害性与人身危险性在犯罪成立条件判断中的作用机理和作用大小并非完全等同。社会危害性是从客观层面对行为以及行为结果的危害程度评判，属于已然之罪行的客观评价范畴；而人身危险性既可能从客观已然之罪行中直接表征出来，也可以从罪后犯罪人的表态中予以体现，例如明确的认罪和悔罪态度。由于单纯的主观人身危险性判断过于抽象且具有不确定性，脱溢社会危害性层面的行为结果评价转而完全依赖主观人身危险性的判断既不现实也不可靠，所以社会危害性与人身危害性的法律评判通常需要一并进行，而且前者制约后者，后者较重地依赖前者，在评判顺序上采用社会危害性在先、人身危险性紧随进行的方法更加合理、可靠。实践中，对于可以作出“社会危害性适格”否定结论的情形，人身危险性评判的必要性并不大，原因很简单——立法、实

---

① 参见王勇：《定罪导论》，中国人民大学出版社1990年版，第83页。

② 参见邱兴隆、许章润：《刑罚学》，群众出版社1988年版，第259页

务与理论通识是行为不构成刑事违法性所要求的社会危害性绝对不能作出犯罪认定。

在实际评判行为的犯罪性质问题时，首先关注的对象是行为是否具有社会危害性及其程度是否较为严重从而达到刑事违法性的标准，其次才会涉及与犯罪人人格因素有关的人身危险性的评判问题。社会危害性的评判结论可能存在三种形态。第一种“必罚形态”,① 体现为行为已经造成了相当严重程度的危害后果或者具有其他相当严重情节，亦即刑法法益的侵害性较为巨大，此时，无论是否考虑人身危险性，犯罪成立问题几乎“确定无疑”。在“必罚形态”中，并非没有人身危险性的功能空间，但是应当仅限于量刑层面，而不可能僭越为定罪要素或者单独作为出罪要素，否则便有主观归罪、主观出罪之嫌,② 与罪刑法定原则相违背。第二种“勿罚形态”，是指完全不具备社会危害性或者社会危害性没有达到刑事违法性所要求程度的情况，该种形态下就完全没有人身危险性的判断必要。第三种“可罚形态”，该种形态被认为是行为的社会危害性程度刚好达到或者略微超过刑事违法性的客观既定标准，此时，人身危险性的功能范围便甚为宽阔。罪前、罪中以及罪后人格因素所体现出的人身危险性程度都会对犯罪性质的最终确定起到决定性的参考价值。其中，从罪后犯罪人的直接性表态以及从罪后行为中所间接反映出的人格因素变化相当大程度上反映出行为人再犯可能性的大小，从而对判断犯罪是否成立产生实质性影响。

下面以组织、利用邪教组织破坏法律实施罪为例来解读人身危险性在犯罪认定层面的功能机理。两高在 2017 年公布的有关组织、利用邪教组织破坏法律罪的司法解释中规定，在“情节轻微”的情形下，罪后情节若满足三个条件：①真诚悔罪；②明确表示退出邪教组织；③保证

---

① 为了论证方便，本书此处暂且忽略“构成犯罪但可以免除刑罚”的情况，实际上，此处的“必罚形态”指的是能够较为明确地肯定行为犯罪性质的情形。

② 此处的主观归罪及主观出罪是指仅仅倚靠主观方面的判断来决定犯罪成立的问题，该观点及实践已经被现代刑法所抛弃。

不再从事邪教活动，那么，便可以对其不起诉或者免予刑事处罚。① 其中，行为人系受蒙蔽、胁迫参加邪教组织的，可以不作为犯罪处理。该法条规定的情况正好与上文笔者所提出的社会危害性第三种“可罚形态”下人身危险性判断的情形相吻合，理由如下文。首先，从文义上理解，行为属于刑法第300条关于组织、利用会道门、邪教组织、利用迷信破坏法律实施罪规定的行为类型，具备社会危害性和刑事违法性。其次，该解释第4条所描述的“情节轻微”即罪行轻微，可以解读为行为的社会危害性程度并不算太严重，亦言之，行为的社会危害性程度刚好达到或者略微超过刑事违法性的客观既定标准。再次，“行为人在罪后能够真诚悔罪，明确表示退出邪教组织、不再从事邪教活动的”可以解读为犯罪之后的人身危险性大幅度降低。② 最后，“行为人系受蒙蔽、胁迫参加邪教组织的”可以解读为倘若没有受到蒙蔽或者胁迫，初犯可能性或者再犯可能性很小，对此可以理解为行为着手之前或着手当时的人身危险性很低。

第二节　刑罚论层面减免处罚的相关依据

一、刑罚轻缓化理念

刑罚轻缓化是一种世界潮流，是人道主义发展与人权保障进步的结果。③ 刑罚轻缓化趋势的最终成形经历了从野蛮到文明的一个漫长的历史演化过程。从最初形态的血亲复仇到肉刑等残酷刑罚的滥觞，这样一

---

① 参见最高人民法院、最高人民检察院于2017年1月4日公布的《关于办理组织、利用邪教组织破坏法律实施等刑事案件适用法律若干问题的解释》第9条的规定。

② “真诚悔罪，明确表示退出邪教组织、不再从事邪教活动的”可以解读为犯罪之后的人身危险性大幅度降低的理由在于，这除了体现出行为人具有悔罪的一般表现，还表明了悔罪的可靠性程度高，由此可以认为人身危险性显著降低。

③ 参见赵秉志、金翼翔：《论刑罚轻缓化的世界背景与中国实践》，《法律适用》2011年第5期。

部刑罚历史已经不可能再次重演，人类文明的发展呼唤更为理性和人性的刑罚制度。但是，无论刑罚种类、形态以及强度等如何变化，必定要与报应、威慑、惩罚、制裁等词汇相联系，因为其适用的对象是“罪大恶极”之人，是对“恶”的回应、制裁和阻止，同时，刑罚本身又是极大的“恶”，即使对此避而不谈，但仍有学者直言不讳地指出，“刑罚之于人类的不名誉不亚于犯罪史”①，刑罚的“双刃剑”效应激发人类不断地思考如何能既有效地惩罚和威慑犯罪，又能把其“锋芒”控制于合理的限度之内。在当今的刑罚热点问题中，关于死刑是否应该废止，罚金等非监禁刑的准确适用以及建立恢复性司法体系等问题都与刑罚轻缓化的主题不无关系。

作为一个有着重刑传统的国家，中国从理解和接受刑罚轻缓化的理念到制度的落实，在理论和实践上以及在立法和司法层面都有较长的路需要去探索。可以说，刑罚轻缓化并不是一个在思想理念上是否应当予以坚持的问题，而是一个在具体刑事司法制度中如何落实的问题。笔者认为，首先必须在立法上实现轻缓化，然后在司法量刑环节体现出刑罚适用的轻缓化。在立法环节，首先需要确定对哪些行为应当运用刑罚轻缓化的理念来构建合理的法条规范；在司法环节，则首先涉及依据罪行严重程度来决定是否轻缓判罚的问题。虽然在罪名立法体系上应整体体现出刑罚轻缓化的趋势，但是，对于那些严重危害社会、严重侵犯法益的行为，刑罚轻缓化应当更为严格、谨慎，例如，死刑的整体废除和局部废除问题在我国立法上都体现出极为审慎的态度。而对于那些不太严重的罪行，刑罚轻缓化的迹象更加明显，步伐迈得更大，体现为，除了罪行本身的危害性程度外，当具有特定罪后积极性行为表现时，立法上规定了轻缓化的处遇。例如，刑法总则中规定，对于犯罪后自动投案，如实供述自己罪行的犯罪人认定为自首，可以得到宽免处罚；对于符合特定条件的犯罪分子具有罪后悔罪情节的可以适用缓刑等。刑法分则罪名体系以及有关司法解释中也有不少考虑到罪后积极性行为表现时给以

① 参见林钰雄：《新刑法总则》，中国人民大学出版社 2009 年版，第 6 页。

轻缓化处遇的罪名规定，如逃税罪、受贿罪、拒不支付劳动报酬罪、非法吸收公众存款罪、恶意透支型信用诈骗罪等。① 在司法层面，犯罪人具有反省、悔罪、赔礼道歉以及被告人事后积极退赃、赔偿损失与积极挽回损失的行为，都可以成为实际轻免刑罚的依据。②

二、刑罚个别化原则

刑罚个别化的思想是在19世纪由近代刑事实证主义学派代表人物龙勃罗梭、加罗法洛与菲利所提出，该学派主张行为虽然是构成犯罪的前提和基础，但是同样应当重视“人”的因素，而且应当作为刑罚判罚的基础。刑罚的根据包括行为也包括行为人两个层面，而对行为人因素的考察有利于更好地实现刑罚防卫社会的目的。刑事实证学派的立足点在于犯罪的原因和刑罚的目的，首先，其认为犯罪并非行为人的自由选择，其背后有着更为深刻的自然、社会和人的生理因素，其次，刑罚的目的是防止行为人将来继续犯罪，因此刑罚应当与“人”相对应，其内容便是刑罚个别化。

刑罚个别化并未发展成为中国刑法学理论中的主流，这与其他一些国家的研究发展情况形成鲜明的比对。③ 这与中国刑事主观主义学派发展相当缓慢，以至于不足以形成刑法主观主义与客观主义的理论学派争议环境不无关系。④ 刑罚个别化的统一概念在理论上也尚未形成，有些学者根据西方理论和中国实际，认为，刑罚个别化是为了更好地实现刑

---

① 详细内容请参见本书第五章第二节第一小节“相关罪名的立法及司法运用梳理”。

② 参见张明楷：《论犯罪后的态度对量刑的影响》，《法学杂志》2015年第2期。

③ 国外刑罚个别化的有关研究情况表现为：法国，1898年《刑罚个别化》著作出版；在苏联20世纪60年代初期，《苏维埃刑法中的刑罚个别化》出版，后期《犯罪人的个人情况与刑事责任》、《未成年人的刑罚个别化》、1978年《减轻责任情节在刑罚个别化中的意义》出版等。参见翟中东：《刑罚个别化的蕴涵：从发展角度所作的考察——兼与邱兴隆教授商榷》，《中国法学》2001年第2期。

④ 参见郑延谱：《从罪责刑相适应到罪责刑相适应——兼论刑法中“人”的消隐与凸显》，《法律科学》2014年第6期。

罚的公平公正以及个别预防的目的，行为人自身情况、犯罪原因、其他因素都应当作为刑罚裁量时具有针对性考察的内容。①

应当从犯罪人罪前、罪中和罪后阶段的行为表现来进行刑法上的个性化判断，所得到的结论必须能够真实反映“已经实施犯罪的犯罪人再次实施相同类型的犯罪的可能性”②。其中，罪中因素以犯罪构成为基础展开，包含犯罪过程中的各种事实情况，属于社会危害性以及人身危险性判断的核心要素。罪前和罪后因素属于非核心要素，但是仍然不容小觑。罪前因素通常从如下方面予以体现，如是否有犯罪前科、家庭关系、工作表现、受教育情况、遵纪守法情况等。罪后因素对量制个别化刑罚的作用表现于两个向度：一是刑罚量增加向度，通常表现为畏罪潜逃、抗拒抓捕、负隅顽抗、串通作假证等行为；另一指向便是刑罚量减少，通常表现为，积极救助受害人、努力减少和弥补损害、接受行政处罚、自首、坦白、立功、认罪认罚等行为。在案件审理时，对罪后具有积极行为向度的犯罪人便应当根据刑罚个别化原则施以轻免适度的刑罚。

三、个人解除刑罚事由制度

个人解除刑罚事由出自德国的刑法学概念和理论，并在意大利、日本以及我国澳门等地区都有较为广泛的运用。该理论针对的是犯罪完成之后但是危害结果还未出现或者虽然出现但是犯罪人采取了罪后积极性措施得以有效弥补的情形。从刑罚判罚结果意义上讲，个人解除刑罚事由即为犯罪行为完成之后才得以体现出的能够起到削除刑罚的情形和事由。③ 耶塞克和魏特根教授认为，个人解除刑罚事由是指“在应受惩罚

① 参见梁华仁、王洪林：《试论刑罚个别化的根据》，《时代法学》2004 年第 2 期。

② Herbert L. Packer: The Limits of the Criminal Sanction, Standford, California: Stanford University Press, 1968, p. 49.

③ 参见[德]约翰内斯·韦塞尔斯：《德国刑法总论》，李昌珂译，法律出版社 2008 年版，第 272~273 页。

的行为实行后才发生，并溯及性地消除已经成立的应受处罚性事由”。① 个人解除刑罚事由在德国刑事立法和司法实践中有着较为广泛的运用，如德国刑法典第 306e 条规定了在放火之后，行为人在损失发生前，自动灭火避免重大损失而减、免刑罚；第 163 条规定了行为人在法庭作伪证后，因及时纠正错误陈述而免除刑罚。意大利刑法中也有大量的排除犯罪可罚性的规定，例如法庭辩论开始前便主动撤回诬告和虚假的鉴定证明、翻译材料的情形，再如在当局命令解散前主动退出聚众暴乱可以排除原聚众暴乱行为的刑事可罚性。刑法的目的在于保护法益，犯罪人事后积极、主动消除犯罪致害结果或者有效防止危害扩大，事实上能够解释为受害法益得到了切实保护，在此情况下，法律认为，尽管刑法的威慑作用稍微迟延，但已经基本达到预设目的，再适用刑罚已无必要。②

美国虽然没有个人解除刑罚事由的概念，但是存在类似于罪后积极恢复导致刑罚赦免的理论和实践。著名法学家、大法官霍姆斯曾言，真正意义上的法律并非抽象的规则和逻辑的推理，而是能够促进社会发展需求的被多数人认可的各种社会价值的选择结果。③ 在实际案件发生之后，有一些受害人及家属并非一心想要追究犯罪人的刑事责任并让其受到严酷的刑罚，甚至于并不追求非要把犯罪人送进监狱，一些受害方出于与犯罪人私了的意愿，也有的是出于怜悯或者信仰等缘故表示对犯罪人谅解。④ 此时如果法律选择适当地“回避”，或许犯罪人、受害方以及社会都会达成满意的结果，唯有当社会生活条件急切需要动用刑法加以

---

① ［德］汉斯·海因里希·耶塞克、托马斯·魏特根：《德国刑法教科书》，徐久生译，中国法制出版社 2001 年版，第 665 页。

② 参见［意］杜里奥·帕多瓦尼：《意大利刑法学原理》，陈忠林译，中国人民大学出版社 2004 年版，第 343 页。

③ 参见［美］罗伯特·S. 萨默斯：《美国实用工具主义法学》，柯华庆译，中国法制出版社 2010 年版，第 27 页；田成有：《法律社会学的学理与运用》，中国检察出版社 2002 年版，第 41 页。

④ 关联案例请参见，《中国女子妒杀英国丈夫被判无期 孩子生活凄惨爷奶花百万夺监护权》，https://new.qq.com/omn/20181230/20181230A13CC1.html。

保护的场合，然后刑法再以符合价值判断的标准及时予以回应，这样的刑法才具有相当的合理性。① 当行为人在犯罪之后选择以“赎罪”的方式来向受害方表达悔罪和歉意，国家和法律决不应当把其挡在门外。倘若社会和受害方均对犯罪人的“赎罪”行为表示可以或乐意接受时，刑法完全可以适当附和。

经考察发现我国刑法分则罪名规范中具有类似于个人解除刑罚事由的例子不少，但是理论解说还不十分完善，在刑法总则中也缺乏具体的条款来映照和统领分则中的相关规范，对此，笔者提出如下建议：

1. 个人解除刑罚事由属于具有罪后积极情节而完全解除刑罚适用的情形，在犯罪积极行为评价的体系中属于免罚层面的理论运用，这是对个人解除刑罚事由理论与制度的整体性定位。

2. 在刑法总则中增加相应条款以便统一适用的标准。德国刑法典第 46 条 a 项规定可以对我国刑法总则相关规定起到借鉴作用，该条规定为，最高刑期一年或者折抵三百六十天罚金刑以下时，满足下列情形之一的，免除处罚：(1) 与受害人尽力协商，恢复全部或绝大部分损害；(2) 为恢复损害履行了个人最大义务，并赔偿了全部或绝大部分损失。同时，德国刑法在罪名规范部分(相当于我国刑法分则部分)又明确规定是否可以适用罪后情节免除处罚。② 由此，本书认为，我国刑法完全可以借鉴德国刑法的立法经验，在总则中增加关于个人解除刑罚事由制度，以起到统领分则，统一适用标准的作用，具体可以在第 63 条关于减轻处罚的规定之后增列为第 64 条，表述为：“对于原罪行可能被判处 3 年以下有期徒刑的犯罪人，事后采取措施积极恢复行为所造成的损害，效果显著且确有悔罪表现的，可以免除处罚。”然后在分则中再丰富具体可以适用个人解除刑罚事由的罪名范围，已有的《刑法》第 201 条逃税罪、第 276 条之一拒不支付劳动报酬罪就是极好的例子，同时可以考虑在第 192 条集资诈骗罪等罪名中增加罪后情节免罚条款。

---

① 参见张智辉：《刑法理性论》，北京大学出版社 2006 年版，第 69 页。

② 参见杜宇：《“犯罪人—被害人和解”的制度设计与司法践行》，《法律科学》2006 年第 5 期。

3. 从刑法理论研究的角度对个人解除刑罚事由的适用范围进行探讨。个人解除刑罚事由虽然在罪后积极性行为评价体系中具有重要的地位，在司法实践中也具有极大的应用价值，但是，对其功能范围必须予以合理界定。根据我国刑事立法和司法现状，个人解除刑罚事由适用的前提条件为：

（1）轻微刑事犯罪。主要理由在于：第一，个人解除刑罚事由实质上是法律与犯罪人之间的一种量刑交易，该交易由国家代表全体国民行使，交易达成意味着国家刑罚权的放弃，而只有当罪行本身较轻微时才能够认为国家放弃刑罚权可以拟制为民意的默许，如果罪行本身较为严重，意味着对民众和社会造成的犯罪侵害和危险较大，不能拟制出民意默许放弃刑罚制裁的结论。第二，对于较为严重的罪行，首先，立足于法益侵害的严重性，即使有罪后积极性悔罪和补偿行为，受害方的法益也难以完全恢复，同时，从国家层面来看也不能允许严重罪行仅仅倚靠“赎罪”的方式而予以了结，否则刑法便褪变为私法性质，自身再无存在的必要性。第三，所犯罪行严重的犯罪者，通常其人身危险性也较大，如果刑法允许轻易“以财赎刑”，无异于放任犯罪，犯罪预防的目的因此便不能得以实现。学理和实务上通常认为法定最高刑为 3 年及以下有期徒刑的罪行属于轻微犯罪，因此，轻微犯罪应当纳入个人解除刑罚事由的适用范畴。此外，并非被排除在轻微犯罪之外的罪名就不能加以适用，而是需要根据具体个案中实际触犯的罪名以及罪行本身的严重性程度来加以决定。例如，受贿罪、贪污罪、偷税罪、拒不支付劳动报酬罪等罪名同样可以适用个人解除刑罚事由，但前提条件是构成此类罪名的原犯罪行为的危害性程度可以认为与普通的轻微犯罪危害程度相当，换言之，如若原犯罪行为可以被判处的最高刑不超过 3 年有期徒刑时，罪行之“恶”实际上与轻微罪行的“恶”具有可比拟性。所以，个人解除刑罚事由适用条件中的前罪行危害程度并不以所触犯的罪名及法定刑为标准，而是应当以实际可能被判罚的刑罚量为标准。

（2）行为人罪后的积极行为避免了损失或者损失已全部挽回，且悔罪表现突出。罪责刑相适应的刑法原则客观上要求刑罚与罪行的严重程度相均衡，罪行的严重性程度首先表现为犯罪行为所造成的人身伤害和财产损失或者其他损失的大小。根据个人解除刑罚事由而免除犯罪人刑罚处罚本身是国家、法律给予犯罪人的“宽待”，该宽厚性待遇是建立在犯罪行为所造成的损害后果几乎可以忽略不计的前提之下，否则便无正当性可言。同时，为了避免旧时“赎刑”制度的弊端，有效避免民众产生“花钱买刑”的避罪心理，还需要犯罪人在罪后有真诚的悔罪表现。①

---

① 同时，还可以附加其他条件，例如，逃税罪中规定，“五年内因逃避缴纳税款受过刑事处罚或者被税务机关给予二次以上行政处罚的除外”。如若行为人不满足该条件，也不能被免除刑罚。由于该条规定属于罪前情节的范畴，所以本书不予展开分析。

第五章　罪后积极行为评价在现行立法中的运用与完善

第一节　罪后积极行为评价在刑法总则中的运用

在刑法总则部分，罪后积极行为刑法评价的内容直接体现为法条明文规定的各种法定从宽量刑情节。① 我国刑法总则中规定的可以产生积极性评价效果的行为有坦白、自首（包含特别自首）、立功和民事赔偿行为。至于能引起刑法积极评价的原因，一般可以从刑事政策和特殊预防必要性两个层面进行解读。刑事政策上一是认为可以促成被害法益得以及时有效恢复。二是有利于案件及时侦破，从而有利于减少司法资源投入，起到节省司法成本的作用。在预防必要性层面，具备罪后上述积极性行为的人一般来说更易于改造，再犯的可能性相对较低，量刑时便可以在预防刑环节予以从轻。

一、自首

自首是犯罪人罪后积极性行为表现的典型性行为之一，在我国刑法第 67 条专门予以规定。所谓自首就是指犯罪人在罪后主动地投案，如

---

①　在法定情节之外还存在不少酌定量刑从宽情节，例如，不构成坦白、自首的悔罪与赔礼道歉行为仍然应当纳入罪后积极行为评价的范畴。本节仅对与法定从宽量刑情节有关的罪后积极行为类型进行归纳与研讨，对于罪后积极行为评价的范畴问题在本书第二章第二节已经加以探讨，对属于酌定量刑情节的罪后积极行为类型及其刑法评价问题在本书第六章再进行探讨。

实坦白罪行，承认罪责，刑法理论上，广义的自首分为一般自首、特别自首(准自首)和视为自首三类。正是因为行为人在犯罪之后具有自动投案和如实供述自己罪行的行为，所以刑法对犯罪人的行为整体评价为可以从轻、减轻处罚或者免除处罚。

“坦白从宽、抗拒从严”向来是我国刑事政策中的一项重要内容，自首可谓坦白的高级形式，当然应该得到从宽处罚。由于可能产生免除处罚的刑罚效果，便可以激励犯罪人罪后悬崖勒马、回头是岸，通过自动投案并如实供述犯罪事实，犯罪人便可以获得刑法的最大宽容，重新做人。对于自首的制度价值及其功能，马克昌教授等学者进行了精辟的归纳，认为包括如下四个方面：(1)体现刑法的政策感召力，促使犯罪人在罪后理性地选择“何去何从”；(2)有助于调动社会各种力量共同规劝和促进犯罪人投案；(3)在共同犯罪中，分化、瓦解犯罪分子；(4)部分自首案件不侦自破，节约了司法资源，便于集中起来用于其他类型犯罪的侦破；(5)教育和改造罪犯，特殊预防的目的在自首的构成条件中能够找寻到客观基础。①

在罪后积极性行为刑法评价立场下，“自首制度不仅是刑罚制度，而且是刑法激励制度”。② 刑事立法和司法上对自首制度规定合理、运用得当，国家和犯罪人兼得其益，所以，几乎所有的国家都对自首制度予以明文规定。例如，《美国联邦量刑指导规则》中规定法官在量刑时不仅需要考虑犯罪意图、犯罪行为、危害后果、犯罪人年龄、就业及职业和受教育情况、健康情况、心理和情感、家庭和邻里关系、犯罪前科以及日常行为表现等，还需要考虑犯罪人在犯罪后的态度和表现，是否有主动提供犯罪信息(类似于我国的自首)、悔悟、赔偿受害人及家属

---

① 参见马克昌主编：《中国刑事政策学》，武汉大学出版社 1992 年版，第 206~207 页。

② 参见尹振国：《刑法激励制度研究》，西南政法大学 2017 年博士学位论文，第 159 页。

损失等情况。①

现实中，罪后犯罪人自首可能是出于真心悔罪，也可能是在走投无路的情况之下不得已作出的选择。所对，刑法在评价各种自首行为时需要区分不同的情况衡量其真实的积极性价值：

第一种情况，罪后真诚悔罪的自首。这是指罪行发生后，行为人积极主动地向司法机关或者就近向其他国家机关或者单位投案，如实供述自己的罪行。犯罪人是在无外在强制力的情景之下主动自首，体现出及时悔罪的最大诚意，并节约了宝贵的司法资源。因此，可以预见，教育和改造此类罪犯“弃恶从善”的难度较小，可能性较大，可以考虑力度更大的刑罚从宽幅度，犯罪后果较轻时，应当免除处罚，甚至可以考虑免除罪行。例如，针对一般的盗窃案，司法解释中规定，虽然盗窃的数额达到了立案的标准，但是罪行本身轻微，且具有自首情节的，可以不作为刑事犯罪处理。②

第二种情况，不是罪后自行投案的自首。部分犯罪嫌疑人在实施了犯罪行为之后，没有选择投案自首，其犯罪行为也并没有被侦查机关发现和掌握，但是，在亲属或朋友等人员的教育或劝说下被动选择了投案并如实交待罪行，其罪后自首的积极性价值仍然十分明显。考虑到节约司法资源和最后表现出投案合作的行为与态度，可以考虑与第一种类型作出相同的从宽处罚幅度，在罪行本身轻微的情势下，仍然可以作出不认为是犯罪或者不予刑事处罚的处理决定。

第三种情况，犯罪嫌疑人在犯罪之后并没有因悔罪而主动投案，而是在司法机关掌握了其犯罪的事实之后试图或是实际采取了逃逸的行为，而后，由于陷入侦查机关和民众的围捕而处于走投无路的情势之下，被动无奈地投案，或者投案之后没有如实供述自己的罪行，妄图逃避法律的惩罚。该种情况下，犯罪嫌疑人并不能充分展示出真心悔罪的

---

① 参见宋云苍：《贪污受贿案件量刑均衡问题研究》，《刑事法评论》2007 年第 1 期。

② 参见苏敏华、王永杰：《盗窃罪定罪于量刑相关问题分析》，《中国刑事法杂志》2005 年第 5 期。

一面，行为人对自己所犯下的罪行的愧疚感和负罪感无法从其行为样态中自然推断得出。但是，毕竟存在主动投案的情节，与那些抗拒抓捕、顽抗到底或者继续在逃逸的过程中不断作案的犯罪人相比，其主观恶性当然更小，而且，最终投案也能避免付出大量的刑事侦查资源，因此，即使犯罪人自首完全是无可奈何之举，也同样可以从轻处罚，但与上述第一、二种情形相比，从宽的力度应当严格控制。

第四种情况，有关特殊自首，即准自首的情况。该种情形又可以细分为如下几种情况：第一类，被采取强制措施的犯罪嫌疑人或者处于审判阶段的被告人，如实供述了司法机关暂时尚未掌握的犯罪人的其他犯罪事实，此类自首与上文第一种情况下的一般自首性质没有多大区别；第二类，罪犯在服刑的过程中主动向监狱等司法机关自首，此类犯罪人自首在时间上较晚，但同样能节约侦破成本，也能体现出罪犯悔罪和接受改造，一定程度上表明愿意弃恶从良，不再犯罪。罪犯能在服刑过程中对余罪自首，当然能够推理得出其再犯可能性有所降低，① 因此，对漏罪、余罪主动在服刑期自首的，可以从轻或减轻处罚。

二、坦白

所谓坦白，是指犯罪嫌疑人虽然不具有自首的主动投案情节，但是在被动性地到案之后，仍然具有对自己所犯罪行如实交待，如实供述的情况。《刑法修正案(八)》增加了罪后具有坦白情节可以从轻、减轻处罚的规定。实际上，坦白在实务中一直被司法机关当作酌定性情节予以适用，具有此情节的罪犯可以得到从轻处罚，法条修改后，坦白“上升”为法定情节。坦白与自首和立功制度形成了较好的衔接，有利于更好地实现罪责刑相适应。在立法引入坦白制度之前，存在一些虽有如实供述罪行而又不能被认为是主动投案的情形，此种情形下，便不能按自首处理。由于没有明确的立法条款指引，对于此类犯罪人是否能给以从

① 参见[意]贝卡利亚：《论犯罪与刑罚》，黄风译，中国法制出版社 2005 年版，第 52 页。

轻、从宽处罚缺乏统一的适用标准，司法实践中既有法官不愿或是不敢给以刑罚从宽处理的情况，也存在一些犯罪人宁愿信奉“坦白从宽，牢底坐穿；抗拒从严，回家过年”①的错误信条，而不愿意甚至畏惧向司法机关坦白罪行的情况，导致案件不能得到及时有效的解决。

西方国家向来崇尚犯罪人(被告人)的沉默权，② 犯罪嫌疑人在特定阶段保持沉默是其一项重要的权利，相比之下，罪后积极坦白的犯罪嫌疑人，其认罪悔罪的程度更大，因此，法律应当给以后者程度更大的奖励性评价。世界上规定了沉默权的国家大多建立了一些激励犯罪人供述的制度，例如，英美国家的诉辩交易制度，日本的起诉便宜主义和意大利的简易程序减刑制度。③ 所以，建立有效的刑法评价机制来鼓励犯罪人积极坦白是各国刑事立法发展的共同方向。

那么，为什么各国刑法都对坦白规定了从轻处罚的宽缓性待遇呢？这与坦白制度设立的价值目标有关。犯罪人在罪后是否投案以及是否坦白属于个人意志决断的范畴，刑法应当褒扬和奖励这种行为。犯罪造成的社会危害是既定的事实，无法改变，但是，犯罪之后行为人对自己罪后的行为如何选择仍然可能具有刑法意义。给予坦白宽缓性待遇无论是基于国家利益层面，还是个人发展完善层面，都是法治发展和文明进步所需，都是迈向公平正义向度的极大努力，同时促进了社会的进步和内聚等正义目标的达成和实现。④ 罪责刑相适应原则不仅仅体现为罪行本身与刑罚判罚相应，同时也需要在罪后行为量度时予以体现，这与刑法

---

① 参见吴占英：《制度的支点：坦白制度价值纠问》，《政法论丛》2017年第5期。

② 沉默权是西方国家刑事诉讼中规定的一项制度，是指犯罪嫌疑人、被告人在接受警察的讯问或者在法庭审判阶段，有保持沉默而拒不回答的权利。我国刑事诉讼法中虽然没有明确规定犯罪人的沉默权，但是规定了不得强迫自证其罪的制度。

③ 参见王宇展、黄伯青：《“坦白从宽”入律之法理研究与实践操作》，《政治与法律》2012年第2期。

④ 参见[美]博登海默：《法理学——法哲学及其方法》，邓正来等译，华夏出版社1987年版，第52页。

对自首、坦白、立功犯罪人的关照如出一辙。如此“功能性”刑事立法拓展了人们对“公平”与“正义”的原有认识，但是毫无疑问，一条不可违背的正义原则仍然贯穿其中。①

而且，俗话讲“迟来的正义非正义”。犯罪人罪后主动投案并如实供述罪行，促进了司法机关更为顺利地侦破案件，从而使得受害人各项损失可以更加及时有效地得以弥补和挽回，使得正义来得不必太过于久远。对此，宝贵的司法资源得以节约，证据的收集和审查更为顺利，审判程序更为简便。现实发生的案件只有一定比例能够得以侦破，这就更加凸显罪后坦白的价值，所以，刑法应当对采取合作性姿态的行为给以恰当的激励和奖励，促使犯罪人在罪后积极性坦白，从而减轻犯罪危害的后果。

三、立功

刑法第 68 条规定了立功制度，对于揭发犯罪或是提供重要线索，对抓获犯罪分子或是侦破案件有重大帮助的行为，可以从轻、减轻处罚或是免除处罚。该条规定的立功属于狭义的立功，在侦查、公诉和审判阶段都需要考查，最终在审判阶段刑罚的裁量环节发生作用。而刑法中广义的立功除了包括第 68 条所规定的狭义的立功以外，还包括在执行刑罚的过程中对罪犯的立功行为进行评价。学理上一般认为，除狭义的立功以外，广义的立功还包括：对判处死刑缓期执行的犯罪分子，在死缓考验期内的立功行为，由刑法第 50 条予以规定；刑法第 72 条至第 77 条有关缓刑以及缓刑考验期间犯罪嫌疑人的立功行为；刑法第 49 条至第 51 条关于最高人民法院死刑复核案件中所规定的重大立功；刑法第 78 条所列举的 6 种减刑适用中的立功表现；刑法第 449 条关于缓刑期间军人戴罪立功；《刑事诉讼法》第 182 条可以导致检察权采取对之不予起诉的重大立功；《刑事诉讼法》第 262 条规定的在死刑被执行前的重大立

---

① 参见曲新久：《刑法的精神与范畴》，中国政法大学出版社 2000 年版，第 435 页。

功表现；《刑事诉讼法》第273条规定的关于被判处管制、拘役、有期徒刑或者无期徒刑的罪犯在执行期间的立功。犯罪嫌疑人的立功行为出现在罪行发生之后，属于本书所指的罪后积极行为，包含罪后实施的检举、揭发犯罪，有助于预防犯罪结果产生或者抓获犯罪分子的行为，也包含与犯罪无关的对国家或社会有着重大、突出贡献的行为。

"将功赎罪"素来是中国政治和法律场域中的惯常立场，立功概念首次见诸1951年《中华人民共和国惩治反革命条例》。① 1979年中华人民共和国第一部刑法中没有把立功制度单独予以规定，而是附属规定于自首制度当中，表明了当时把立功归入自首制度的立法立场。1997年刑法中的立功首次与自首制度相分离，为司法实践中独立地认定立功行为提供了法律依据，与"宽严相济"刑事政策中宽缓化的要求相吻合，同时，也表明了功利主义的立法思想开始逐渐被立法者所认可和运用。在现行刑法总则中所规定的立功制度颇具中国特色，是刑罚体系乃至刑法中的一项重要的制度。世界上其他国家的刑法中没有专门的立功概念，但是存在一些关于因犯罪之后的积极行为而被从轻从宽处罚的规定，其中一些内容具有中国刑事立法中"立功"的元素。例如，《俄罗斯联邦刑法典》第64条中涉及的犯罪人在罪后的各种行为能够产生减轻罪行所造成的社会危害程度的情况时，可以从轻或者减轻处罚。② 又如，《意大利刑法》第133条关于"认定犯罪的严重程度"中的第(3)项把犯罪后的品行作为量刑的重要内容。③《日本刑法改正草案》第48条规定，"在适用刑罚时……犯罪人在犯罪后的态度以及其他情节，并应当以有利于抑制犯罪和促进犯罪人的改善更生为目的"。而在德国刑法典中，对具有立功情节在量刑时应予减刑的规定较为明确，如规定于分则罪名

① 参见1951年颁布的《中华人民共和国惩治反革命条例》第14条，"在揭发、检举前或以后真诚悔过立功赎罪得酌情从轻、减轻或免予处刑"。转引自熊瑛：《量刑视野下的立功制度研究》，2011年西南政法大学博士论文，第12页。

② 参见《俄罗斯联邦刑法典》，黄道秀译，北京大学出版社2008年版，第25页。

③ 参见《最新意大利刑法典》，黄风译，法律出版社2007年版，第49页。

中的谍报罪、叛国谍报罪、组织犯罪集团罪等一些特定罪名的犯罪。① 再如，与我国的立功制度在打击犯罪、节约司法成本、提高司法效益层面具有类似功用的“污点证人作证豁免制度”，有学者认为，污点证人作证产生免罪免罚的效果与我国的自首且立功情节更为相似。② 在完成了特定的污点作证任务后，法律规定，应给予对以前所犯罪行从轻、减轻甚至撤销指控的回报或奖励。

与本章前文所论述的自首与坦白制度在罪后行为评价中的功能设计相同，立功行为的积极性价值也非常明显。但是，从罪后积极性行为评价的视角分析，自首及坦白行为与原初罪行有着紧密的关联，能够直接性减轻罪行揭露和侦破的负担，又可以反映出犯罪人罪后具有一定程度的认罪悔罪情节，所以可以得到法律的从宽处罚。相较而言，立功行为与原初罪行并不要求有必然的关联性，对其法律上的积极性评价表现为两个维度：一是对其他罪行以及嫌疑人的相关信息揭露及重要证据线索提供；二是与犯罪（无论关于自己还是他人）毫无关联性的对国家和社会的重大贡献行为。由此可见，对具有立功的犯罪嫌疑人给以从轻从宽处罚完全是基于刑罚功利主义的价值理念，因此，常被视为刑法中最具功利性色彩的制度之一。由此可受启发，对于犯罪后的积极性行为及表现的刑法评价，完全可以不拘一格，以刑法功利主义为目标，可以设计更为自由，更具实践指导意义的评价规范体系。

我国刑法中的立功制度是罪后积极性行为评价模式的典型范式之一，其逻辑表达公式为：因为犯罪嫌疑人在罪后做出了有利于司法机关打击犯罪、保护人民的行为或者是作出了对国家和社会具有重大贡献的行为，所以国家出于刑事政策的考虑，可以给予刑罚减让。毫无疑问，立法上确立立功制度的目的是出于国家的利益考虑，激励犯罪人立功的方法手段便是设计获取刑罚减让的利益诱因，所以，当犯罪人通过立功

---

① 参见熊瑛：《量刑视野下的立功制度研究》，西南政法大学 2011 年博士学位论文，第 15 页。

② 参见熊瑛：《污点证人作证豁免制度与立功制度的比较考察——兼论构建我国污点证人作证豁免制度》，《湖北社会科学》2011 年第 8 期。

而实现了从轻、减轻或者免除刑罚的目的，则于国家和犯罪人而言，“双赢”的效果得以实现。正因如此，立功模式的罪后积极行为评价便能有效激励犯罪人作出符合国家意志的行为，从而折抵已犯罪行对国家利益的侵犯。犯罪人所立之“功”除了体现在揭发、打击犯罪和其他重大贡献方面，还体现在有效地节约司法资源，提高司法效率层面。所以，立足于已然之“罪”和所立之“功”，秉承中国传统的“将功折罪”观念，在公平和正义的基础之上评价“罪”的等级和“功”的程度，最后综合性地作出法律评价。如此，立功制度所体现出的公平和正义观无疑能被国家和犯罪人以及民众所认可和接受，这或许是立功与赦免制度相比，在司法实例中运用更为广泛的缘故。

四、民事赔偿

在西方，人们很早就开始关注民事赔偿与刑罚处罚二者之间的关系问题，并建立了相关理论。英国古典刑事学派代表人之一的边沁认为，犯罪后的经济补偿能够起到消除被害人恐惧的心理作用，补偿与刑罚应当并重、如影随形，不能只看重刑罚惩罚而忽视经济补偿，因为诸多证据证明，单纯的刑罚惩罚所产生的作用甚微，且会徒增大量社会负担，所以需要强调罪后的补偿措施。① 意大利刑事实证派的代表人物加罗法洛认为，国家强制性要求罪犯事后进行经济赔偿是一种遏制犯罪的新方法，足以取代单纯性地用刑罚威慑犯罪。刑法可以采用判处罪犯死刑、监禁或终身监禁等办法让其从社会上“消失”，但并不能因此确定就是最佳方案。对于性质并非十分恶劣的盗窃和诈骗行为，以及侵犯财产，烧毁树木和庄稼，非正当性破产行为，罪后赔偿可以起到遏制犯罪的作用，而不必采取那些残酷的刑罚。同样，在侮辱妇女、诽谤他人和轻微伤害案中也可以适用经济赔偿。② 意大利著名刑事人类学家菲利主张，

---

① 参见[英]边沁：《立法理论——刑法典原理》，李贵方、陈兴良等译，中国人民公安大学出版社1993年版，第37页。

② 参见[意]加罗法洛：《犯罪学》，王新译，中国大百科全书出版社1996年版，第203~204页。

民事赔偿与刑事罚金在惩罚犯罪者层面没有实质性的区别，所以，不应把民事赔偿措施与刑事制裁措施截然分开，而应当共同作为有效的社会防卫措施，因为二者在预防犯罪行为层面的功能是一致的。①

以上刑法思想分别被各国刑事立法所吸纳，以《德国刑法典》为例，其第46条以及第46条a规定，法官量刑时，应当充分考虑犯罪人在事后对受害人所作的各项补偿和补救措施及其效果，行为人在罪后的行为与态度以及对恢复法益所作的努力应当占有相应的权重。犯罪人具有以下罪后行为之一的，法官可以对其减轻处罚，如若原本所判刑罚在1年以内或者在360单位日额罚金以内，则完全可以免予刑罚："1. 行为人努力与被害人达成和解，对其行为造成的损害全部或大部分予以补偿，或认真致力于对其行为造成的损害进行补偿的；2. 在行为人可以自主决定对损害进行补偿或者不补偿的情况下，他对被害人的损害进行了全部或大部分补偿。"②再如，《俄罗斯联邦刑法典》第61条，"犯罪人在犯罪之后立即对被害人给予医疗救助或其他帮助，自愿赔偿犯罪所造成的财产损失或精神损害，以及其他旨在弥补对被害人所造成的损失的行为——可以减轻处罚"。③ 挪威刑法中也有类似规定而且极富特点，比如，规定缓刑适用中民事赔偿的情况是重点考查的内容，将直接影响缓刑的判罚。④ 法国、瑞典、丹麦、葡萄牙等国家的刑法典也都有把民事赔偿作为缓刑适用条件的规定。英美法国家曾经颁布经济赔偿与刑罚相挂钩的制度，例如，早在1984年的《美国联邦犯罪被害人法》中就对受害人获得赔偿的相

---

① 参见[意]恩里科·菲利：《犯罪社会学》，郭建安译，中国人民公安大学出版社2004年版，第279页。

② 参见徐久生、庄敬华译：《德国刑法典》，中国方正出版社2004年版，第17页。

③ 参见黄道秀译：《俄罗斯联邦刑法典》，中国法制出版社2004年版，第25页。

④ 参见《挪威一般公民刑法典》第53条，缓刑期间内，法官可以责令犯罪人支付到期或者即将到期的赔偿。其第54条规定，根据犯罪人民事赔偿是否符合刑法的要求，法官将可能作出终结(停止)缓刑或者延长(继续)缓刑的决定，倘若犯罪人拒绝履行民事经济赔偿责任或者义务的情节严重或者具有多次违反的情况，法官可以判决对原判决全部或者部分恢复执行。

关事宜设专章予以规定，把犯罪人对受害人进行民事经济赔偿或者返还财产予受害人作为其必须履行的义务，当然，法院在作出民事赔偿支付令时必须考虑犯罪人的经济状况，并且，法官在判决免除犯罪人刑罚或者决定缓刑、假释时应当充分考虑犯罪人履行赔偿支付令的情况。①

我国刑法第 36 条规定，在犯罪行为造成了被害人经济损失的情况下，除需要受到刑事处罚之外还要求犯罪人承担民事经济赔偿责任，且在刑法第 37 条明确把民事赔偿划归非刑罚处置措施，其适用条件为犯罪情节轻微，不需要判处刑罚。该法条内容的逻辑可以解读为，凡是被免予刑罚但又造成了民事经济损失的犯罪人都应当被处以非刑罚处罚，但是，对于犯罪之后采取积极性民事赔偿的犯罪人能否免予刑事处罚却并没有明确予以规定。在司法实践中，罪后积极赔偿的行为通常作为量刑的重要因素予以考虑，对于某些犯罪(如交通肇事罪)，事后赔偿情节甚至对罪名的认定有着重要的影响。②

对于民事赔偿影响减刑的依据，学理上一般从恢复性司法理念、犯罪预防必要性以及人身危险性层面加以论证。③ 世界上不少国家，尤其是发达国家，大多在刑法中规定了赔偿减刑的条款，对赔偿与量刑之间关系的法理也在不断深入研究。④ 例如，德国在庭审阶段，法官会明确要求加害人作出一定的经济赔偿，而不是在审判结束之后在裁判文书中判明被告人刑事附带民事赔偿的义务，对于被告人已经赔偿受害人的适用减轻刑罚。⑤ 然而，在我国，囿于现阶段民众普遍性地存在对“花钱

---

① 参见赵可：《犯罪被害人及其补偿立法》，群众出版社 2009 年版，第 279~280 页。

② 参见 2000 年 11 月 10 日由最高人民法院审判委员会第 1136 次会议通过的《最高人民法院关于审理交通肇事刑事案件具体应用法律若干问题的解释》。

③ 参见王瑞君：《赔偿作为量刑情节的司法适用研究》，《法学论坛》2012 年第 6 期。

④ 参见王瑞君：《赔偿与刑罚关系研究》，《山东大学学报(哲学社会科学版)》2011 年第 3 期。

⑤ See Hans—Jürgen Kerner, Erich Marks and Jürgen Schreckling: Restorative Justice on Trial: Pitfalls and Potentials of Victim—Offender Mediation—International Research Perspectives, Bielefeld: Kluwer Academic Publishers, 1992, p. 30.

买刑”的疑虑和质疑，这有形无形中对立法和实务上大胆创新和尝试民事赔偿减刑制度形成了不小阻碍。从1999年最早一部的关于赔偿减刑的法律规范性文件出台至今,① 国家在立法上始终保持十分谨慎的态度，不仅没有展现出像西方国家那样加以广泛地运用，采用认定较为宽泛的赔偿→减刑的逻辑，反而体现出适度收缩的特征。②

此外，我国当前司法实践中存在如下一些现象，事实上阻碍了立法上建立激励犯罪人在罪后积极性地赔偿被害人损失的机制和司法实务上采取赔偿→减免刑罚的措施。首先，在被害人方面，被害人为了获取超额经济赔偿，利用犯罪人及其家属渴望得到从轻处罚的心理，得理不饶人，把法律赋予的民事赔偿请求权作为“敲诈”的工具，当被害方在受到一些无良律师的怂恿和蛊惑时情况更加糟糕。个别被害方会利用法院(及法官)希望“案结事了，少上诉，不上访”的心理，提出一些超出法律和常理的赔偿要求。此外，当被害方经济条件较好时也容易抵触赔偿结果反而更加看重对犯罪人的人身性惩罚。其次，犯罪人方面也习惯性地提出一些进行经济赔偿的“对价”要求，通常表现为要求法院从轻从宽处罚，要求适用缓刑等，无异于用赔偿作为换取减免刑事责任的筹码。犯罪方对“赔偿减刑”不敏感的另一种情况为实际可能判处的刑期较短，比如一年或者两年有期徒刑，而又不可能通过赔偿被免除刑罚时，通常律师会给犯罪方(被告方)建议，民事经济赔偿对刑期影响不大，因而采取不赔或是少赔的策略。应该讲，无论是被害人方面还是加害人方面基于自身利益最大化而为的一些看似有悖道义道德的行为应予批证和纠正，但是，实际上该类行为是出于人之常情、常理，不可过于责难，只有刑事立法及司法对双方在罪后的行为加以适当的引导和规范，才能减少双方行为“异化”的发生率，从而使得“民事赔偿”发挥其

① 具体是指1999年10月27日由最高人民法院关于印发《全国法院维护农村稳定刑事审判工作座谈会纪要》的通知。

② 体现为，原有的处理方式为把民事赔偿作为独立的酌定减刑情节，而现在的做法是除了赔偿还需要具备赔礼道歉、真诚悔罪以及取得被害人谅解才可能予以减刑。

应有的制度功效。此外，犯罪人虽然主动履行法律规定的民事赔偿责任，但由于被害方主观意愿等因素而导致最终不能达成和解，法官在定罪和量刑时是否还能以被告方具有罪后积极性行为而给以轻免性处罚也是十分值得研究的问题。当前，最高人民法院出台的多批次《量刑指导意见》和地方法院出台的相关实施细则也存在相互衔接不畅，操作性较差等问题，需要加以研究和进行适当的调整。①

第二节　罪后积极行为评价在刑法分则中的运用

我国刑法分则以及相关司法解释对某些罪名采用了罪后积极性行为评价的方法，根据罪名描述的本罪行为以及罪后积极行为的特征，罪后积极性行为可能产生免除刑事责任、免除刑罚、减轻或者从轻处罚的结果，下文便将刑法分则中涉及运用罪后积极行为评价的罪名规范以预设评价结果不同分别划归至“免罪或免除刑责”“减轻或者免除处罚”两大类型进行探讨。②

一、相关罪名及司法适用梳理

(一)罪后积极行为导致免罪或免除刑责

1. 信用卡诈骗罪(恶意透支型)

关于信用卡诈骗罪，刑法规定了四种类型，“恶意透支型”是其中的一种，指持卡人以非法占有为目的，超过规定限额或者规定期限透支，并且经发卡银行催收后仍不归还的行为。③

为利于司法实践认定“恶意透支”型信用卡诈骗罪，我国曾于2009年颁布了相关司法解释，④ 其中第6条规定，信用卡“恶意透支应当追

---

① 参见王瑞君：《赔偿该如何影响量刑》，《政治与法律》2012年第6期。

② 刑法及有关司法解释对个别罪名同时设计了免罪、免罚和减轻处罚情况，为了避免重复，本书只划入一种类型加以研究，例如拒不支付劳动报酬罪。

③ 参见《中华人民共和国刑法》第196条关于信用卡诈骗罪的规定。

④ 参见最高人民法院、最高人民检察院于2009年11月联合颁布的《关于办理妨害信用卡管理刑事案件具体应用法律若干问题的解释》第6条。

究刑事责任，但在公安机关立案后人民法院判决宣告前已偿还全部透支款息的，可以从轻处罚，情节轻微的，可以免除处罚。恶意透支数额较大，在公安机关立案前已偿还全部透支款息，情节显著轻微的，可以依法不追究刑事责任”。该条解释被认为是专门为信用卡诈骗行为出罪而设计，学界对此评价较高。有学者指出，《关于办理妨害信用卡管理刑事案具体应用法律若干问题的解释》充分考虑到了在信用诈骗行为实施之后犯罪人的积极性悔罪行为的特点，采用了弹性立法条款，视其弥补罪过的情况给以不同的处罚，充分体现出“宽严相济”刑事政策的要求，在刑法入罪有扩大化的紧张情势之下，预留一定的出罪空间具有极大的合理性。① 刘宪权教授认为，恶意透支型信用卡诈骗罪的该条规定是我国经济犯罪根据罪后行为设定出罪机制的典型，② 如此增设恶意透支型信用卡诈骗罪的出罪类型，从另一方面来看相当于提高了该罪的入罪门槛，与刑法有关信用卡诈骗罪的立法精神完全吻合。③ 关于罪后积极性情节规定的立法思想在该解释 2018 年修改时被予以充分肯定，符合法定条件时“可以不起诉”或者“可以免予刑事处罚”。④

事实上，在恶意透支型信用卡诈骗罪中充分考虑罪后积极归还透支款时行为人的心理以及行为本身的特点，再加上银行发放可透支型信用卡的目的功能，可以认为，原本发卡银行与信用卡持卡人之间存在的是民事金融借贷的关系，只是因为银行在我国的性质和地位，以及恶意透支后不还所可能造成的银行的借贷风险性质和程度，才对信用卡透支型犯罪与普通的诈骗罪分别立法。该条涉及恶意透支型信用卡诈骗罪的法

---

① 参见毛玲玲：《恶意透支型信用卡诈骗罪的实务问题思考》，《政治与法律》2010 年第 11 期。

② 参见刘宪权、庄绪龙：《“恶意透支”型信用卡诈骗罪若干问题研究——兼评“两高”〈关于办理妨害信用卡管理刑事案件问题的解释〉之有关内容》，《当代法学》2011 年第 1 期。

③ 参见刘宪权、曹伊丽：《“恶意透支型”信用卡诈骗罪的刑法分析》，《华东政法大学学报》2010 年第 6 期。

④ 详见 2018 年经最高人民法院、最高人民检察院修改后的《关于办理妨害信用卡管理刑事案件具体应用法律若干问题的解释》第 10 条。

条规范体现了采用罪后行为引导罪名构成的立法模式，有条件地对该类罪行予以出罪具有相当的合理性。①

2. 逃税罪

《刑法修正案(七)》对逃税罪进行了适当的修改，刑法第 201 条逃税罪第 4 款规定，“有第一款行为，经税务机关依法下达追缴通知后，补缴应纳税款，缴纳滞纳金，已受行政处罚的，不予追究刑事责任”。据此，在行为符合逃税罪的构成要件之后，还需要对其后续性的态度和行为进行考查和评价。倘若逃税人对税务机关对其科处的行政处罚甘心接受并全额补缴税款和滞纳金，可以在行政处罚完毕后有条件地不予追究逃税人的刑事责任。打击偷税、逃税犯罪的主要目的在于有效维护税收征管秩序，保证国家税收收入，对于非惯犯性初次逃税后积极补税或者经过税务机关催缴后按时补税并足额交纳滞纳金的行为人，便可以不再作为刑事犯罪处理，如此可以较好地体现宽严相济的刑事政策。从报应刑罚的角度，也可以认为逃税者除了补缴了应纳税款以实现国家税收利益，而且还需交纳相当数额的行政性罚款(主要表现为滞纳金)，因此，国家税收额在个案中并未减少反而有了一定幅度增加，保护法益的目的得以实现，按照刑事政策的指引，免除了逃税人的刑事责任。

按照文义理解，行为人逃避纳税达到法定情节要求就认为符合逃税罪的客观构成要件，应当受到本条规定的刑罚处罚，即行为具备应罚性。但是，行为人在收到税务机关的行政追缴通知后，补缴了税款和滞纳金，也接受了罚金等行政处罚，体现了对行政处罚等行政行为的认可和合作，在客观归责反映主观罪过的立场上能够推定行为人主观上经历了一个从故意逃税到认罪悔罪的主观心理变化过程，所以法律认为没有再对其处以刑罚的必要，因而法条设定了不予追究刑事责任即犯罪赦免的评价结论。

---

① 参见陈国庆、韩播元：《〈关于办理妨害信用卡管理刑事案件具体应用法律若干问题的解释〉理解与适用》，《人民检察》2010 年第 2 期。

3. 强奸罪

“两高一部”曾在1984年颁发的《关于当前办理强奸案件中具体应用法律的若干问题的解答》中规定，在初次违背妇女意愿的情况下强行与其发生性关系，但是，受害妇女并没有告发侵害人，而且此后又自愿多次与侵害人发生性关系，此时，可以不以强奸罪来处罚侵害人。该司法解释一出，在当时被众多刑法学者所肯定，认为有利于保护受害妇女和稳定社会、恋爱关系的目的，而且，再追究侵害人强奸罪的责任确实不再必要，因此，该规定也被视为阻却强奸罪名的唯一合法性事由。① 该司法解释充分考虑了当时人们的婚恋观尤其是广大妇女婚恋观以及性犯罪案件处理的现实司法需要，有效弥补了立法的缺陷，具有较大的司法实用价值。在解释出台后相当长时间里，对于处理非暴力非惯犯类强奸犯罪，促使当事人改过自新，稳定社会家庭关系起到了明显的促进作用。

但是，针对强奸后又采取一定的具有积极意义的行为而除去先前行为构罪性质的解释，当时便有学者质疑，对先强奸而后又通奸的行为不以犯罪论处，理论上难以圆说，实践中难以实行。② “一种行为既可以既是犯罪行为，又可以转变为非犯罪行为，这样的法理显然是讲不通的。”③正因上述原因，此后该解释被废止，但是，也不能因此而完全否认该强奸罪出罪特殊情形在当时特殊社情、民情环境下的特殊价值所在，同时，透过该规定，让我们看到了立法在罪后积极性行为评价层面的积极性作用与功能。

4. 诈骗罪

在1979年刑法的基础上，最高人民法院于1996年根据《全国人民代表大会常务委员会关于惩治破坏金融秩序犯罪的决定》，颁布了《关于审理诈骗案件具体应用法律的若干问题的解释》，当时并没有对诈骗

---

① 参见董晓松：《一个司法解释的困境与出路——“先强奸后通奸不宜以强奸罪论处”的再审视》，《吉林省教育学院学报》2007年第4期。

② 参见杨新培：《“先强后通”不以强奸论处质疑》，《法学》1988年第2期。

③ 许明华、傅登平：《先强奸后通奸应以强奸罪论处》，《现代法学》1985年第3期。

罪可以从宽处罚的问题考虑周全，1997 年刑法修改时也并没有涉及因诈骗后积极返还赃物或是进行赔偿而减轻处罚的问题。

直到 2011 年《最高人民法院、最高人民检察院关于办理诈骗刑事案件具体应用法律问题的解释》颁布，诈骗罪后情节条款才被司法解释确立下来。为了彰显"宽严相济"刑事政策中宽缓的一面，针对经济和社会发展中出现的一些新情况和新问题，创设性地在第 3 条中规定，诈骗公私财物虽然已经达到一定的"数额较大"标准，但具有罪后积极性退赃、退赔情节或者被受害人谅解的，不起诉或者免予刑事处罚。据此，考虑到犯罪人罪后认罪、悔罪的情况，在适用不予起诉或者免予刑事惩罚时，需要对犯罪人主观和客观方面进行详细考查，具体包括：第一，客观方面，通过诈骗行为所获财物的价值只能是"数额较大"这一档次，倘若数额巨大或相当巨大便认为不符合客观要件。第二，主观方面，行为人在诈骗得手之后具有认罪、悔罪，积极退还赃物、赃款并接受处罚等行为。

该条款第一项"法定从宽处罚情节"是指符合刑法总则中自首、立功、坦白等从宽处罚情节；第二项"一审宣判前全部退赃、退赔"既指明了采取积极行为弥补法益受到的损害要求，也指明了限定罪后悔罪悔过的时限性要求，司法解释把退还诈骗财物的时间限定于一审程序结束之前，旨在避免可能在二审中由于犯罪人有赎罪情节而影响一审与二审裁判的一致性，人为制造层级间裁判冲突，从而影响到司法的权威性和严肃性；第四项"被害人谅解"属于受害人被害情感变化方面的考虑，被害人是犯罪行为的直接受害者，其在罪行发生后对犯罪行为及犯罪人的感情因素是决定犯罪人罪行恶性大小的重要内容。

5. 盗窃罪

2013 年，"两高"颁布了关于认定盗窃罪有关的司法解释，其中规定，盗窃公私财物数额较大，行为人认罪、悔罪，退赃、退赔，且具有分赃较少或没有分赃情节的犯罪嫌疑人可以不起诉或者免予刑事处罚。①

① 参见 2013 年 4 月 2 日由最高人民法院、最高人民检察院联合颁布的《关于办理盗窃刑事案件适用法律若干问题的解释》中第 7 条的有关规定。

关于盗窃罪的该条司法解释是在充分参考和借鉴了 2011 年有关诈骗罪司法解释的基础上，结合司法实务中办理此类案件的实践经验制定的。① 虽然盗窃的数额已经达到法定的数额较大标准，但是考虑到罪后情节，可以从实体上作出免予刑事处罚的裁判或者在程序上作出可以不起诉的决定。

该解释是“宽严相济”刑事政策考量的结果，其内容与刑法中关于盗窃罪名的规范并未形成抵触或冲突。在适用刑法第 264 条盗窃罪规定以及司法解释来处理具有罪后积极性情节的案件时特别需要注意以下问题：第一，对于没有达到数额较大标准的盗窃行为，不是可以不起诉或者免予刑事处罚的问题，而是根本就不构成本罪的问题，因此，在考虑适用罪后积极行为作出免予刑罚或者不起诉时，一定是在符合盗窃犯罪构成中客观数额的基础上的进一步考虑。第二，盗窃者的罪后积极行为表现符合法定的四种情形是本条列举的可以不起诉或者免予刑事处罚的四种认罪认罚的情况，亦即，“行为人认罪、悔罪，退赃、退赔”，在该前提条件下，才能作出先前的盗窃行为具有情节轻微属性的法律拟制。第三，虽然因为具有罪后积极行为而被法律(此处为司法解释)赦免其罪或者免予处罚，但并不等于窃贼只要退出盗窃赃物就免于任何处罚，依据《中华人民共和国治安管理处罚法》，对于免予刑罚的窃贼，公安机关将依法进行治安管理行政处罚。

6. 敲诈勒索罪

在关于敲诈勒索罪的司法解释中规定，敲诈勒索所获财物在量上达到数额的入罪要求之后，行为人在事后具有认罪、悔罪，退赃、退赔的情节，而且存在行为人没有参与分赃或者分赃较少且不构成主犯；或者得到受害人谅解的情形，便可以犯罪情节轻微为由，不予起诉或者免予刑罚。②

---

① 参见 2011 年 3 月 1 日由最高人民法院、最高人民检察院联合颁布的《关于办理诈骗刑事案件具体应用法律若干问题的解释》。

② 参见 2013 年 4 月 23 日由最高人民法院、最高人民检察院联合颁发的《关于办理敲诈勒索刑事案件适用法律若干问题的解释》第 5 条的有关规定。

针对达到入罪标准的敲诈勒索他人钱财的行为，倘若行为人采取了认罪、悔罪，退赃、退赔的积极性行为，同时具备该条规定四种情形之一时，可以认定犯罪情节轻微，人民检察院可以作出不起诉决定，已经起诉的，人民法院也可以对其免予刑事处罚。对于符合该条规定被免予刑事处罚的行为，应当根据《中华人民共和国治安管理处罚法》的规定，由公安行政机关对其作出相应的行政治安处罚，如拘留、罚款等。

7. 受贿罪

在有关受贿罪的司法解释中也采用了罪后积极退赃行为赦免其罪的规范模式，规定为“国家工作人员收受请托人财物后及时退还或者上交的，不是受贿”。① 出台该司法解释是考虑到司法实务中确实存在一些官员被迫收受贿赂财物而事后又及时上交的情况，倘若一律以受贿罪论处并不利于“治病救人”。收受不当之财的官员主观上并没有收受贿赂的故意，客观上具有及时上交情节，便可以不认定为受贿罪。对于那些因为关联性案件中的嫌疑人暴露，或者被国家机关查处，为了掩饰罪行、逃避害刑法惩罚而并不自愿交出受贿钱财的行为，由于已经构成受贿既遂，事后上交只能作为量刑情节，所以仍旧应当定以受贿罪。②

但是，在审判实践当中，一些法院却采用了只要有受贿后退还或者上交非法财物则一律不予入罪的极端做法。虽然一律不予入罪的实践作法过于极端，但也确实为此类受贿案件的处理提供了极大的便利，从迅速结案的角度而言提高了司法效率，契合了司法便宜主义理念。现实中，国家工作人员收受贿赂财物后基于各种原因再退还于请托人或者上交到相关国家机关的情况并不少见，所以，需要对退还或上交贿赂物的行为进行类型性细分。实践证明，2007 年该司法解释出台后，方便了司法人员办案，甚至对办理贿赂案件具有较为深远的意义，既能满足从严打击贿赂犯罪的需要，又能科学甄别哪些行为才是刑法现时需要着力

---

① 参见 2007 年 7 月 8 日由最高人民法院、最高人民检察院联合颁发的《关于办理受贿刑事案件适用法律若干问题的意见》第 9 条的有关规定。

② 参见刘为波：《〈关于办理受贿刑事案件适用法律若干问题的意见〉的理解与适用》，《人民司法》2007 年第 5 期。

查处的贿赂行为，同时可以起到帮扶一些国家工作人员，从而起到促进其廉洁奉公催化剂的作用。

因此，对收受财物后是否具有退还和上交等积极性行为的判断，以及积极行为是否符合“及时性”的要求便是决定行为是否被刑事入罪的关键。及时退还、上交非法收受财物的行为是否能产生弥补受贿罪所侵犯的法益，是否对国家工作人员职务履责的廉洁性产生侵害或者有侵害之虞是判断是否构罪的重要圭臬。中央纪律检查委员会规定的“及时”退还或上交的合理期限是一个月，与国务院、中共中央办公厅、国务院办公厅等国家机关所颁布的党政机关工作人员应当在接受财物后1个月内上缴国库的规定相一致。

8. 军人违反职责罪

我国刑法中规定的战时戴罪立功缓刑制度在中华人民共和国成立后刑事立法中首次出现在1981年制定的《中华人民共和国惩治军人违反职责罪暂行条例》(简称《暂行条例》)中，对于罪行并不十分恶劣且有罪后戴罪立功行为的便不再以犯罪论处。① 立法目的在于当时我国尚处于战争年代，无论是对外反击作战还是国家搞军事和经济社会建设都急需保持军队的稳定和增强军队的战斗力量，从而保证党和国家的各项任务和目标能够顺利完成。在这样的立法指导思想作用下，为了进一步避免非战斗性减员和削减自我士气，颁布了该条例，得以弥补当时欠缺军人戴罪立功立法激励机制的问题，实践证明，这对有效服务于战时特需起到了关键性的重要的作用。

众所周知，进入20世纪80年代以后，中国没有面临大规模的战事困扰，因而司法实务中实际以该罪名定罪的案例极少，学界对此研究也并不十分热烈，一定程度上，该罪名演变为“象征性”罪名条款。② 在建

---

① 参见1982年1月1日起开始施行的《中华人民共和国惩治军人违反职责罪暂行条例》第22条的规定。

② 对于象征性刑事立法及象征性罪名的概念和内涵等，可参见刘艳红：《象征性立法对刑法功能的损害——二十年来中国刑事立法总评》，《政治与法律》2017年第3期。

设知法、懂法、守法现代化军队的思想指导下，对刑法中战时军人适用缓刑制度的完善提出了更高的要求，从而迫切需要相关罪名条款更加具体化、科学化和规范化。刑法第449条战时缓刑制度沿用《暂行条例》第22条关于罪后积极戴罪立功不以犯罪论处的规定。罪后军人的立功行为使先前的既定判决丧失效力，亦即，视为行为自始至终没有被宣告有罪，因此，在理论上，行为人不被视为有罪过之人，不能被称为犯罪人，其法律地位与普通(守法)没有犯过罪的人相同。①

9. 组织、利用邪教组织破坏法律实施罪

关于在组织、利用邪教组织破坏法律实施罪的定罪和量刑过程中如何考虑罪后情节的问题，最高人民法院和最高人民检察院早在1999年便颁布了多个司法解释，涉及罪后积极行为免罪评价的规定为，"对于受蒙蔽、胁迫参加邪教组织并已退出和不再参加邪教组织活动的人员，不作为犯罪处理"。② 2002"两高"《关于办理组织和利用邪教组织犯罪案件具体应用法律若干问题的解答》第21条规定，因制作、传播邪教宣传品受过刑事处罚或者行政处罚后再次制作、传播邪教宣传品的，如果情节轻微且行为人确有悔改表现的，可以不作为犯罪论处。③ 2017年"两高"再次颁布相关司法解释，若是犯罪人罪后真诚悔罪，明确表示

---

① 参见左坚卫：《缓刑制度比较研究》，中国人民公安大学出版社2004年版，第30页。

② 在1999年，最高人民法院和最高人民检察院单独和联合颁发了共三个涉及组织、利用邪教组织破坏法律实施罪刑法适用问题的文件，分别为：10月20日，最高人民法院、最高人民检察院《关于办理组织和利用邪教组织犯罪案件具体应用法律若干问题的解释》(法释[1999]18号，已失效)；10月31日，最高人民检察院关于认真贯彻执行《关于取缔邪教组织防范和惩治邪教活动的决定》和有关司法解释的通知(高检发研字[1999]22号，现行有效)；11月5日，最高人民法院关于贯彻全国人大常委会《关于取缔邪教组织、防范和惩治邪教活动的决定》和"两院"司法解释的通知(法发[1999]29号，现行有效)。对实施了组织、利用邪教组织破坏法律实施行为但罪后具有悔罪性积极性表现时的定罪和量刑都作出了相同内容的规定。

③ 该通知中的"解释"是指最高人民法院、最高人民检察院《关于办理组织和利用邪教组织犯罪案件具体应用法律若干问题的解释(二)》(法释[2001]19号)，通知以及该解释(二)均已失效。

退出邪教组织，保证不再从事邪教活动的，可以不起诉或者免予刑事处罚。① 对于实施了组织、利用邪教组织破坏法律行为的人，根据其罪后积极性的行为表现，有条件地对行为以予以宽大处理也正是基于刑事政策中的“从宽”性要求所进行的规范设计，原因在于当时国内一些信教的群众中相当大的一部分是由于受到蒙蔽或者胁迫而参加邪教组织的，这些人入教之后并没有从事其他违法犯罪活动，因而不属于当时严打的范围，所以，为了给大部分误入邪教的群众以改过自新的机会，基于刑事政策考量，两高作出了不起诉和免予刑事处罚的司法解释，以减少犯罪打击面和维护社会稳定，并有力确保对严重邪教组织犯罪的刑事打击力度。

(二)罪后积极行为导致减轻或者免除处罚

1. 收买被拐卖的妇女、儿童罪

在我国，收买被拐卖的妇女、儿童罪可溯源于 1991 年由全国人民代表大会常务委员会颁布的一个决定，在该决定当中出现了罪后积极行为评价的模式。② 决定颁布后，当时有学者解读为，是否追究收买被拐卖的妇女、儿童犯罪人的刑事责任，需视具体案情，如收买动机、目的、手段、情节、后果等加以分析判断，不能一概认为可以不追究收买人的刑事责任。③

在收买被拐卖的妇女、儿童罪被创设以后，为了更加准确地认定罪行的严重程度，根据收买被拐卖的妇女、儿童之后行为人的不同表现，刑法设计了区别对待的评价模式，鼓励收买人善待受害人，以避免被拐卖的妇女、儿童受到更大的伤害。1997 年刑法修改时沿用了之前“可以不追究其刑事责任”的规定。但是，此后拐卖妇女、儿童的犯罪行为日

---

① 参见 2017 年 1 月 25 日由两高联合颁布的《关于办理组织、利用邪教组织破坏法律实施等刑事案件适用法律若干问题的解释》中第 9 条的规定。

② 参见 1991 年 9 月 4 日，由第七届全国人民代表大会常务委员会第二十一次会议通过的《关于严惩拐卖、绑架妇女、儿童的犯罪分子的决定》中的第 3 条第 6 款的相关规定。

③ 参见何其星：《收买被拐卖、绑架的妇女儿童罪探析》，《中国刑事法杂志》1993 年第 2 期，第 44~46 页。

渐猖獗，给许多家庭造成了骨肉分离的巨大痛苦，一些家庭为了找寻失踪的亲人，花费几乎全部的精力和财力四处寻找然而不得所获，而且，拐卖妇女、儿童的行为虽经严打而屡打不止，甚至团伙作案情况愈加严重。为了更加有效地遏制拐卖人口犯罪，从下游市场入手，强化买方责任，迫切需要加大对收买妇女、儿童行为的犯罪打击力度，《刑法修正案(九)》去掉了“免除处罚”的规定，修改为“可以从轻或者减轻处罚”。① 修改动因在于立法机关认为，倘若刑法规定此类行为可以得到刑罚的赦免，无异于认可了非法购买人口可以免罪，在我国广大农村落后地区以及跨境买卖人口的活动还十分猖獗的情况下作出刑法“免予刑事处罚”的宽宥性规定并不合时宜。所以，应当首先确认该类行为的犯罪性质，即使非法收买妇女、儿童后具有善待受害人，不妨碍解救的“善行善举”，也只能在量刑阶段考虑从轻或者减轻刑罚，对犯罪人也可以采用保安处分，如社区矫正等非刑罚处罚措施。

2. 非法吸收公众存款罪

《刑法》第 176 条规定了非法吸收公众存款罪，为了指导司法实务中准确认定罪名，最高人民法院于 2010 年 11 月颁布相关司法解释，其中第 3 条第 4 款运用了罪后积极行为评价模式，针对某些非法吸收公众存款后并没有用于生产、经营活动范围之外的，若能及时归退公众，则可以被免予刑事处罚或者不作为犯罪处理。② 实务中可以根据该解释对非法集资罪行与正当性的民间借贷，以及与不合法但非犯罪性质的民间融资等行为进行甄别，该解释表现出极大的实用价值。当时的民间借贷活动存在一些并未完全向社会和不特定的公众公开，而是只存在于亲戚、朋友以及单位同事之间的以特定关系人为对象的资金融入和利用情形，

---

① 参见《中华人民共和国刑法修正案(九)》第 15 条：“将刑法第二百四十一条第六款修改为：‘收买被拐卖的妇女、儿童，对被买儿童没有虐待行为，不阻碍对其进行解救的，可以从轻处罚；按照被买妇女的意愿，不阻碍其返回原居住地的，可以从轻或者减轻处罚。’”

② 参见最高人民法院于 2010 年 11 月 22 颁布的《关于审理非法集资刑事案件具体应用法律若干问题的解释》第 3 条第 4 款的规定。

同时，大部分资金也是用于正当生产和经营性合法活动，并且，能够按照事前约定归还出借人或者在被政府部门清理后能够全额或大部分退还出借人，对于此类行为，可以作出免罪或者免罚性处理。该解释体现出“宽严相济”刑事政策中需要宽缓化处理的一面，有利于民间中、小、微企业合法性融资与银行大规模融资两种方式同时发展。

有学者认为，该解释沿用了以往立法思路，将来需要在犯罪构成上加以细化才能取得理论和实践上的实质性突破。① 一些民间企业在吸收公众资金之后并没用于原本的经营性活动，而是用以其他正当的生产和经营性活动，此种情形下，考虑到罪后具有按时退还等积极性行为表征，都可以有条件地免予刑罚。张明楷教授认为，不能把吸收公众存款合法性的用途局限于原来的货币和资本经营活动，因为，现实中许多民营企业在相当长的时间里从事各种类型的合法生产、经营活动都是依靠民间性融资发展起来的，而且民间经营由于规模小，投资少，所以具有极强的灵活性，倘若以惯性思维把该类行为认定为非法集资罪则显然不合理且不利于当时的经济发展。②

但是，有人认为倘若完全按照罪后行为来一概性不予处分地作出不予犯罪处理或是免除刑罚并不合理，对于一些数额巨大的非法融资行为，不应当免罪或者免罚。对此，有学者明确提出反对意见，认为，非法吸收公众存款的刑事案件大多涉及较大的数额，人为设定一个具体的入罪数额又不考虑其他入罪或出罪情节更失理性，而且设计本罪名的主要目的在于打击那些吸收公众存款后用于非法用途或是用于合法用途但不能归还非法吸收公众资金的行为，易言之，非法吸收公众存款罪应当限定适用于由于非法吸收公众资金而引发严重社会问题的罪行，这也是解释最终并没有扩大犯罪打击面的原因所在。③

---

① 参见赵星、张晓：《论废除非法吸收公众存款罪》，《河北学刊》2014 年第 5 期。

② 参见张明楷：《刑法学》，法律出版社 2011 年版，第 678 页。

③ 参见刘为波：《〈关于审理非法集资刑事案件具体应用法律若干问题的解释〉的理解与适用》，载《人民司法》2011 年第 5 期。

3. 拒不支付劳动报酬罪

2011年《刑法修正案(八)》在《刑法》中增设第276条之一，把严重恶意欠薪行为规定为犯罪。① 该罪创设之初便引发了较大的争议。支持者认为把严重恶意欠薪行为入罪有利于保障广大合法劳动者获得报酬权，督促用人单位或企业按时足额给付劳动者工资报酬。反对者认为，把原本属于民事劳动合同纠纷性质的行为上升为刑事犯罪性质，入罪必要性并不充分，强行入罪难免让人觉得刑法的犯罪打击面过于宽泛，刑法触角越长则越背离刑法的谦抑性原则。② 也有人认为，按照当前我国企业欠薪的现状，倘若一律采取刑法手段予以打击，担心可能会出现案件井喷。③

对此，《刑法》修正时充分遵循了“宽严相济”刑事政策的指导思想，体现为充分考虑了单位或企业在欠薪之后可能具有的采取积极性行为来支付劳动者报酬的情况。倘若侵害后果并不十分严重，欠薪者只要在提起公诉前支付劳动报酬并依法赔偿各项损失，则可以减轻或免除处罚。现实中拖欠劳动报酬的行为复杂多样，一些为躲避合法债务而恶意欠薪的行为时常引发劳动者集体讨薪群体性事件，严重影响到社会稳定，所以必须动用刑罚加以惩罚和预防。为进一步细分欠薪行为，便于精确量型，最高人民法院于2013年颁布司法解释，分三种情况对罪后积极还薪行为进行了规范解释：第一种，对拒不支付劳动报酬尚未造成严重后果的，在刑事立案前支付所欠劳动报酬，并依法进行相应赔偿的，可以认定为不是犯罪；第二种，在提起公诉前支付劳动报酬并承担赔偿责任的，可以减轻或免除刑罚；第三种，在一审宣判前支付劳动报酬并依法承担赔偿责任的，可以从轻处罚。④

---

① 在2011年4月27日颁布的《最高人民法院、最高人民检察院关于执行〈中华人民共和国刑法〉确定罪名的补充规定(五)》中，罪名被正式确定为拒不支付劳动报酬罪。

② 参见刘艳红：《当下中国刑事立法应当如何谦抑？——以恶意欠薪行为入罪为例之批判性析》，《环球法律评论》2012年第2期。

③ 参见黄榆：《治罪恶意欠薪者，难!》，《工人日报》2017年1月21日第6版。

④ 详见2013年1月14日最高人民法院审判委员会于第1567次会议通过的《最高人民法院关于审理拒不支付劳动报酬刑事案件适用法律若干问题的解释》第6条。

根据本书罪后积极行为评价原理，拖欠劳动者合法报酬之后是否具有积极性补薪和赔偿的行为是考虑是否入罪以及是否免除刑罚，从轻或减轻处罚的关键。此外，偿还欠薪在哪个程序环节或时间阶段采取既反映出行为的危害程度，又能体现出犯罪人主观的悔罪性程度，因此，《刑法》根据犯罪人在罪后认罪、悔罪、认罚的情况规定了不同的从宽尺度。

此外，考虑到我国现有的缓刑和减刑制度并不允许因犯拒不支付劳动报酬罪而被判处缓刑的犯罪人在缓刑期间获得减刑，因而并不利于鼓励被判处拒不支付劳动报酬罪的犯罪人在刑罚执行期间积极地向劳动者补足欠薪。对此，有学者主张，拒不支付劳动报酬的犯罪人如若在缓刑期间具有积极性筹措资金用于支付劳动报酬的情况时，应当考虑缩短缓刑考验期，并在社会(社区)服务义务方面减少相应的服务时间。①

4. 污染环境罪

最高人民法院和最高人民检察院在 2013 年 6 月和 2016 年 10 月两次联手颁布《关于办理环境污染刑事案件适用法律若干问题的解释》，均体现出宽严相济刑事政策的指导思想，力求做到把宽严平衡贯穿和体现于定罪量刑的方方面面。2016 年的解释充分运用了罪后积极行为所表现出的悔罪和赔偿等情节，作出了比 2013 年解释更为细致的评价设计，属于本书所提出的罪后积极行为阶序性评价模式在刑事立法上的典型运用。②

对此，刘艳红教授认为，《刑法》第 338 条规定的污染环境罪实际上

---

① 参见董丽君：《拒不支付劳动报酬罪适用中宽严相济刑事政策之贯彻》，《中国人民公安大学学报(社会科学版)》2018 年第 6 期。

② 2016 年《关于办理环境污染刑事案件适用法律若干问题的解释》第 5 条规定为，“实施刑法第三百三十八条、第三百三十九条规定的行为，刚达到应当追究刑事责任的标准，但行为人及时采取措施，防止损失扩大、消除污染，全部赔偿损失，积极修复生态环境，且系初犯，确有悔罪表现的，可以认定为情节轻微，不起诉或者免予刑事处罚；确有必要判处刑罚的，应当从宽处罚”。原 2013 年颁布的《关于办理环境污染刑事案件适用法律若干问题的解释》第 5 条规定为，“实施刑法第三百三十八条、第三百三十九条规定的犯罪行为，但及时采取措施，防止损失扩大、消除污染，积极赔偿损失的，可以酌情从宽处罚”。

已经打开了危险犯入罪的通道，预示环境犯罪治理的早期化趋势。① 当环境污染成为威胁社会和人类命运的重大公害后，刑法必然要体现出对之加以从严惩处的立法特征，于是环境“风险刑法”便应运而生，但是，“风险刑法”理论和实践本身便带有一定的反法治色彩，所以，在环境污染犯罪门槛降低的同时，刑法同样应当考虑应当给以轻缓化处遇的情形，对于污染环境的企业和个人在实施危害环境的行为之后再采取的环境恢复、损害补救行为，可以酌情给予从宽从轻处罚，从而有效地激励犯罪人积极地采取行动，努力恢复和减轻对自然环境造成的污染损害。②

在司法实务中，当污染环境的行为已经达到污染环境罪的构罪标准时，便需要对行为人在罪后是否采取积极性补救手段加以考查，倘若行为人具有积极采取各项相关措施，减少和停止非法排污并有效防止污染损害扩大并努力实现生态环境修复，赔偿被害人(也可能没有具体的被害人)损失和后期污染治理费用且具有良好悔罪、认罪认罚情节的，可以在检察起诉环节有条件地考虑不予起诉，也可以考虑在案件付诸审判阶段时作出免予刑事处罚，即使需要对污染环境行为处以刑罚，如果具有罪后积极性行为情节，也应当给以从轻、从宽处罚。

5. 非法种植毒品原植物罪

众所周知，打击毒品犯罪关乎所有国家的切身利益，是整个国际社会的共识，各国普遍把非法种植毒品原植物的行为纳入刑法制裁的范围。我国在 1990 年 12 月颁布了《关于禁毒的决定》，以单行刑法的形式最早规定了非法种植毒品原植物罪，③ 并在第 6 条第 3 款规定“非法种

---

① 参见刘艳红：《环境犯罪刑事治理早期化之反对》，《政治与法律》2015 年第 7 期。

② 参见孙佑海：《明确环境司法依据，从严打击环境犯罪——关于〈最高人民法院、最高人民检察院关于办理环境污染刑事案件适用法律若干问题的解释〉的解读》，《环境保护》2013 年第 15 期。

③ 在 1990 年 12 月 28 日，在第七届全国人民代表大会常务委员会第十七次会议上通过的《关于禁毒的决定》中共规定了十二种毒品犯罪，如非法生产、买卖、运输制毒物品、走私制毒物品，非法种植毒品原植物，容留他人吸毒等，非法种植毒品原植物是其中之一。

植罂粟或者其他毒品原植物，在收获前自动铲除的，可以免除处罚”。1997 年《刑法》将单行刑法和附属刑法所规定的罪名统一纳入其中，非法种植毒品原植物罪以及罪后自动铲除行为可以被免除刑罚的规定被保留下来。

《刑法》第 351 条第 3 款所规定的“在收获前自动铲除的，可以免除处罚”并非该罪的除斥性构成要件，而只是一种量刑的情节或要素，简言之，当非法种植毒品人具有收获前自动铲除情节时，仍然应当认定为非法种植毒品原植物罪，因为，刑法并不把收获前自动铲除的积极性行为与原种植毒品植物的行为综合性评价为非犯罪性事实，而是可以根据犯罪人的罪后表现在刑罚层面考虑是否免除处罚。因此，可以看出，该条规定是把罪后自动铲除行为作为非法种植毒品原植物行为的犯罪中止形态。

该条款的立法目的在于，给非法种植毒品原植物的行为人在收获前自动悔罪的机会，激励犯罪人自己积极性地自动铲除种植毒源，从而避免毒品植物生长成熟后通过流通渠道进一步危害社会。对于种植人“自动铲除”问题，在司法实务中经常会遇到如下两种情况：一种情况是在案发收获前的自动铲除；另一种情况是案发后，但非法种植人尚未知晓相关国家司法机关已经介入而在收获前自动铲除。对于以上两种情形笔者认为均应当适用本条款，从而认定为“自动铲除”。但是，倘若非法种植人是在获知案件已经进入司法程序的情况下而因害怕受到刑事惩罚而加以铲除的，虽然该行为相对于拒不铲除甚至暴力抗拒铲除行为而言仍然具有相当的积极性成分，但刑法对此不能再评价为完全真实意义上的“自动铲除”。对于此类情况，应当认定行为人仅仅具有刑法总则中规定的一般性悔罪或畏罪表现，在量刑时考虑从宽处罚情节，而不能免除刑罚。①

---

① 参见刘丽、岳振：《自动铲除所种罂粟为什么不能免刑责》，《检察日报》2009 年 8 月 1 日第 3 版。

6. 贪污罪

2015 年《刑法》修正时沿用了 1997 年对贪污后具有积极性退赃行为从宽处理的立法规定。相比较而言，修改后的刑法增加了在贪污后积极性退赃行为在不同程序阶段实施产生不同法律评价后果的规定，因此，考虑悔罪情节程度更细致入微，因而更科学、严谨，更能体现出罪与责、刑相适应的原则要求。①

《刑法修正案(九)》把积极退赃的时间点规定为提起公诉前更加合理，刑法拟制贪污犯罪人在公诉前积极退赃才可以认为其本质上没有贪污国家或者集体财物的主观故意，或者认为只有在此阶段的退赃行为才表明犯罪人是真诚地认罪悔罪，从而才能够对其从轻、减轻或者免除刑罚。而一旦案件进入公诉阶段，虽然法律仍然鼓励犯罪积极退还赃款，但是在量刑上从宽的幅度则必然没有在案件被公诉前的力度大，如此规定才能正确体现“罪责刑相适应”的量刑指导思想。而且，退赃时间越早，理论上能反映出犯罪人真诚悔罪的可能性越大，而逃避法律惩罚不自愿退赃的可能性更低；相反，倘若退赃时间越晚，则悔罪程度更低，退赃投机心理更强，在量刑上从宽处罚的力度自然需要降低。司法实践中，有些犯罪人是在被国家司法机关追缴的情况下被迫交出赃款赃物，主观上应认定为消极退赃，在此情况下，不能认定犯罪人具有刑法中规定的“积极退赃”情节。2009 年两高颁布的关于办理职务犯罪案件中自首、立功问题的司法解释中曾经对贪污、受贿后的罪后积极性行为情节如自首、立功以及积极退赃等该如何认定的问题进行规定，目前仍然具有法律效力，司法适用时具有较

① 1997 年《刑法》第 383 条第 3 款规定为，“个人贪污数额在五千元以上不满一万元，犯罪后有悔改表现、积极退赃的，可以减轻处罚或者免予刑事处罚，由其所在单位或者上级主管机关给予行政处分”。经《刑法修正案(九)》修改后的《刑法》第 383 条第 3 款规定，“犯第一款罪，在提起公诉前如实供述自己罪行、真诚悔罪、积极退赃，避免、减少损害结果的发生，有第一项规定情形的，可以从轻、减轻或者免除处罚；有第二项、第三项规定情形的，可以从轻处罚”。

大的参考价值。①

贪污罪与受贿罪都存在罪后积极行为评价规范，但是立法预设的评价结果并不相同。根据上述2009年的量刑指导意见，虽然同为积极性罪后退赃行为，但是由于贪污罪与受贿罪的保护法益并非同一，所以在量刑方面产生的作用和效果存有差异。贪污罪的保护法益是公共财产不容非法侵犯性，而受贿罪的保护法益表现为职务廉洁性或者不可收买性，因此，贪污后积极主动性退赃可以一定程度上视为对公共财产权受到侵犯的主动积极性恢复，因此，刑法对其积极性悔罪的评价力度较大；而公职人员一旦受贿，其职务廉洁和不可收买性法益受到侵犯且不可任意恢复，所以，即使犯罪人罪后积极退赃，相比贪污罪其补救作用亦相当有限，因此，刑法对其积极性悔罪的评价力度相对贪污罪而言较小。

此外，对于贪污后退赃产生刑法积极性评价效果的前提条件是退赃必须满足“积极性”要求。正如魏东教授所言，倘若每一个刑事案件中的犯罪人在罪后退赃都用“真诚悔罪”来衡量从而被减轻或免除刑罚，那案件便没法办理了。② 所以，对于是否属于“积极退赃”应当进行缜密的考查，从而做得到适用恰当。积极退赃表现在主观、客观两个层面。主观上要求犯罪人有真诚的悔罪意思，实务中表现为，犯罪人在贪污赃款后主观上有向司法办案机关退出全部赃款赃物或者明确表明有贪污公共财物的事实和退出赃款赃物的意愿。客观上要求有积极性的退赃行为，主动交出或是提供赃款赃物的去向、线索并努力协助追回等。对于某些犯罪人想方设法试图通过欺骗等瞒天过海的方法逃避惩罚或是隐匿财物的，即使赃款赃物最后被司法机关追回，也不能认为犯罪人具有积极性退赃行为。

---

① 参见2009年3月12日最高人民法院与最高人民检察院联合颁布的《关于办理职务犯罪案件认定自首、立功等量刑情节若干问题的意见》第4条第2款的规定。

② 参见魏东：《〈刑法修正案(九)〉的观察与反思》，http://www.jnls.com.cn/info/view.asp? id=3868，发布日期：2015-10-01，访问日期：2018-11-28。

7. 行贿罪

对于行贿行为完成之后再采取的罪后积极性行为导致刑法从宽处罚的规定在1997年《刑法》中有所体现，2015年《刑法》修改时基本保留，只是增加了关于罪行本身严重程度以及罪后重大立功等情节的规定。① 从而，现行《刑法》对行贿后具有积极性行为表现引致从宽处罚的情节规定更为严格化和精细化，更能体现出罪责刑相适应的刑法基本原则。对于构成单位行贿罪后的行为从宽情节司法解释规定应当参照关于(个人)行贿罪的规定处理。②

对此，赵秉志教授指出，因《刑法修正案(八)》缺少原1997年《刑法》中规定的行贿后积极行为从宽处罚情形中关于"坦白"的规定，所以，行贿后具有坦白情节不能导致免除处罚。同时，由于缺少对坦白情形下免除处罚的相关司法解释而导致司法实践中行贿后具有坦白情节的量刑十分混乱。③ 上述观点指明了《刑法》对行贿后从宽处罚情节的规定存在较大的疏漏，不利于司法实务中参照执行。根据刑法理论，对犯罪人刑事责任的量刑是以责任本身为基础，因此，只能在责任刑的范围之内选择恰当的刑罚，所以，宣告刑不能超过责任刑。然后在考虑预防刑的基础上，最后作出的宣告刑完全可以低于甚至远低于责任刑，倘若再具备犯罪侵害结果轻微等情况，则完全可以作出免除刑事处罚的决定。④ 因此，《刑法》应当将行贿之后从宽处罚的情节再予以细化和具体化，并适当作出宽泛化的解释。由此，笔者赞同张明楷教授的观点，主

---

① 原1997年《刑法》第390条第2款规定，"行贿人在被追诉前主动交待行贿行为的，可以减轻处罚或者免除处罚"。经修改后的现行《刑法》第390条第2款规定，"行贿人在被追诉前主动交待行贿行为的，可以从轻或者减轻处罚。其中，犯罪较轻的，对侦破重大案件起关键作用的，或者有重大立功表现的，可以减轻或者免除处罚"。

② 详见2012年12月26日，由最高人民法院与最高人民检察院联合颁布的《关于办理行贿刑事案件具体应用若干问题的解释》第7条第2款的规定。

③ 参见赵秉志：《论行贿罪从宽处罚制度的司法适用》，《人民检察》2016年第12—13期。

④ 参见张明楷：《责任刑与预防刑》，北京大学出版社2015年版，第136页。

张对《刑法》第 390 条第 2 款作出适当修改或者由两高颁布司法解释来对该问题予以明确，修改的主要内容为，行贿人在行贿之后被追诉前具有主动交待全部行贿事实情节的，可以不追究刑事责任。①

二、存在的主要问题

罪后积极行为评价模式在刑事立法与司法实务中的运用极为广泛，通过刑事责任减免鼓励犯罪人努力实现法益恢复和弥补被害人损失。例如，善待被收买的妇女、儿童，没有实施虐待等侵害被拐卖人人身权利的行为并且不阻碍受害人自行返回或解救，那么就应当得到刑法的宽缓化处理，甚至可以免予追究刑事责任或免除刑罚。再如，行贿罪的规定，倘若当事人行贿之后具有坦白、交待犯罪事实、揭发他人受贿事实等积极性行为，则同样可以得到刑罚上的从宽处罚。此外，对于具备罪后积极性行为情节因而得到刑罚减免的行为人则替代以刑罚之外的相应惩罚和制裁或者采用罚金刑易科自由刑的方法，如行政性拘留、罚款，民事性赔偿，党内和行政处分等制裁措施。对于犯有轻罪、微罪或者在罪后有特殊积极性行为的犯罪人施用替代刑罚的制裁措施有利于犯罪人改过自新，减少刑罚适用给罪犯本人及家庭所造成的负面影响，增强其重新回归和融入社会的可能性，同时又能有效降低刑罚适用所造成的制度成本。② 在西方，用罚金刑替代短期限制人身自由徒刑的做法较为普遍，有效地避免了短期自由刑所造成的罪犯之间“交叉感染”的问题，这是一个成本与效益分析的结论。③ 刑罚的适用不能不考虑成本与效益，众所周知，限制人身自由的刑罚成本较高，并不利于以最小的成本实现惩罚和改造罪犯的效益。如若行为人通过自己的努力因而被免除刑罚或者刑事责任，则无异于以最小的成本实现惩罚和改造犯罪最大的社

---

① 参见张明楷：《行贿罪的量刑》，《现代法学》2018 年第 3 期。

② 参见杜雪晶：《中国非刑罚化论纲》，吉林大学 2005 年博士学位论文，第 79 页。

③ 参见姜涛：《刑法中的犯罪合作模式及其适用范围》，《政治与法律》2018 年第 2 期。

会效益。而且，刑罚的补充性原则要求，当采用行政性或者民事性等替代刑罚手段能够使被侵害的社会关系得以恢复时，则应当避免首先选用刑罚手段。所以，倘若犯罪人在罪后具有合乎刑法要求的积极性行为，则可以考虑免除其刑事责任或者免除刑罚，而选用其他替代性惩罚方式，这是刑罚经济性的必然要求。

但是，目前我国的《刑法》以及相关司法解释对罪后积极性情节的规范运用还存在较大的问题需要完善，例如，总则中缺乏统一性的规范指引，分则中罪名规范随意性较大等问题，对统一刑事司法造成了不小的阻碍，具体表现为如下方面：

（一）适用标准不明确

《刑法修正案（九）》对行贿罪进行修改之前，立法及司法解释对行贿罪（包括单位行贿罪）与介绍贿赂罪在犯罪之后被追诉前具有主动交待和揭发犯罪的情况所产生的减免刑罚的力度相同，但是，修改后的《刑法》在加大了惩罚行贿犯罪力度的同时却严格限制了可以从宽从轻处罚的适用条件，而且缺乏合理性的理论支撑和说理，且介绍贿赂罪并没有作出相同的修改。事实上，从严打击和惩罚行贿犯罪，并不能保证能有效遏制受贿犯罪。① 究竟是采取从严加重对行贿罪的惩处力度还是采取轻缓化的策略乃至非犯罪化的处理模式，完全应当以能更加有效地预防和减少此类犯罪的发生作为制定刑事政策的主要依据。一些学者认为，提高贿赂犯罪的查处概率是促使潜在犯罪人止步于巨大行贿财物，从而不敢犯罪的重要举措。而基于囚徒困境理论，废除行贿罪能够极大地提高受贿犯罪的查处率，② 且能够最大可能地威慑受贿行为，此乃“实现国家治理能力现代化的背景下进行惩治贿赂犯罪立法的最优选择”。③

---

① 参见何荣功：《“行贿与受贿并重惩罚”的法治逻辑悖论》，《法学》2015 年第 10 期。

② 参见宫本欣主编：《法学家茶座》（第 5 辑），山东人民出版社 2004 年版，第 12 页。

③ 姜涛：《废除行贿罪之思考》，《法商研究》2015 年第 3 期。

有关强奸罪罪后行为的规定，根据1984年“两高一部”的司法解释，在首次强奸行为发生之后，被害人与犯罪人又多次自愿发生性关系的情况下，不把首次强奸行为作为犯罪处理。之所以作出这样的规定，是考虑到行为人之后的行为举动(与被害人同居或结婚)，当然，也必须考虑被害妇女的心理和行为变化以及刑事政策的其他价值判断。但是，直接通过司法解释的形式把刑法中明文规定的犯罪行为(强奸)作出除罪化处理，缺乏理论支撑，因此，一经颁布就引来不少非议。而且，与其他同样是侵犯人身或者财产的犯罪相比，即使以妇女作为犯罪对象考查，诸如强制猥亵妇女罪，罪名恶性程度本身比强奸罪更为轻微，但是在猥亵行为发生后，犯罪人与被害妇女多次发生性关系的，立法以及司法解释中并没有除罪化的规定，如此，便能反推上述强奸罪司法解释的不合理。

对于受贿罪，立法及司法解释规定，国家工作人员收受请托人财物后具有积极退还或者上交国家机关的情况，可以不作为犯罪处理。而大部分国家的法律都是注重对受贿行为的惩罚，没有罪后积极退还或上交行为可以免罪的规定。由此也可以看出，我国刑法对受贿罪的惩罚力度弱于世界上其他大部分国家，而对行贿罪的惩罚力度则强于其他国家。《联合国反腐败公约》以严密刑事法网，从严惩处贿赂犯罪为基调，尤其针对国家政府官员受贿犯罪。① 而且，对非法收受请托人财物后主动退还或上交的行为综合作非罪化处理，无疑减少了受贿的犯罪成本，反倒增加了受贿犯罪的侦破和审判成本，这正是我国受贿犯罪愈加猖獗和滋生繁衍的原因所在。②

以上列举的三个罪名，《刑法》以及司法解释均采用了罪后积极行为评价的模式，是“宽严相济”刑事政策的具体化，是罪刑相应刑法原则的进一步要求，因此罪后积极行为评价模式被司法践证明具有较大的

---

① 参见孙国祥：《我国惩治贪污贿赂犯罪刑事政策模式的应然选择》，《法商研究》2010年第5期。

② 参见任磊：《收受财物后退交行为的理性审视——以经济成本分析为视角》，《中国政法大学学报》2014年第5期。

实用价值。但是，由于缺乏成熟的理论引导，仅仅由分散性的罪名条款“各自为政”，难免造成适用标准模糊不清，进而影响到规范本身的立法合理性问题。

(二)责任减免不统一

目前，刑法及相关司法解释在运用罪后积极行为评价模式方面因缺少理论的统一性，导致责任减免标准不统一，对类似情况的处理没有一以贯之。例如，在收买被拐卖的妇女、儿童罪中，对不阻碍被拐卖人员返回或解释且没有虐待受害人行为的，1997 年刑法规定可以不追究刑事责任，《刑法修正案(九)》修改为“可以从轻或者减轻处罚”，一项重要的立法理由根植于被害人的人身自由权利的保障目的。而在绑架案件中，同样构成对人身自由权利的侵犯，而且绑架罪的人身侵犯性更严重，社会危害性更大，刑法对于该罪规定的法定刑更高，而且，绑架罪极易演变为性质更为恶劣的犯罪(如杀人、强奸)。所以，世界上许多国家对绑架罪都规定了与故意杀人罪相当的极重的法定刑。但是，极重的法定刑所造成的后果是绑匪时常会选择杀害被绑架受害人，原因在于倘或被绑架人消失，则案件最终被破获的概率则大大减少，相反，犯罪人极可能在被抓获后面临极重的刑罚。绑匪在仔细思量之后，抑或说绑匪在立法的“诱引”下反而会选择杀害人质。德国刑法中，绑架罪虽然以被绑架人丧失人身自由为既遂的条件，但同时也规定绑匪释放人质将被减轻甚至免除刑罚惩罚。① 在轻、免处罚的激励下，绑匪主动释放人质的积极性被极大地提高，杀害人质的事件明显减少，从而案件的破获率明显增加，为侦破案件而产生的司法资源耗费也降至最低。目前，大多数国家在刑法中对绑架罪采用了罪后积极性释放人质的行为予以减轻或免除处罚的规定，② 我国刑事立法对绑架罪的规定并没有采用罪后积极性行为评价的立法模式，从激励绑匪放弃继续犯罪的意图、释放人质

---

① 参见德国刑法第 239a 条、第 239b 条；日本刑法第 228 条之二、第 228 条之三。

② 参见阮齐林：《绑架罪的法定刑对绑架罪认定的制约》，《法学研究》2002 年第 2 期。

层面作出减轻或免除处罚的从轻从宽处理规定，反而在司法审判实践中出现一些对主动悔改，释放被害人的绑架人处以较重刑罚的案例，从而引发学界和公众对刑事审判公平公正的质疑。① 对此，建议在修改涉及绑架罪等严重侵犯人身权利和民主权利罪行的立法规范时予以参考借鉴。

（三）罪刑法定未坚持

罪刑法定是刑法总则中规定的基本原则，其基本内容为：法律明文规定为犯罪时，就应当依法定罪处刑；倘若法无明文规定，则不能定罪和处刑。然而，一些司法解释却僭越了立法的规定，有违罪刑法定原则。例如，司法解释规定，收受他人财物后倘若具有及时退还或者上交国家机关的情节，可以认为之前非法收受财物的行为不构成受贿罪。按照传统刑法学理论，受贿罪的构成要件为国家工作人员利用职务形成的便利关系而收受请托人财物，所以，在具有完整犯罪构成的情况下再通过司法解释的形式作出除罪化处理，其合理性存疑。事实上，国家工作人员在违法收受请托人给予的财物后，及时退还送请人或者直接上交国家有关部门的行为确实能体现出收受人主观恶性削减，表明其有悔罪的积极性表现，但是，并不能否定之前行为的犯罪性质。如若从国家刑事政策的角度对此类受贿情节轻微的行为欲不作入罪化处理，则首先应当对刑法分则中受贿罪规范，亦即受贿罪的犯罪构成进行相应的修改。在刑事立法未动，而司法解释擅自更改犯罪构成的实践作法，必然与罪刑法定原则不相符合。② 或许司法解释认为受贿后及时退还和上交的行为

① 典型案例如云南省呈贡县曾发生的一起绑架案，案情简述如下：农民余某在被他人唆使后，绑架了 3 名孩童并向其家属索要 15 万元赎金，而后余某悔悟，不仅没有伤害被绑架的孩子，反而用仅剩的 20 元护送被绑孩童平安返家，但最终还是获刑 6 年，罚金 3 万元。针对该案的判决结果，很多民众认为量刑结果不够人性化，量刑过重，从而封堵了绑匪悔罪投案、释放人质的退路。参见雷成：《“善良绑匪”被判 6 年引争议》，http://zqb.cyol.com/content/2007-06/06/content_1784446.htm，发布日期：2007-06-06，访问日期：2018-12-18。

② 参见李建明：《收受他人财物后退还或者上交对受贿罪构成的影响》，《人民检察》2007 年第 16 期。

可以拟制为一时不在意或者一时糊涂时的误收钱财，但是，即便如此推理有一定的逻辑合理性，也不能就此否认立法中既定的犯罪构成规范。

再如，司法解释对强奸后通奸不作为犯罪处理的规定，同样违背了罪刑法定原则。纵观各国现代刑事立法，几乎没有把强奸后再通奸作为除却之前强奸行为犯罪性质的相关条文。从法理上讲，作何罪名都必定有确定的犯罪构成，当然，强奸罪也不能例外，只要行为符合强奸罪的构成要件便应当以强奸罪论处，所以，按照传统刑法理论，即使有事后通奸或者存在侵害方与被害方和解的情况也不例外。但是，以上关于受贿罪与强奸罪的司法解释所采用的罪后积极性行为在除却犯罪构成层面的大胆尝试无疑给我们提供了创新性的思考素材。大部分的犯罪行为不仅仅需要看作是对国家、社会法益的侵犯，在存在具体受害人的情况下，更是对个人法益的侵犯，因此，刑法绝对不能忽视被害人在犯罪之后的情感变化。减少和避免被害损失，预防犯罪始终应作为刑事立法首要的价值选择，司法实践中被害人的意见在定罪和量刑中的作用应当得到更多的关注，2018 年《刑事诉讼法》修改时正式确立了认罪认罚从宽制度，体现出了对被害人意见的更大尊重和对犯罪人罪后积极表现的更大鼓励。

第三节 立法、司法反思与完善建议

一、对现有规定的解读与反思

立法和司法上运用罪后积极行为评价模式需要重视形式上的规范性与内容上的合理性。首先，需要对罪后积极行为与刑事责任减免之间的逻辑关系进行法理上的正确解读与反思。评价的方法和模式必须建立在遵循刑法基本原则的基础之上，同时符合刑法谦抑性要求，并能有效地起到保护法益和预防犯罪的作用，唯有如此，评价模式运用才具有合理性、正当性，也才能获得民众的广泛认同。

(一)对规定依据之法理解读

域外刑事立法中广泛采用了类似于本书所提出的罪后积极行为评价

模式对犯罪人减免刑事责任的制度。例如，德国刑法中在量刑基本原则部分规定，法官在量刑时，应当充分考虑行为人在罪后对补救犯罪致害所做的努力，主观态度以及与被害人和解的情况。① 意大利刑法中也有类似的规定，法官在判断犯罪人的再犯可能性时，应当从犯罪人罪后所表现出的行为内容来对其品行进行推断和认定，其刑法典中第 133 条明确规定，在审判之前便返还犯罪所得或者积极赔偿犯罪所造成的各项损失，或者主动积极采取措施有效预防、消除或者减轻犯罪危害后果的，即使不符合犯罪中止的规定，仍然属于可致罪行变轻的重要事由。俄罗斯联邦刑法罪后积极性个人行为可致刑罚减免的力度很大，规定也最为详尽，例如，在被害人人身伤害案件中，犯罪之后立即对被害人施救，或者及时呼叫救护部门，且立即联系被害人家属的情形都可能构成减刑事由。此外，对于侵财类案件，公开性诚恳道歉和有效赔偿财产损失或者通过金钱形式对精神损害进行补偿（存在精神损害情况）都可以作为减轻处罚的情节。② 我国澳门地区刑法也有类似规定，犯罪人罪后真诚悔罪，尽力弥补损害损失的行为可以获得特别性刑罚从宽处罚。域外刑事法理认为，通过刑罚从宽性评价引导行为人作出罪后积极性表现还可以起到免除被害人和证人作证的义务；缩短诉讼周期和程序；节省司法成本的作用。③

对于具有罪后积极行为表现的行为予以轻免性刑罚处罚的学理依据可以简要归结为如下几个方面：

首先，是基于保护法益目的的需要。犯罪人的罪后积极行为可以产生法益受害弥补和恢复的作用和效果。例如，国家工作人员非法收受他人财物后及时退还或者上交的行为，盗窃、诈骗财物后的退赃或退赔行

---

① 参见［德］克劳斯·罗克辛：《刑法中的责任和预防》，［日］宫泽浩一监译，成文堂 1984 年版，第 116~117 页。

② 参见［俄］Н. Ф. 库兹涅佐娃、И. М. 佳日科娃主编：《俄罗斯刑法教程（总论）》，黄道秀译，中国法制出版社 2002 年版，第 669~670 页。

③ E. g., Sentencing Guidelines Council 2007; New South Wales Sentencing Council 2009; Law Reform Commission of New Zealand 2008.

为，非法吸收公众存款后及时返还或清退的行为等，都可能因为犯罪人罪后通过财产性自损、受害方钱财物补偿的方式使受到犯罪侵犯的财产法益得到不同程度的恢复。此外，对受害人实施强奸行为之后再与之通奸或长期同居的行为一定意义上也能平复受害妇女性自由被侵犯所造成的身体和精神层面的侵害；收买被拐卖的妇女、儿童后不予虐待并主动释放、不阻碍其自行返回和国家机关对受害人进行解救的行为，也能在一定程度上避免受害人再次受害，同时减少解救阻力，恢复受害人人身自由并促进其与家人团聚的作用。因此，即使不考虑行为背后的主观人格变化因素，从客观层面也能反映出有效地减少或者避免犯罪致害的作用，从法益保护视角，其功能性作用较为突出。

其次，与刑事政策的考量有关。例如，对逃税后补税并缴纳滞纳金和罚款的行为人，刑事立法上规定了可以不予追究刑事责任的处理方式。如此规定，必然与我国当前逃税行为以及税收行政执法的现状有着密切的关联。同时，基于宽严相济刑事政策的需要，完全可以认为，既然逃税行为主要侵犯了国家的税收性经济利益，那么，对于初次犯罪而又及时补税和交纳各项罚款的，最终国家税收并未减少，反而通常会有大幅增加(主要因为较大数额行政罚款)，因此，免去其刑事责任并不违背刑法的实质公平与正义，从法理解释的角度也并无不妥。相反，倘若立法和实务都拒绝适用罪后积极行为评价模式，那么，逃税者便会认为即使再尽其所能补缴税款、滞纳金和较大数额罚款亦不能改变和挽回被贴上“犯罪标签”，遭受刑罚惩罚的命运，结果无疑就会促使其想方设法逃避纳税，国家税收的利益损失将难以得到有效的弥补。①

最后，与刑事立法、司法的功能主义倾向有关。立法上采用罪后积极性行为轻免处罚评价的模式，司法实践中对本身危害性不大的轻微犯罪行为，行为人在罪后又能够及时悔罪，积极弥补被害损失或者甘愿认罪认罚的情况在一定程度上能够体现出其人身危险性一定程度上减弱，因此，对于此类犯罪人的犯罪特殊预防必要性就大为降低，而且案件因

① 参见张明楷：《逃税罪的处罚阻却事由》，《法律适用》2011年第8期。

此得以迅速侦破，司法资源得以有效节约，符合司法便宜主义功能刑法的目的。

（二）行为分类比较与反思

从现行刑法规范中罪后积极性行为及其评价的适用情况分析，可以将已有运用的罪名大体上划分为侵犯财产权的罪行和侵犯人身权的罪行两大类，按照罪责刑相适应的原则，对于在类似犯罪性质的行为实施之后所采取的类似形式的罪后积极性行为，刑法应当给以类似的评价结果，方为公平、合理。下文便在罪后行为类型性划分的基础之上，对当前我国刑事法规范适用罪后积极行为评价的现状进行分析、解读与反思。

首先，对于侵害财产类法益的犯罪行为，笔者认为，财产类被害法益具有较强的可恢复性特征，对于存在行为人采取罪后积极性行为进行赔偿或弥补财产损失的情节或事由时，可以采用力度更大、适用更为宽泛的刑罚宽免性处罚。① 原因在于，对于侵财类犯罪，受害人通常更为看重事后的经济性赔偿与补偿，例如，盗窃犯罪、诈骗犯罪、非法集资类犯罪等，犯罪行为除了对受害人造成物质财产性损失以及因此而伴随性产生的精神损失外，一般不构成对国家、社会法益的严重侵害性。而且，事后民事赔偿取得被害人方面谅解的可能性较大，公众对给予此类犯罪行为以较大力度宽免性处罚的可接受度较高，此时，刑法更应保持其谦抑之秉性，尽显刑罚轻缓的时代特征。

而且，对于因财产类犯罪而可能被处之以短期自由刑的情况，适用罚金易科制度的合理性与正当性更为充分，② 因此，行为人采取自损财富以及甘愿接受行政性处罚的方式基本上达到了刑事附带民事赔偿与罚金刑的效果，从结果公平的视角，既与民法上非法得利返还与补偿、修复的制度功能一致，也与刑法上罪责刑相适应的原则相符。立足法律功

---

① 对于财产法益可恢复性问题的论述请详见本书第六章第一节中之“一、免罪前提：侵害法益恢复”。

② 参见赵秉志、陈志军：《短期自由刑改革方式比较研究》，《政法论坛》2003 年第 5 期。

能主义视角，罪后积极行为减免刑罚评价更有利于鼓励犯罪人采取措施主动进行赔偿。①

域外立法及实务中也不乏因罪后赔偿或补偿而作出刑罚减免性处罚的规定与实践。例如，美国的刑事司法理论与实践认为，采取罪后赔偿等民事补救方法更有助于实现刑法的目的。② 美国大部分州的刑法都采用了因犯罪人事后积极赔偿而减轻自由刑的方法。俄罗斯联邦刑法中甚至作出规定，对于罪后主动进行赔偿的初次犯罪人，可以免除其刑事责任。相比之下，我国刑法在适用罪后积极性行为评价作为轻免处罚事由的规定还仅仅局限于某些罪名，而并不具有普遍性。由此，笔者建议，既然通过上文分析，可以得出现有罪名规范中诸如盗窃、诈骗、恶意透支型信用卡诈骗、敲诈勒索罪、受贿、拒不支付劳动报酬罪、贪污罪等运用罪后积极行为评价作出轻免性处罚的合理性与正当性，那么，在具有类似社会危害程度的侵财类犯罪的罪名规范中，如侵占罪、抢夺罪、挪用资金罪等罪名，同样可以适用罪后积极性行为的评价模式，对行为人有条件地进行宽免性处罚，方能体现出罪责刑相适应。

其次，对于侵犯人身自由权的犯罪行为，采用罪后积极行为评价的模式或方法，有助于激励犯罪人主动采取恢复被害人人身自由的措施，避免对被害人造成更严重的二次伤害，此乃对具有罪后积极行为刑事责任减免的主要缘由。我国《刑法》第 241 条规定，对被拐儿童不予虐待且不阻碍解救的，以及对尊重被拐妇女意愿，不阻碍其返家或者阻碍解救的，都可以从轻或者减轻处罚。日本刑法中也有相似的立法例，对于以勒索赎金为犯罪目的的拐取型犯罪人以及收受型犯罪嫌疑人以及部分事后帮助犯，③ 如能在提起公诉前便把拐取或者诱骗的受害人释放到安全

---

① 参见王文华、刘宏武：《“赔偿损失”对刑事责任的影响——兼论我国〈刑法〉中“赔偿损失”的类型化研究》，《法学杂志》2014 年第 1 期。

② See Mary M. Chen, “Constitution Limits on Using Civil Remedies Achieve Criminal Law Objectives: Understanding and Transcending the Criminal—Civil Law Distinction”, 42 Hastings L. J. (1991) p. 1325.

③ 刑法原理认为，对于事前帮助犯，按照共同犯罪的理论处理。

场所，可以减轻其刑罚。理由在于勒索赎金型掳取他人的犯罪行为对人的生命、身体的危害性和危险性极大，出于政策的目的，对罪后积极释放受害人的行为予以减轻刑罚，有助于鼓励犯罪人主动释放被掳受害者。① 俄罗斯刑法对罪后积极性行为的轻免处罚力度更大，不仅体现在侵财类罪名中，在侵犯人身自由权的罪名中同样如此，有学者认为这是俄国刑法中富有争议的惩罚目的向社会公正理念性转变的重要体现。② 例如，对掳取绑架类犯罪作出规定，对于罪后主动性释放人质者，倘若不构成其他犯罪，则可以被免除刑责；对贩卖人口为目的的掳取型犯罪，对于主动释放被贩卖人员且积极揭露犯罪事实，倘若不构成其他犯罪的初次实施犯罪者，免除刑事责任。德国、法国刑法中也有类似的规定，例如，法国刑法中规定了类似于中国刑法中非法拘禁罪的罪名，若被非法拘禁者实际被拘禁未满 7 日便被犯罪人释放，则被判处的刑罚远轻于长期拘禁人质的情况。美国一半以上多数州的刑法规定，被审判之前便主动自愿地将绑架人质释放的，只要被害人尚且存活，犯罪人将被以二级重罪处罚（若不存在此情形，则属于一级重罪）。我国刑法的做法是，对于更为严重的掳取型上游犯罪，例如，绑架罪和拐卖妇女、儿童罪，并没有采用罪后积极行为激励性评价模式的立法方法，原因在于唯恐刑罚过于轻缓，威慑犯罪的效果不理想，但是，同时也失之于缺乏促使犯罪人积极释放人质，保障人质安全的激励机制。因此，相较国外立法，我国刑法更为关注犯罪的预防，而在避免受害人遭受二次更加严重的伤害层面欠缺考虑。

二、对刑法及司法解释的修改建议

（一）立法修改建议

1. 在总则条文中明确规定罪后积极行为评价在定罪、量刑中的作

① 参见［日］西田典之：《日本刑法各论》，王昭武、刘明祥译，法律出版社 2013 年版，第 87 页。

② 参见庞冬梅：《公平正义理念之刑事法论域——以俄罗斯刑事法研究为视角》，《黑龙江省政法管理干部学院学报》2011 年第 4 期。

用。我国刑法总则只规定了量刑的一般原则，其中，犯罪的事实、罪行性质和情节以及社会危害性程度等都是在量刑时应当被充分予以考虑的因素。其中，犯罪的情节又可以做出罪前、罪中、罪后阶段的区分，罪后积极行为表现属于罪后情节。当然犯罪行为的事实和情况，亦即罪中情节是定罪、量刑首要考虑的最重要的因素，罪前与罪后情节相比之下只能起到定罪量刑的辅助性参考作用，例如，刑事司法审判实务中有如下通俗性的说法："当所犯罪行足以被判处两次以上死刑时，自首、赔偿等罪后情节便没有多大意义了。"由此可见，即使具有典型性的罪后积极性行为情节(自首与民事赔偿)，但囿于罪行本身罪大恶极，罪后情节在定罪与量刑中功能的有限性便突显出来，但是，并不能因此作出罪后积极性行为情节功能丧失的结论。事实上，无论是罪前还是罪后情节，在定量与量刑时的作用必然从属与辅助于罪中情节，这一点是毋庸置疑的。

域外刑事立法大都在总则中对定罪、量刑的情节都尽量予以明确、全面、清晰的列举式规定，以便法官在审判时参照适用，例如，俄罗斯联邦刑法在总则当中有因个人情况原因而轻、免处罚的规定当中，与罪后积极性行为评价有关的情形列举了多项，除规定了与我国刑法总则中自首、立功相同的制度以外，针对罪后立即施救和送医的行为，自愿性主动赔偿的行为，其他弥补被害损失的行为等都予以详细的规定。而且，对免除刑事责任事由的规定也相当广泛，立法和学理上都认为，对偶发性触犯刑律的行为人，在没有给社会造成十分严重损害的前提下，适用刑罚弊大于利。对此，有学者认为，俄罗斯刑法大量规定犯罪完成形态后免除刑事责任的做法，显现出其崇尚人道和公正的特征。①

相较而言，我国刑法总则中并没有明确规定和详尽列举罪后积极性行为以及如何进行评价的内容，而只是对积极退赃、退赔以及民事赔偿等罪后行为作出粗略性的提示性描述。在学理上，通常把除了自首、坦

---

① 参见董玉庭、龙长海：《论俄罗斯联邦刑法人道原则》，《当代法学》2008年第4期。

白、立功等明确制度规范以外的罪后积极性行为视为酌定量刑情节，仅在案件审判时由法官酌情参考，所以，难免在司法实践中出现较大的随意性，由于规范缺失造成量刑偏差，进而影响量刑公正。① 虽然最高人民法院颁布的《量刑指导意见》对罪后情节进行了统一性的规范与说明，但是，仍然停留于酌定情节的层面。笔者认为，可以适当借鉴域外的刑事立法经验，将罪后积极性行为情节在总则中作为法定情节予以详细明确的规定，以便有效统一司法实用，从而避免出现太大的量刑偏差。

2. 在区分轻、重罪的基础上采取力度不同的罪后积极行为评价方法。传统法典化国家如德、法和传统判例法国家如英、美在对等待严重的犯罪案件时，法院及法官基于公众强烈要求严惩罪犯的情绪呼声，对罪犯大幅度减免处罚的可能性不大。② 俄罗斯联邦刑法相当重视轻、重罪之间的界分，并根据罪行轻重程度不同给以不同的减免刑罚处遇。以罪后自首，揭发抓捕罪犯，进行民事赔偿为例，在刑法总则中规定的可以被免除刑事责任的情况仅限于初次犯罪、偶发性犯罪，并且罪行轻微，对于中等严重程度以上的犯罪，除分则罪名有特别的规定外，都不能适用免责性条款。对于因罪后情节而减免刑罚的情况，在总则中作出原则性的量刑指引，如俄罗斯联邦刑法第 62 条规定，存在罪后积极性行为表现的情况，如若不具备其他加重或从重处罚情节，则所判刑期或者罚金数额不得超过法定刑期的七成。由此可见，俄罗斯联邦刑法对存在罪后积极性情节时适用减免刑罚的规定极为细致，其中，特别规定了轻罪类型的最高刑比例原则，对我国刑事立法有较大的借鉴作用。

相较而论，我国刑法虽然不乏重罪与轻罪在处罚上的区别性规定，但是，并未在体系上明确界分轻罪与重罪，所以，事实上并没有建立起进行统一性识别的标准，相对应的实体和程序上制度便一直阙如。③ 犯

① 参见董晓松：《事后行为论》，法律出版社 2011 年版，第 261 页。

② See Julian V. Roberts&Ben Bradford, “Sentence Reductions for a Guilty Plea in England and Wales: Exploring New Empirical Trends.”Journal of Empirical Legal Studies 12. 2 (2015), p. 191.

③ 参见郑丽萍：《轻罪重罪之法定界分》，《中国法学》2013 年第 2 期。

罪后的积极行为评价是一项体系性的工作，如若在轻、重罪严格界分的基础上进行操作，评价规范的统一性和科学性必然更强，例如，针对轻罪体系，可以借鉴俄罗斯联邦刑法的立法理念和设计体例，评价力度可以适当加大，形成与重罪体系减免处罚幅度的区间差。换言之，分别对应于轻罪和重罪，即使罪后积极行为的形式、手段，甚至行为的最终致害后果都极为相似，由于轻免力度大不相同，实际处罚结果必然会有差异，例如，对于以勒索财物为目的绑架罪与一般性的非法拘禁罪，如父母为阻止子女交友、恋爱，或者没有造成其他较重伤害的为实现债权而拘禁债务人案件，倘若刑法把绑架罪作为重罪，非法拘禁罪作为轻罪，那么设计不同力度的轻缓处遇则既便利又容易接受。虽然犯罪人事后都释放了被害人和没有造成身体、生命侵害，且实际拘禁被害人的时间相同，但是，由于轻罪的规定是轻至应当免除处罚而重罪轻至可以免除处罚，那么，法官在实际适用刑罚时，由于轻罪与重罪分别适用不同的标准，因此，统一适用减少恣意便容易许多。然而，我国现行刑法并没有对轻、重罪作出体系性区分，在相当大程度上导致实务中对罪后具有相同性质和程度的情节减免刑罚的力度不统一，存在轻罪减免力度不够甚至没有得到应有减免，而重罪减免幅度过大甚至被免除处罚或拟制无罪的情况。①

3. 对于罪后有效消除犯罪危险的犯罪人，应作出减免刑罚的规定。危险犯的既遂标准是行为致法定的危险状态出现，仍然需要受制于“犯罪既遂之后无中止”的理论瓶颈。一方面基于刑事政策和公平、公正理念，均认为应当给以减免处罚；另一方面，又苦于缺少理论支撑，导致无法找到合适的轻免处罚依据，所以，即便行为人采取了罪后补救，有效消除危险状态等积极性行为，立法上也只能作为酌定情节任由审案法官心证发挥，司法不统一在所难免，因而随时在个案中都有可能发生审判权恣意。实际上，无论从公平和正义的角度，还是从民众的法感情出发，均认为在行为致危险状态出现之后又主动采取措施减弱危险程度甚

---

① 参见张明楷：《论减轻处罚与免除处罚》，《人民检察》2015 年第 7 期。

至有效排除危险的行为值得肯定和嘉奖，因此，应予减轻或免除处罚。以放火罪为例，行为人一旦放火造成现实的危险性便成立放火罪的危险犯，此时刑法理论已经封闭了成立犯罪中止的通道，因此自然不能作为刑法总则中所规定的犯罪中止法定减免事由来处理，而只能以酌定情节在致害结果得以减轻或避免的层面上在量刑阶段酌情予以考虑，按照《刑法》第 114 条关于放火罪法定刑为 3 年以上 10 年以下有期徒刑的规定，即便以最低刑判罚，行为人也将面临最少 3 年的监禁刑期。显然，对于事实上没有造成任何危害后果而且确是出于行为人放火后即行悔悟的情况而言，量刑仍然过重，因而并不利于鼓励犯罪人及时悔悟、积极停止放火并采取措施积极灭火来避免危害结果发生。① 对于一般恶性程度的危险犯，理论界多数学者认为，危险状态出现后行为人积极主动排除危险并有效防止产生实际损害结果的，通常便没有必要再处刑罚，至少可以认为，用刑的必要性明显降低。② 但是，正如上文所述，由于缺乏理论支撑，审判实践中的做法便难以统一，无论最终是免除处罚还是在法定刑区间内靠近最低刑期处罚，按现有理论都无可归咎。现实案例中，有法官对罪后有效消除危险的行为欲行减免处罚，但囿于缺乏明确法条援引又无理论可参照，便采用限缩性解释方法，对危险状态进行主观性解释，其出发点是为了从罪责刑相适应的角度实现实质正义，但显然又有偏离罪刑法定之嫌。③ 大多数法官仍旧会选择在法定刑幅度之内尽量从轻处罚并最终量刑，④ 也有法官“擅自”突破危险犯“既遂之后无中止”的理论禁区，对有效消除危险状态避免危害结果的行为也认定为犯罪中止，虽然从结果上考察，减免处罚的裁判并无不妥，但显然已经

---

① 参见刘明祥：《论危险犯的既遂、未遂与中止》，《中国法学》2005 年第 6 期。

② 参见徐光华：《排除危险状态行为之认定》，《河北法学》2009 年第 3 期。

③ 参见陆虞霖、史琦波：《索债欲爆煤气瓶维权不当苦自食》，《检察日报》2010 年 3 月 17 日第 2 版。

④ 参见上海市宝山区人民法院 2009 宝刑初字第 1058 号“储某某投放危险物质案”。

突破现有的犯罪中止的理论框架，因此同样不是最佳方案。①

笔者认为，针对我国刑法中规定的一些危险犯，如放火、爆炸、投毒等罪名，完全可以借鉴德国刑法中的规定，在危害公共安全罪类犯罪中附加主动悔罪、有效消除危险、防止危害结果的规定。例如，德国刑法典中针对放火罪，行为人若在造成重大损失之前便主动将火熄灭的，便可减轻处罚或免除处罚。类似的规定还体现在德国刑法典中的如投毒、引起核爆炸、破坏铁路、航空等罪名中。因此，我国刑法可以考虑在危害公共安全罪中单设一条“罪后积极性行为减免刑罚”的规定，或者在放火罪、投毒罪等具体危险犯罪名条款中单独予以规定。

4. 对于绑架罪等侵犯人身自由类犯罪之后具有积极行为表现，有效避免严重实害后果产生的犯罪人，应当减免处罚。我国 1997 年刑法规定绑架罪的最低法定刑为 10 年有期徒刑，2009 年修改为最低刑期 5 年，最高刑期仍然规定为死刑。对于绑架罪行最后致使人质死亡的，无论是否为故意杀害还是人质意外死亡，各个国家和地区的刑法都规定了相当严厉的刑罚。徐光华教授提炼总结后的资料表明，从世界范围考察，对绑架罪大体上可以分为一般绑架、掳人勒索绑架、勒索性诱拐等类型，其中，对于法定最高刑的规定，德国、法国、日本为无期徒刑；匈牙利为 15 年有期徒刑；俄罗斯为 20 有期徒刑；意大利和巴西均为 30 年有期徒刑。② 由此可见，各个国家对严重性质的绑架行为，在没有罪后释放人质和保证人质安全的情节下量刑都极重。但是，另一方面，实际案件中又有相当一部分绑架者在收取赎金之后安全释放人质，也有部分案件中的绑架人在收取赎金之前便释放了人质，此时，便需要考虑罪后情节对刑罚减免的影响。从刑事政策层面考虑，为了保证人质被解救，不被杀害，那么，就必须以人质最终生命、身体状态情况作为设计法定刑的重要依据之一。倘若人质安全，法定刑就应当与长期囚禁人质

① 参见高立勇：《从一起案例看故意犯罪的完成形态》，《检察日报》2010 年 10 月 12 日第 3 版。

② 参见徐光华：《“以刑制罪”视阈下绑架罪的定性与量刑——对大样本绑架释放人质案件的实证考察》，《政法论坛》2018 年第 5 期。

或者杀害人质的罪行形成明显的量刑差异，否则，极易促使绑架者杀人灭口。对于罪后释放人质减免处罚的规定首先需要在刑法中明确规定，也需要正确的理论去帮助解读，否则，即使出发点是正当的，也可能违反罪刑法定原则。例如，对于以非法索债为目的的非法拘禁、绑架他人的行为，最高人民法院的相关司法解释认为，为索取非法债务为目的对他人非法拘禁、扣押的，以第238条非法拘禁罪定罪处刑。① 但是，该司法解释中所描述的“行为人为索取高利贷、赌债等法律不予保护的债务，非法扣押、拘禁他人”的行人特征明显与第239条绑架罪中所规定的为勒索财物为目的绑架他人的客观行为要件相符，理应以绑架罪定罪量刑。最高法颁布该司法解释的目的旨在对非法索债类型化犯罪行为与一般绑架行为相区分，从而适用法定刑更轻的非法拘禁罪，然而从解释的内容上分析又确有背离罪刑法定之嫌。事实上，只要通过罪后积极性行为评价的原理来区分绑架罪是否具有主动释放人质和保障人质安全的情况，从而决定刑法采用减免评价的力度，该问题便迎刃而解。

5. 部分罪后行为的减免幅度过大，需要进一步调整。我国《刑法》第449条规定了与战时缓刑期间具有罪后积极性行为情节有关的制度，对于因戴罪立功可能产生撤销原判并不以犯罪论处的处理方式，笔者存有异议。该条立法规定的目的在于鼓励犯有轻微罪行的现役军人在国家处于“战争状态”②时努力争取戴罪立功，以消除犯罪的不良记录。按理，刑法只要规定免除刑罚便能起到一定的激励效果，但还是选择了不以犯罪论处这样一种力度更大的免罪性处理方式。无疑，如此规定更能迎合轻刑化的刑法谦抑性要求，但是，刑法谦抑是对整个轻罪体系乃至所有罪名所体现出的特征和理念，并非特别针对某一个罪名超乎寻常地

---

① 详见最高人民法院于2000年7月13日发布的《关于对为索取法律不予保护的债务非法拘禁他人行为如何定罪问题的解释》。

② 《刑法》第451条关于“战时”的含义表述为，国家宣布进入战争状态、部队受领作战任务或者遭敌突然袭击时，部队执行戒严任务或者处置突发性暴力事件时以战时论。

给以特别大的免罪免刑待遇。事实上，对于战时缓刑立功免罪的规定已经偏离了犯罪论的基本原理，并有失公平与正义，而且，在程序上也会引发后续性问题，例如，因为在战时缓刑期间立功从而撤销原判刑罚改判无罪，倘若事后发现在缓刑考验期内又犯新罪，则只能对新罪单独予以判罚，而无法按照缓刑期间再犯新罪的立法逻辑进行处理，这样原判刑罚也得到不实际执行，显然有失公平。①

此外，即便从国家战时政策和刑事政策角度考虑，需要对战时立军功的军人做出较大力度的宽大处理，采用免除刑罚的方式即可，而立法上规定对原判决予以撤销，从而使已生效的裁判归于无效并视之前的犯罪行为自始不存在的处理方法有欠妥当。如果国家确有必要认为应当给以免除犯罪性质认定优待，也可以通过特殊赦免的方式实现，不能轻易在个罪适用上推翻成熟的既定犯罪论原理，同时，在原判决合理正当的情况下予以撤销，也有损裁判的权威和司法的威信。另一种方案便是，对军人等特殊群体的犯罪记录予以严格封存，并适用限制允许查询制度。更为关键的问题是，此一特征罪名的出罪规定会打乱罪后积极行为评价的体系性原理，对构建统一的罪后行为评价模式形成阻碍。

(二)司法解释完善建议

1. 一些解释语意不清、内涵模糊，宜作相应修改。在两高颁布的关于受贿案件司法实务中刑法罪名条款适用问题的司法解释中采用了罪后积极行为评价的模式。② 对于该条关于受贿后体现出积极行为表现的退还或上交行为导致评价为“不是受贿”法律效果的解释，刑法学界产生了较大的分歧和争论。赵秉志教授认为，即使行为人收受财物时可以推测有受贿的主观故意，但是其事后积极性退还、退赃的行为能够表明具有悔罪情节，从而说明其人身危险性较小，进而没有必要再予刑事处

---

① 参见于志刚：《关于增设消除犯罪记录型缓刑之立法建议的质疑》，《山东警察学院学报》2010年第2期。

② 参见2007年7月8日，由最高人民法院、最高人民检察院联合颁发的《关于办理受贿刑事案件适用法律若干问题的意见》的通知第9条第1款，“国家工作人员收受请托人财物后及时退还或者上交的，不是受贿”。

罚或者说处罚必要性很低，因此，基于刑事政策考虑，不作为犯罪处理。① 张明楷教授认为，退还或上交是否“及时”并非单纯的时间问题，而是表明行为人是否具有受贿故意。② 储槐植教授认为，该条解释充分说明，受贿后具有退还或上交的行为表现，可以起到阻却之前国家工作人员违规收受他人财物的刑事实质违法性，属于赎罪类型的非犯罪化。③ 卢建平教授认为，该条司法解释不仅仅可以成立阻却受贿罪成立的事由，事实上，“退还或者上交”的罪后积极性情节可以成为阻却一切犯罪成立的事由，因此，在该意义上讲，“《意见》第 9 条第 1 款属于超刑法法规的出罪事由”，与罪刑法定原则并不违背，因为罪刑法定只限制入罪层面，并不限制出罪情况，因此，具有正当性、合理性。④ 该观点与入罪需要坚持合法化，而出罪或减免处罚则更加注意合理性的观点不谋而合。⑤ 肖中华教授认为，具有退还财物给送予人的行为性质不宜一概而论，应分情况予以处理，倘若收受人事前不知情而由他人暗中相送，而事后退还的，不宜认定为受贿罪。⑥

上述观点共同性地主张行为人在退还或者上交所收受财物时不认为构成受贿罪的司法解释有一定的合理性，根据是否还需要判断行为人主观上是否具有受贿的故意可以区分出广义说与狭义说。广义说认为，只要有退还或上交行为，通常情况下就可以否定行为的受贿性质；而狭义说则认为，行为人不仅需要具备退还或上交行为，而且，其主观上必须

---

① 参见赵秉志、黄晓亮：《试析案发前退赃交赃情节与受贿罪的定罪量刑》，赵秉志主编：《贪污贿赂犯罪的惩治与防范》，中国人民公安大学出版社 2010 年版，第 8~12 页。

② 参见张明楷：《受贿罪中收受财物后及时退交的问题分析》，《法学》2012 年第 4 期。

③ 参见储槐植、闫雨：《“赎罪”——既遂后不出罪存在例外》，2014 年 8 月 12 日《检察日报》第 3 版。

④ 参见卢建平、赵康：《收受财物及时退交行为与受贿罪认定——以受贿罪司法解释为分析视角》，《人民检察》2015 年第 23 期。

⑤ 参见储槐植：《刑法契约化》，《中外法学》2009 年第 6 期。

⑥ 参见肖中华、赵震：《涉嫌受贿案件中“收受分离”情形的处理》，《法学杂志》2010 年第 10 期。

不具备受贿的故意。倘若存在索贿情况，则表明行为人存在受贿的主观故意，则不能作出不认为是受贿的解释。① 笔者在此完全赞同卢建平教授的观点，认为，该条司法解释事实上就是受贿罪的出罪条款事由，法理根据就在于刑事立法融入刑事政策的功能性考量，融入刑事需罚性的判断，而且可以根据具体情况成为所有犯罪的出罪事由，且并不违反罪刑法定。② 实际上，坚持狭义说的观点存在陷入同义反复之弊端，因而不能自圆其说。笔者并非主张在认定受贿时主观故意要素可以忽略，事实上，成立受贿罪必须要求具备主观上非法收受他人财物的主观意图，否则不能成立该罪，这是故意犯的构罪基本原理。狭义说所主张的退还或上交行为还需要结合主观层面是否具有故意的要素完全没有必要，因为没有主观故意，自然不能成立该罪，无须再通过司法解释特别予以规定和提示。

再以故意杀人罪为例，倘若具有罪后积极救治被害人的情节，即使由于犯罪人及时送医救治，只要主观上有杀人的故意，也必须成立故意杀人罪；相反，如若没有杀人故意，即便受害人实际上已经死亡，也不能成立故意杀人罪，而只能成立故意伤害致死罪或者过失杀人罪。因此，如果不存在主观故意，故意形态的罪名是无论如何也不可能符合构罪要件的，根本无需专门性的出罪立法规定。再以盗窃罪为例，根据司法解释规定，对于因盗窃罪后悔罪退赃、退赔的行为可以不予起诉或免予刑事处罚，如若按照狭义论学者解释受贿罪的方法，只要在盗窃财物之时具有主观故意，则不能按照不予起诉或者免予刑罚方式处理，但是，显然司法解释的原意并非如此，因为，假使“盗窃”财物之时不具有故意，无论事后对所“盗”财物退抑或不退，都不可能被提起公诉，更不能被判处刑罚，否则，便是严重违背了罪刑法定原则。因此，按照立法和司法解释的基本原理，有关受贿罪、盗窃罪、诈骗罪等

---

①　参见张明楷：《受贿罪中收受财物后及时退交的问题分析》，《法学》2012年第4期。

②　详细论述请见本书第四章第一节第一小节，“功能主义刑法思想启迪”和第六章第一节第一小节，“免罪前提：受害法益恢复”部分。

司法解释中罪后积极情节免罪，免刑和减轻处罚的规定都是在行为人具备主观故意且构成犯罪的情况下所言，没有故意便不符合犯罪构成，那就根本谈不上罪后积极行为评价为免罪、定罪免刑抑或减轻、从轻处罚的问题。

但是，现实案件中又确实存在国家工作人员在不同情况下收受请托人财物，而后又基于各种不同的原因而退还或者上交财物的情况，这需要区别对待。第一种情形，在国家工作人员并不知情的情况下，或者虽知情但还来不及拒绝的情况下的“收受”财物行为，而后又及时退还或上交。第二种情况，国家工作人员未当场拒绝他人送财的行为是出于某种正当理由或者可以理解的其他原因，不便于当场拒绝请托人送来的财物，事后及时退还或上交。① 第三种情况，没有正当理由或者可囿性情节而收受了请托人的财物但未立即退还或上交，但事后自动退还或上交符合及时性要求。第四种情况，收受请托人财物后，因害怕自己或者关联人员因牵扯而被调查，为掩饰犯罪而退还或上交。② 笔者认为，上述国家工作人员收受他人钱财后具有退还或上交的四种典型情形，如若严格按照关于受贿罪认定的司法解释，只有第四类不属于因罪后积极性行为排除受贿罪认定的情况。③ 但是，考虑到上述第三种情况也不适宜作出排除犯罪性质的认定，因此，需要对司法解释中的第 9 条予以相应的修改，同时，考虑到有相当多的学者主张，受贿后退还或上交财物的行为还需要结合行为人主观上是否具有故意要素进行判断，为了避免歧义产生，需要对该司法解释中的第 9 条予以明确，以便统一学理认识并对司法实践中统一认定和处理提供明确、清晰的法律依据。

2. 一些司法解释在设计罪后行为评价条款时合理性欠缺，有失公

---

① 参见何显兵：《论收受财物后退还或者上交的认定》，《河北法学》2012 年第 3 期。

② 参见陈国庆、韩耀元：《〈关于办理受贿刑事案件适用法律若干问题的意见〉的解读》，《人民检察》2007 年第 14 期。

③ 参见 2007 年 7 月 8 日，由最高人民法院、最高人民检察院联合颁发的《关于办理受贿刑事案件适用法律若干问题的意见》的通知第 9 条第 2 款的规定。

平，应修改或取消。例如，有关交通肇事后积极性赔偿免罪的司法解释规定：交通肇事后若积极赔偿损失额达30万元以上的则可以不构成交通肇事罪；反之，若无能力赔偿数额达到30万元以上的，则必然构成该罪。① 该解释在认定交通肇事造成财产类损失构罪类型时存在把民事责任判定标准与刑事责任认定相混淆的问题。按照司法解释的原意，凡只是造成财产损失的交通肇事行为，无论实际造成财产损失的实害程度如何，只要能够赔偿行为所造成的物质或财产损失抑或不能全部予以赔偿，但是不能赔偿的数额累计达不到30万元的，即便给当事人造成了极大的精神痛苦或者交通肇事的情节恶劣，例如，造成珍贵的不可替代物损失，交通肇事者都会因此而不承担刑事责任，相反，如若没有足够的经济赔偿能力则需要被定罪判刑。以交通违法行为人的经济能力作为入罪的标准之一，有违公平与正义的原则，如此定罪与量刑，也可能造成罪刑不均衡，难以为民众所接受。对于交通肇事之后具有赔偿受害人经济损失和精神损失行为的积极性价值值得法律肯定，在量刑时应当予以充分的考虑，但是，把经济赔偿单独作为出罪事由难以获得正当性根据，以笔者的观点，交通肇事仅造成财产损失的情形属于法益可恢复犯罪类型，在构造出罪要件时，还需要结合行为人的人格因素加以考察和判断，所以，肇事者在事后是否向受害人真诚道歉和诚挚悔罪，从而取得受害人的谅解，以此来表明其人身危险性降低的因素不能被忽视。所以，在该条司法解释当中，应当增加罪后悔罪情节，从而共同构造行为的入罪要件抑或出罪条件，或者径直删去该条款。事实上，刑法总则中涉及罪后民事赔偿减免处罚的规范完全能够起到统一解读的效果，同时，刑事诉讼法上的认罪认罚条款也能达到类似的规范效果与作用。

在刑法中还有其他有关重大危险事故肇事的罪名，如重大责任事故罪等，没有类似于交通肇事后单纯性的民事赔偿能够不予入罪的规定。

---

① 参见2000年11月15日，由最高人民法院颁布的《关于审理交通肇事刑事案件具体应用法律若干问题的解释》第2条第3款的规定。

因此，关于交通肇事与赔偿有关的入罪条件的该条司法解释与法律面前人人平等的原则不相符，可能诱使某些有一定经济能力的驾驶者无视道路交通安全法律、法规，视交通肇事如儿戏的情况出现。①

① 参见王文华、刘宏武：《“赔偿损失”对刑事责任的影响——兼论我国〈刑法〉中“赔偿损失”的类型化研究》，《法学杂志》2014年第1期。

第六章 罪后积极行为刑法评价的阶序性设计

第一节 免罪评价结果

免罪意为免除犯罪性质认定，涉及犯罪构成的基本理论问题。四要件理论认为，犯罪的构成由犯罪客体、客观方面、犯罪主体和主观方面四大要件组成，在满足该四个要件的基础上，若不存在违法和责任阻却事由，犯罪便成立。大陆法系国家如德国多数学者主张免罪事由包括违法性阻却事由和超法规责任阻却事由，其中违法性阻却事由又可以细分为违法阻却事由和正当性事由。① 三阶层犯罪论中的犯罪构成要件包含构成要件该当、违法性和有责性三个要素，所以，德、日的违法性阻却事由实际上是在违法性层面排除行为的犯罪性；超法规责任阻却事由是从有责性层面排除行为的犯罪性。俄罗斯刑法中的免罪采取免予刑事责任的表述，并且把其放到刑罚论中加以规定，这一点与德、日不同。②

俄罗斯刑法规定了六种类型的免除刑事责任规定，其中，“真正悔罪”“与被害人和解”属于因罪后情节而被免除刑责的情形。③ 其刑法分则中大量的罪名规范都规定有免除刑事责任的条款，但是，无论总则还

---

① 参见张明楷：《外国刑法学》，清华大学出版社 1999 年版，第 148 页。

② 参见欧锦雄：《中国特色定罪论体系的建构——以免罪事由为主线的展开》，《上海政法学院学报(法治论丛)》2014 年第 7 期。

③ 参见蒋慧玲：《免除刑事责任：通向割断犯罪和刑罚必然联系的路径——俄罗斯刑法应对和预防犯罪的另一种制度安排》，《刑法论丛》2009 年第 2 期。

是分则部分，均没有对免罪和免除刑责进行区分，理论上也认为，免除刑事责任便具有免罪的意思。德国刑法中对罪后情节免除刑罚也有规定，例如，关于放火罪的条款。但是，在德国，立法和理论上均没有在犯罪成立之后因为具有特定情节而重新回到犯罪构成层面再否定构成要件的说法。

再考察中国刑法，正如前面章节所述，刑法分则及司法解释中涉及的一些特殊罪名已经采用了罪后积极性情节免罪的立法模式。对于已经符合犯罪构成(采用要件论或是阶层论均可)的行为，按照现有理论，无论是把罪后积极性行为、情节划入正当性事由还是违法阻却事由抑或超法规责任阻却事都并不妥当，既然我国刑事立法中明文规定了补税并补罚款的行为可以免除逃税罪认定；及时退还或上交受贿款的行为可以免除受贿罪认定；及时支付劳动报酬的行为可以免除拒不支付劳动报酬罪认定等等，那么，便可以推理为，考虑到行为人罪后做出的积极性行为，由此不再认为原行为具有刑事违法性，或者说，整体性地评价行为不具有刑事违法性。所以，可以认为我国刑法上规定的此类行为根本就不具有刑事违法，而不用很牵强地套用违法阻却事由或是正当性事由。

但是，并非行为人一旦做出了罪后积极性行为就应当被免罪，作出“免罪性”评价结论必须要满足一定的条件，如若虽然采取了积极性罪后行为，但不够免罪的条件，则可以考虑“定罪免罚”。① 那么，因具有罪后积极性行为而被刑法评价为免罪需要具有哪些前提条件？如何规范化地分阶段作出免罪性评价？下文便以上述两问题为线索展开论述。

一、免罪前提：受害法益恢复

在很多情况下，存在行为符合犯罪构成要件之后，而损害结果并非立即全部毕现的情况，在二者间隔期间，某些行为人因考虑到各种因素而采取了积极性补救等防止损害发生或者扩大的行为，而另一部分行为

---

① “定罪免罚”指的是刑法规定构成犯罪，但是可以免予刑罚处罚的情形，规定有“定罪免罚”类型的罪名规范有拒不支付劳动报酬罪、环境污染罪、非法种植毒品原植物罪等。

人则漠然视之，毫无悔改之意，没有采取任何措施，刑法在对待上述两种不同行为表现时便应当体现出处罚上的差异。在这一点上可能不存在什么争议，但问题是，倘若从免罪的角度，仅仅因为具有罪后的补救、悔罪行为表现就能够免除原罪行的犯罪性质认定，恐怕在法理上是站不住脚的，实践中也是行不通的，民众特别是受害人及家属（在有被害人的犯罪中）更是无法接受。对于某些犯罪，无论行为人事后如何弥补，都不可能被免罪，例如，不存在正当防卫等正当化事由情况下的故意杀人行为，杀人者可能因为罪前、罪中、罪后存在某些特殊性的情况而被从轻或者减轻判罚，但无论如何不可以被免罪，这应当属于法律常识。但是，某些犯罪行为，便可能因罪后积极性行为表现等因素而被免除其罪，我国刑法中个别罪名采用了该种免罪评价模式，例如本书第五章第二节所列举的受贿罪等罪名。于是，不免会提出这样的问题，立法上为什么要选择极少数的个别罪名设计罪后情节免罪条款，罪名选择的标准是什么？哪些罪名可以做出此类免罪规定但是被立法所遗漏？

（一）受害法益具有可恢复性

对此，笔者提出了“法益可恢复性”的犯罪类型化区分标准，把刑法规定的罪名大体上区分为两大类，第一类罪名所指向的犯罪行为所侵犯的法益是可以通过罪后积极性行为加以恢复的类型，简称为“法益可恢复型”，另一类是行为所侵犯的法益被认为是不能恢复的类型，简称为“法益不可恢复型”。对于“法益可恢复型”犯罪，可以有条件地允许行为人通过罪后有效消除法益侵害的现实危险或者有效恢复被侵害的法益来获取刑法免罪评价的机会；而对于“法益不可恢复型”犯罪，虽然罪后积极性行为同样被鼓励，但是由于被侵害的法益被认为是不可逆转的，所以不可能被免罪。那么，接下来的问题便是，“法益可恢复”的判断标准是什么？“法益可恢复型”罪名需要满足哪些条件？对此，本书主张从如下三个方面进行判断：

首先，不能侵犯国家法益。刑法原理把法益分为国家法益、社会法益和个人法益三种类型。国家法益不同于社会法益和个人法益的关键在于，前者与国家政权以及公共秩序管理紧密联系，是国家整体性利益在法律上的体现，位于法益类型中的最高阶层。国家法益由无数个人法益集中让渡和凝聚而成，但是，国家又不能任意地予以让渡，这是对国家权力行使的必然要求和国家权威存在的基础和前提。倘若法律允许国家权力可以任意交易，国家利益可以让渡，那么，广大民众的利益便不能保证，国家利益本身也会受到潜在的威胁。

所以，当国家法益受到侵犯时，在理论上不能拟制“法益可恢复”情况，此时，“法益恢复”已不再可能。如若立法采取国家法益受到侵犯情况下可以由私力恢复如初的立场，那么，无异于主张可以用私人利益与国家利益进行任意交换，而这在法理论上不成立，也是国家本质所不能容许的。但是，并不是说当个人侵犯国家法益之后，刑法不能允许行为人采取补救性措施来减轻法益受损的程度或者采取立功的方式来产生赎罪的效果，相反，刑法鼓励此类行为，例如，刑法中规定的战时缓刑制度，有条件地允许犯罪军人戴罪立功，从而其原判刑罚可以被撤销，不以犯罪论处，如此规定弥补了当时欠缺军人戴罪立功立法激励机制的问题。① 应当认为，该制度属于刑法中特别立功制度的范畴，且不具有普遍意义，而且，属于已经定罪判罚基础上再因立功行为而推翻原判刑罚的情况，与此处所论及的法益侵害并非同一层面的问题。行为人在造成国家法益侵害之后通过积极性的行为朝向“法益恢复”的目标而努力，虽然理论上认为不可能产生“法益恢复”的效果，但是，同样具有主观上悔罪，客观上损害程度减轻的事实，对此，可以从减轻或者从轻处罚层面得到刑法的“奖励”，但是，不能再作出免罪性评价。

按刑法通说的理论，符合犯罪既遂构成的行为是不可以再予排除犯罪性质，但是，在我国刑事立法中确实又存在犯罪构成之后涉及罪后情节时的与免罪性质相同的规定，不完全列举如下：“不认为是犯罪”，“可以依法不追究刑事责任”，“可以不以强奸罪来处罚侵害人”，“可以不追究行为人的刑事责任”，“不起诉或者免予刑事处罚”，“可以不起

① 参见张建田：《论军人违反职责罪的立法完善》，《法学杂志》2008 年第 4 期。

诉或者免予刑事处罚”，“不是受贿”，“不再以犯罪论处”，“不作为犯罪处理”等。可以看出，与免罪有关的表述方式极为混乱，但官方对此并未明确说明，学界也未有系统性学理解释。上述现象也说明我国刑事立法上确实存在并且需要独立免罪形式的罪名规范，但是，某些罪行并不符合前文所述的“法益可恢复性”条件，因而采用免罪的处理方式并不恰当，下面以受贿罪和非法挪用公款罪为例进行说明。针对有关受贿案件司法适用解释中规定的，国家工作人员非法收受财物后具有及时退还或上交情节的，不认为是受贿，有学者认为，司法解释并未指明行为时的主观状态，所以，无论是否存在主观故意，只要有收受财物后及时退还的积极性行为，都不具备受贿性质，因而对行为人只能采用其他非刑罚人的处罚措施，由此体现出宽严相济刑事政策区别对待的精神。①参与解释起草的学者也认为，不作为受贿罪处理于法无据，其最终社会效果如何，会不会出现先收钱再观望的情况，也是一个疑问。② 也有学者认为，该款规定极易诱发国家工作人员“观望等待”等不良反应。③

本书认为，基于“法益可恢复性”罪后情节免罪标准，受贿罪属于侵犯国家法益的犯罪类型，在行为既遂之后，任何情况下都不能再“回头”作出免罪性处理，因此，该条解释的合理性存疑。④ 再如，《刑法》第384条关于挪用公款罪的规定，虽然挪用后的“归还”行为被明确列明为犯罪构成的客观行为要素，因此理论上不存在行为完成后的除罪问题，但是，根据“法益可恢复性”判断，挪用公款罪属于较为严重的侵

---

① 参见李建明：《收受他人财物后退还或者上交对受贿罪构成的影响》，《人民检察》2007年第16期。

② 参见刘为波：《关于办理受贿刑事案件适用法律若干问题的意见的理解和适用》，《人民司法》2007年第15期。

③ 参见孙道萃：《“收受财物后及时退还”的刑法教义分析》，《江汉学术》2017年第1期。

④ 本书此处结论未经实证考察而得出，完全是基于“法益可恢复性”判断标准而得出的纯理论上的推理，因此，论证结果还需要实践、实证的检验。对于司法解释中具体规定的合理性判断问题，应当认为，建立在实证考察数据及分析的基础之上更为可靠。参见王林林：《贪污、受贿犯罪后情节适用的规范化研究——基于200例贪污、受贿判决文本的实证分析》，《法律适用》2016年第9期。

犯国家法益的行为，不能因事后(挪用后)“偿还”而“轻易”排除行为的犯罪性。倘若为了达到免罪的目的，凡是立法中实际上处于犯罪构成之外的免罪性条款都可以通过语言的技术性处理而被提前至犯罪构成要素当中，于是，司法中作出免罪认定便在形式上获得了正当性，但是，实质正当性便被抛在了一边。例如，立法上完全可以把关于受贿罪司法解释中的规定纳入《刑法》第385条并表述为，“国家工作人员利用职务上的便利，索取他人财物的，或者非法收受他人财物，为他人谋取利益，事后不归还和上交的，是受贿罪”。这样，原本属于构成要件之外的除罪情节被转变成了受贿罪的基本构成要素之一，则司法实务中作出罪后积极行为情节除罪处理便完全满足罪刑法定原则的要求，但是，这与体现实质公平与正义的刑法宗旨不符。

其次，受害法益非人格属性。正如前文所述，可恢复性致害法益应当为非国家法益类型，大多体现为公民个人法益，可划分为人格法益和财产法益。一般情况下，财产法益被视为可恢复类型，而人格法益被认为不能进行交易，也不能轻易放弃，在遭受犯罪侵害之后通常难以完全恢复。例如，故意非法剥夺他人生命或者严重伤害他人身体的罪行，首先逝去的生命无法挽回，被犯罪严重残害的人的身体、器官通常也难以完全复原，其次即便借助先进的医治和康复手段使得生理功能恢复如初，受害人所遭受的人格上的痛苦和折磨也不可能轻易被视为完全恢复。

最后，法益侵害手段非暴力属性。根据犯罪行为手段、方式的不同，可以大体上区分为暴力性犯罪与非暴力性犯罪。常见的暴力性程度较高的犯罪行为有，故意杀人、故意伤害、抢劫、强奸、绑架等，此类行为由于介入了相当程度的犯罪暴力，所以极易造成严重的难以挽回的致害后果。常见非暴力性犯罪如盗窃、诈骗、侵占以及大多数法定犯(行政犯)，通常不涉及犯罪暴力或者暴力程度较低。手段极端残暴的犯罪行为通常会造成相当严重的危害后果，即使由于犯罪分子意志以外的原因未能实现犯罪目标，具有暴力性质的犯罪手段也可以反映出犯罪人人格层面的一些特征，司法实践中许多案例说明，具有屡次暴力犯罪记录者，其彻底改造的几率并不高。所以，本书所指的“法益可恢复类型”通常不包括暴力性犯罪，特别是暴力程度高的罪行。

（二）法益侵害趋“零”判断

刑法的目的是保护法益，法益没有受到任何侵害，刑法的目的便完美实现，也无所谓犯罪可言。李斯特（Liszt）曾言：“法益，是法所保护的利益，所有的法益都是生活利益、个人的或者共同社会的利益……法的保护使生活利益上升为法益。”①此为法益说的代表性观点，这不仅在德国，在日本也得到了许多著名刑法学者的支持，如平野龙一、中山研一、山口厚、前田雅英等，并发展成为通说。所以，法益虽然被视为刑法理论中最为抽象的概念之一，但是其本质并非不能触摸，法益就是一种生活利益，是生活利益在刑事实定法层面的升华。

“法益可恢复性”指的便是法益保护路径的可逆性问题。既然法益是一种生活利益，当然可能随着生活情况的变化而变化，可能呈现一个时而变好，时而变坏的动态发展过程。由于升华至法律高度，法益这样一种生活利益不再完全由利益主体自由决定和支配，而将支配权“转让”予国家法律，但是，“转让”利益的前提和基础是国家法律能够更好地保护个人和社会的生活利益，所以，刑法的目的是保护法益而不能是其他。

保护法益是否必须通过刑罚惩罚犯罪的方式才能实现呢？不可否认，对于某些严重危害社会，严重侵犯法益的罪行必须由刑罚加以惩罚才能体现出足够的威慑性和预防犯罪的有效性。惩罚犯罪的一般程序需经历如下阶段：根据案件线索进行侦察；检察审查起诉；提起公诉；审判；刑罚执行。刑法保护法益的目标通常被拟制为经历上述阶段后将会自动得以实现。然而，法益保护的目的毕竟是一种理想状态下的拟制，究竟法益多大程度上得到了切实的保护，以及与刑罚之间有多大的关系，是一个需要研究和反思的问题。事实上，在具体的个案中，通过审判到量刑再到刑罚执行，整个过程对受害法益的保护已经无实质性贡献

---

① 参见张明楷：《外国刑法纲要》，清华大学出版社2007年版，第55页。

可言，仅从此意义上，认为用刑罚惩罚犯罪者可以反过来实现法益保护实属掩耳盗铃。所以，或许可以认为，所谓的法益保护不外乎是国家在面对受害人及其家属遭到无端侵害导致利益重大损失而又护佑不力时不得不采取的一种感情慰藉和力量宣示而已，对法益实质性的弥补并无多少裨益。更多意义上，刑法所做的仅仅是一种代表国家对于受害法益的主体以及关系人和社会的安抚慰藉似的“善后性”工作。① 然而，虽然刑罚对已然受害的法益再宣称有直接性地保护功能已无任何意义，但是，可以通过严密犯罪追诉程序以及对犯罪人强制性的刑罚惩罚，直接性地通过监狱教育改造的方式有效预防犯罪人再次犯罪，也能够通过刑罚的威慑作用间接性地对一般人产生犯罪警示性效果，在此意义上，可以认为将来可能出现的法益侵害现象可以在一定程度上避免。既然现实的法益侵害已经于事无补，将来的法益保护虽然极为重要，但是，毕竟正如边沁所言，刑罚本身即为一种恶，其存在和适用理由只能是为了避免和排除更大的恶。② 所以，如果法益保护还有其他可行性的路径，则刑罚处罚路径可以退而求其次，作为一种补充性的手段在不得已的情况之下再考虑施用，这便是刑法谦抑主义的核心思想。

立足于将来的法益保护层次，刑罚被赋予犯罪预防的功能，这谓之法益的间接性保护，而正如上文所提出的“法益可恢复性”路径可谓之直接性的保护。“法益可恢复性”以及法益恢复的程度和效果的判断从两个层面体现：第一，受害者层面。无论犯罪所侵害的法益类型属于公法益还是私法益，从犯罪人在罪后的实际行动、表现和结果可以考察得出法益恢复的实际效果，例如，盗窃之后犯罪人返还受害人财物的情况；逃税之后补缴税款的情况。此外，受害方对犯罪人罪后的弥补性行为表现出来的感情变化亦可以从侧面反映法益恢复的效果与程度，如是否得到受害人或家属的谅解等。第二，国家层面。虽然某些犯罪行为所侵犯的法益属于私法益，但是，立足于国家权力（当然包括立法权和司

① 参见张明楷：《刑法学》，法律出版社 2016 年版，第 21～22 页。

② 参见［英］边沁：《道德与立法原理导论》，时殷宏译，商务印书馆 2000 年版，第 216 页。

法权）本质上来自全体国民委托以及需尽职履行对国民的保护宗旨，犯罪被认为既是对个人（法益主体）法益的侵害，也是对国家法律的藐视和侵犯，因而，法律理所当然地可以代表国家对法益恢复的结论进行评价。第二层面表达了在立法和司法上涉及“法益可恢复性”时体现出的国家刑事政策。

由于本节所谈论的是法益恢复产生“免罪”效果问题，而法益恢复的程度和实际效果又取决于法益主体和国家（体现为刑事政策），因此，在犯罪完成之后行为人再采取的积极恢复被害法益的行为是否能够促进原犯罪行为的非罪化评价完全取决于被害法益的主体以及国家的相关刑事政策。立足于被害法益主体的层面，应当认为，当具备“法益可恢复性”的前提条件，① 而且法益恢复的程度可以认为达到或者非常接近于犯罪之前的状态时，法益的主体才有“完全谅解”犯罪行为及行为人的可能，笔者把此种情形称作“法益侵害趋零”状态。例如，把盗窃或者诈骗所得的赃款赃物全部及时地退还给受害人并赔偿其他所有的损失（存在其他损失）的前提下，方能认为受害法益在客观上已经复原，进而才可以作出受害人能够“完全谅解”罪行及行为人的法律拟制。同时，由于“法益可恢复性”问题本身涉及刑事政策的问题，当然“法益侵害趋零”的结论也需要接受刑事政策的评价，而且，随着刑事政策的变化，“法益侵害趋零”评判结论会相应发生变化，进而，在原犯罪行为“免罪”判断问题上也会相应变化。如 2002 年颁布的关于偷、抗税的司法解释中关于特定情节下的罪后积极行为可以免予刑事处罚的规定，② 并非属于免罪类型，而是“可以免予刑事处罚”，意味着只免罚不免罪。此后，为了适应社会的发展变化，刑法修正案（七）颁布时把偷税罪修改为逃税罪，规范内容大体与 2002 年解释相同，只是在规范评价结果上将“免予刑事处罚”改为“不予追究刑事责任”，亦言之，把具有法定罪后积极性要件行为的评价结果从“免罚”修改为“免罪”。

---

① 详见本书本节第一部分“（一）法益可恢复免罪前提”。

② 参见 2002 年 11 月 5 日最高人民法院颁布的《关于审理偷税抗税刑事案件具体应用法律若干问题的解释》第 1 条第 3 款。

二、免罪类型化分阶评价

我国《刑事诉讼法》针对罪行情节显著轻微的案例规定了不追究刑事责任、撤销案件、不起诉、终止审理、宣告无罪等实体和程序处理方式。① 在立法和司法实践当中，无罪的性质判定实际上涉及侦查、起诉和审判三个程序阶段，侦查权、检察权、审判权都可以在自己功能辖区内事实上对行为作出非犯罪性质认定。正是在此意义上，笔者提出了免罪类型化分阶评价问题。

(一)侦查权作用下的行为免罪性评价

刑事诉讼法规定，非职务犯罪侦查权由公安机关行使，经过侦查终结之后必然可能存在因罪后积极性行为促成被害人利益得到有效的恢复，而被认为是情节显著轻微、危害不大的情形。对于此类案件，在侦查终结之后通常会作出撤销案件甚至直接不予立案的决定，这便属于刑事诉讼法明确赋予公安机关的权限范围，并能产生排斥案件进入下一程序进而被最终判定有罪的可能。根据相关法律的规定，职务犯罪案件的侦查权由监察机关和检察机关共同行使，② 上述两个国家机关均可能存在不予立案或者立案后撤销案件的情况，由此，这事实上等同于在机关职能权限内的案件无罪化处理。但是，被害人如果对公安机关和检察院的决定不服，坚持认为被举报人构成犯罪的，在一定条件下，③ 可以直

---

① 参见《中华人民共和国刑事诉讼法》(2018 年修正)第 16 条，“有下列情形之一的，不追究刑事责任，已经追究的，应当撤销案件，或者不起诉，或者终止审理，或者宣告无罪：(一)情节显著轻微、危害不大，不认为是犯罪的；……”

② 根据我国《监察法》的规定，监察机关只享有职务犯罪案件的调查权，仅有检察机关才具有侦查权，但是有不少学者主张监察机关享有职务犯罪调查权之名却行侦查权之实，为行文方便，本书直接引用上述观点而暂且忽略其他观点。参见陈光中、兰哲：《监察制度改革的重大成就与完善期待》，《行政法学研究》2018 年第 4 期；秦前红：《全面深化改革背景下检察机关的宪法定位》，《中国法律评论》2017 年第 5 期；张建伟：《法律正当程序视野中的新监察制度》，《环球法律评论》2017 年第 2 期。

③ 需要两个条件：1. 被害人有证据证明被告人对自己实施了犯罪；2. 公安机关做出了“不予立案决定书”或者立案侦查后作出了“撤销案件决定书”。

接向法院起诉。因此，在侦查阶段的免罪(无罪)性评价结论在理论上因存在有被推翻或者否定的可能，从而具有不确定性。

(二)检察权作用下的行为免罪性评价

检察机关是国家的公诉机关，审查起诉和提起公诉是所有案件进入审判程序的必经通道。在司法实务中，经由审查起诉环节最终作出不予起诉决定，进而排除犯罪性质认定的案件为数不少。我国现行《刑事诉讼法》中规定了三种不起诉形式：法定不起诉、酌定不起诉与附条件不起诉。① 其中，有关法定不起诉的规定列于《刑事诉讼法》第 16 条和第 177 条第 1 款，根据法条文义，在程序上作出法定不起诉决定的刑事实体法根据应当是"情节显著轻微、危害不大，不认为是犯罪"的情况，根据本书前面章节所述，罪后积极性行为可以导致刑法作出原犯罪行为所造成的社会危害性和人身危险性程度降低的评价，因而可以作为法定不起诉情节中的"情节显著轻微、危害不大"类型予以非犯罪性处理。

虽然检察机关法定不起诉权的运用事实上具有对原疑似侵害社会的犯罪行为作出非罪化处理的实际效果，但是，检察机关不起诉决定的法律效力与法院的无罪判决之间仍然存在质的差异。除了作出决定文书机关以及程序阶段等不同以外，在效力上也存在着明显的差异，法院作出的(生效)无罪裁判，不仅具有程序终结性作用，而且在案件实体上具有既判力的效力，除了被重审推翻这一特例外，根据既判力理论和程序上"一事不再理"原则，无罪的裁判具有定论性。而对于公诉机关的不起诉决定，依上文所述，具有不确定性，因此，此种类型情况的罪后积极行为免罪效果便被认为是非确定的。

(三)审判权作用下的行为免罪性评价

我国《刑法》第 13 条规定："一切危害国家主权……依照法律应当

---

① 法定不起诉又称为绝对不起诉，体现为《刑事诉讼法》第 16 条和 177 条第 1 款中规定的"应当"不予起诉的情况，而酌定不起诉又称为相对不起诉，表现为第 177 条第 2 款规定的"可以"不起诉情况。按照法典条文语义，法定不起诉属于排除犯罪性认定情形，而酌定不起诉属于免除刑罚认定的情形。参见陈卫东、李洪江：《论不起诉制度》，《中国法学》1997 年第 1 期。

受刑罚处罚的，都是犯罪，但是情节显著轻微危害不大的，不认为是犯罪。”对此，有学者主张，该条“但书”实为刑法对符合条件的行为予以出罪的规定，可以称之为“出罪引导说”。① 也有学者持不同的观点，认为但书第 13 条应当理解为入罪限制性条款，被称为“入罪限制说”。② 笔者认为，两种学说的共同之处都在于一致认为但书第 13 条具有排除类型化行为犯罪性质的作用。

我国刑法采用的是“定性+定量”的立法模式，定量的因素不仅被规定在刑法总则犯罪的概念之中，而且在刑法分则中含有定量因素的条款约占分则罪名的三分之二。③ 刑法分则罪名规范中已经对满足犯罪构成所需的“性”和“量”作出了明确性的规定，行为不够“量”本身便说明其行为的社会危害性程度不符合刑法的要求，换言之，行为构成违法说明在“性”的判断上达标，而“量”不够则说明属于一般违法行为，而不能认为是犯罪。所以“情节轻微，危害不大”只能是在“量”上来加以衡量。大多数罪名规范中设置有“量”的要求，因此，对于“定量”的问题由于已经由刑法定制，必然应当纳入犯罪构成要件当中，作为犯罪客观方面加以解读方为合理。如欲通过“量”来实现出罪抑或限制入罪的解说目的，从罪后积极行为表现对“量”的影响层面进行评价是唯一能够自圆其说的路径。

刑法中已经存在一些因罪后积极性行为而评判为“量”的减少导致免罪的罪名规范，例如逃税罪、受贿罪、盗窃罪等，但是，在刑法总则中却缺乏清晰明确的条文引领和照应。虽然可以对第 13 条但书条款作

---

① 参见储槐植、张永红：《善待社会危害性观念——从我国刑法第 13 条但书说起》，《法学研究》2002 年第 3 期；王政勋：《论社会危害性的地位》，《法律科学》2003 年第 2 期；张波：《刑法学的若干基本问题探讨》，《现代法学》2004 年第 6 期。

② 参见张明楷：《刑法学》，法律出版社 2011 年版，第 93 页；周光权：《刑法总论》，中国人民大学出版社 2011 年版，第 5 页；黎宏：《罪刑法定原则下犯罪的概念及其特征——犯罪概念新解》，《法学评论》2002 年第 4 期。

③ 参见王昭武：《犯罪的本质特征与但书的机能及其适用》，《法学家》2014 年第 4 期。

罪后情节引导免罪的教义解读，但是，从刑法规范严谨以及罪后积极行为评价类型化扩展适用角度出发，笔者建议在第 13 条中增加如下条文，"情节轻微，行为人在事后采取积极性补救等措施，危害不大的，不认为是犯罪"。由此，在司法实践中运用审判权对罪后积极性情节予以非罪化认定便有了明确的总则条款依据，再加之分则罪名规范中的具体规定，最终作出非犯罪性质判定便具有了更为充分的正当性、合理性根据。

第二节　免罚评价结果

所谓刑事责任，是基于实施犯罪行为而产生，由代表国家的司法机关追究的，实施犯罪行为的人依法承担的接受刑事法规定的惩罚和否定的法律评价责任。① 亦即，行为触犯刑法之后而应当受到刑事处罚或者处理的责任。② 所谓刑罚，是用以惩罚实施犯罪行为的人，由法院依法判处，特定机构执行的最严厉的强制方法。③ 所以，刑罚是刑事责任的实现方式之一，④ 与刑罚有关的刑事责任实现形式可以为，定罪并量刑、定罪但免刑、定罪后从轻或减轻处罚等，因此，犯罪性质认定是刑罚量制的前提，没有犯罪便没有刑罚。本书此处的免罚实际是指定罪之后由于存在罪后积极性情节而免罚的情况，俗称为定罪免刑。

一、免罚前提：人身危险性消失

（一）人身危险性评估的功能

人身危险性所揭示的是犯罪人的主体性人格，是有犯罪倾向的人和

---

① 参见马克昌：《论刑事责任与刑罚》，《法制与社会发展》1996 年第 2 期，第 36 页。

② 参见曲兴久主编：《刑法学》，中国政法大学出版社 2011 年版，第 189 页

③ 参见马克昌：《论刑事责任与刑罚》，《法制与社会发展》1996 年第 2 期。

④ 刑事责任还可以通过非刑罚方法予以实现。

犯罪者主体意识中潜在的反社会心理的总和，具有严重的反社会性。① 犯罪的根本原因固然与环境、社会以及个人的生理心理因素有着一定的关联性，但是，决定一个人是否最终选择实施犯罪的根本性因素还是在于行为人自身的思想道德素养，换言之，一切外在的因素只有内化于人的内心才能产生作用。因此，通过对人身危险性的评估进而从人的角度去预防犯罪具有极大的理论和现实意义。在司法量刑阶段进行犯罪嫌疑人人身危险性的评估是学界的共识，但是有关人身危险性评估的理论却是人身危险性理论中的一大软肋，某种意义上说，人身危险性评估关系着人身危险性理论的生死存亡。② 美国人 Seymour Halleck 认为，直观观察在犯罪预测中至关重要。③ 著名的"鸭子理论"告诉我们，"如果他看起来像个鸭子，走起路来像个鸭子，叫起来像个鸭，那么，它就是个鸭子"④。运用到犯罪学上讲的便是直观经验判断在人身危险性评估中的作用。

我国刑法学的研究，长期以来都注重行为层面的研究，而缺乏对行为人的关注。即便在德国，"人们公认，现行刑法绝大多数是一种行为刑法"⑤。在此局面下，并不利于人身危险性评估理论和实践的发展。我国人身危险性专业评估在司法实践中的运用主要还是体现在监狱系统对服刑罪犯的评估方面，⑥ 而在定罪量刑层面并没有得到广泛的运用。然而，司法实践中一直存在"定罪归定罪、量刑归量刑、二者相互割裂"的情况，这与刑法适用中定罪量刑的逻辑是完全相悖的。⑦ 对此，

---

① 参见刘建清：《犯罪动机与人格》，中国政法大学出版社 2009 年版，第 45 页。

② 参见陈伟：《认真对待人身危险性评估》，《比较法研究》2014 年第 5 期。

③ Sheri Lynn Johnson, The Politics of Predicting Criminal Violence, 86 Mich. L. Rev. 1322, 1324 (1988).

④ [英]韦恩·莫里森：《理论犯罪学——从现代到后现代》，刘仁文等译，法律出版社 2004 年版，第 105 页。

⑤ [德]克劳斯·罗克辛：《德国刑法学总论》(第 1 卷)，王世洲译，法律出版社 2005 年版，第 110 页。

⑥ 参见于爱荣：《矫正质量评估》，法律出版社 2008 年版，第 56~58 页。

⑦ 参见陈兴良：《刑法哲学》，中国政法大学出版社 2004 年版，第 159 页。

笔者认为，要做到定罪正确，量刑适当，首先需要把二者联系起来，而连接二者的媒介便是诉讼中的犯罪嫌疑人，连接的通道和路径便是对犯罪嫌疑人建立一套行之有效的人身危险性评估体系。通过对犯罪嫌疑人的内在人格分析，以其人身危险性为主线勾勒出行为人再犯可能性即特殊预防必要性的线条，进而为最后综合性的量刑提供极为重要的参考，否则，“公正合理的司法运用就永远都是虚无缥缈之事”。①

(二)人身危险性评估的方法

在西方国家，很早就开始对人身危险性评估在犯罪认定和矫正中的运用展开研究，并总结了三种行之有效的人身危险性评估方法：直觉法、临床法、统计法。② 所谓直觉法便是上文所提及的司法人员依靠自身经验判断来对犯罪嫌疑人的人身危险性进行宏观上的总体性评估，而且司法人员的经验评估能力可以通过专业性的培训和自觉地运用而不断提高。该方法的特点是简便易操作，实用性很强，缺点是评估结果的客观性、可靠性不能有效保证。第二种方法是临床法，该方法的评估主体仍然是司法人员，但事实上评估材料以及参考性意见均由专业性的犯罪学家、心理学家以及其他技术人员提供，并在对各项原始材料进行综合性实验和专业分析的基础上作出对被评估人(犯罪嫌疑人)人身危险性的评估结论，然后呈交给法官等司法人员最后定夺。③ 第三种方法为统计评估法，评估的基本原理为，首先对现有犯罪人进行分类，然后根据犯罪人所犯的罪名类型制作预测评估量表，量表中载明了一些用以分析和统计的犯罪人特征，再把被评估人与上述特征化量表中的项目逐一比对，倘若符合特征的项目越多，则犯罪的人身危险性较大，反之则较小。该方法的难点在于拟定量表中的特征项。

目前，我国较为权威的人身危险性统计专业评估主要还是监狱系统

① 参见陈伟：《认真对待人身危险性评估》，《比较法研究》2014 年第 5 期。

② 参见袁彬：《刑法的心理学分析》，中国人民公安大学出版社 2009 年版，第 233~235 页。

③ 参见卢建军：《人身危险性评估的基本方法》，《人民检察》2011 年第 14 期。

中应用于罪犯的评估。① 统计评估法的特点是，制作量表需要专业性的考虑，而量表具体适用则非常简便易行、经济快捷，但是其最大的弊端在于试图用静态化的特征性符号来评价人身危险性的动态变化过程，因此，说服力不足，让被评估人难以信服，如果评估结论直接运用于定罪和量刑，公平合理性很难保证，进而影响到司法公信力的问题。但是，倘若司法人员在统计评估的基础上，进行临床实证性的调查，在结合案卷材料等信息的基础之上再谨慎地对评估结论加以修正和运用，那么，最终对犯罪嫌疑人人身危险性的评判便更具客观性和可靠性。

（三）"免罚"对人身危险性评估的要求

利用上文提及的人身危险性评估的三种方法，在评估的过程中通常需要从主观和客观方面把如下因素纳入考查的范围：第一，主观方面的心理因素。例如，犯罪的动机、目的、犯罪过程中的心理变化等，与犯罪行为没有直接关联性的因素，如家庭观、职业观、人生观等。对于主观心理因素的评估主要还是依托提问、谈话或者书面问卷的形式进行。第二，客观方面的行为因素。行为人的心理活动是人身危险性评估中的重点内容，但是，要完全探知他人的内心世界并非易事，而且，一些犯罪人具有极强的反侦察意识，欲从其自白性的语言当中获取真实性的内心思想存在较大的难度，而且本身极具危险性。② 但是，人的内心活动或多或少，或早或晚地会从客观性的行为表现中透露出来，这便为司法探知犯罪嫌疑人的内心世界提供了可能。

其中，被追诉人（犯罪嫌疑人）在罪行实施完毕之后的各种行为表现能够体现出其人身危险性的变化情况。例如，行为人在犯罪行为实施完毕之后具有积极性行为表现，如自首、坦白、立功、避免危害发生、防止损失扩大、积极赔偿被害损失、退赃退赔等。此类罪后积极性行为表现本身便能够作为反映行为人人身危险性降低的有力证据，相反，如

---

① 参见于爱荣：《矫正质量评估》，法律出版社 2008 年版，第 56~58 页。

② 原因在于，对犯罪嫌疑人内心思想的错误探知可能导致对其人身危险性的错误评估结论，进而影响到定罪和量刑，所以说，错误的评估本身具有极大的危险性。

若具有虚假陈述，编造伪证，拒绝抓捕，负隅顽抗，销毁或隐匿证据等行为，则同样也能作为其人身危险性较大的有力证据。

免除刑罚是对构成犯罪的行为最为宽大的处理方式，充分体现出司法机关代表国家依据法律对犯罪嫌疑人之前所犯罪行的最大谅解。由于免除刑罚的结论主要是根据犯罪行为人罪后积极性情节作出，所以，免罚也是对行为人的最大合法性“奖励”，因此，必然对人身危险性的评估结论有极高的要求。

上文在论及“免罪”对“法益可恢复性”的理解和要求时，笔者提到了“法益可恢复”需要满足如下三个条件：(1)侵犯的是非国家法益；(2)非人身性法益；(3)侵害方式非暴力性。假如犯罪人在罪后确实采取了弥补损害发生或者危害扩大的积极性行为，但是囿于不完全满足如上三个条件，因此不属于“法益可恢复”的类型从而不可能被免除犯罪性质认定，此时，根据本书所提出的分阶性罪后积极性情节评价思路，可以考虑在“免罚”的类型中适用。具体操作如下：

首先需要判断罪后积极性行为表现的实际效果是否使被害法益恢复至几近如初的程度。上文论及，法益恢复程度的考量需要从法益主体和国家两个层面进行。当从受害法益主体的层面立足于大多数普通民众的角度思考，可以认为被害法益近乎完全恢复时，再从国家层面考察其对原法益被害的态度，国家层面的态度可以从刑事政策对立法的影响层面进行判断。此种情况下，罪后积极性行为对被害法益的影响，笔者通过如下案例进行分析。

张三(男)与杨某(女)在同一个单位工作，二人均成年未婚。有一次单位聚会之后，张三借杨某醉酒之际，在送其回单位宿舍后趁机强行与杨某发生了性关系，某后，杨某扬言告发张三强奸，但是，张三之后对杨某万分体贴，杨某态度发生变化，后两人长期同居。但是，杨某父母对张三并不满意，在劝说两人分手不成后，到公安机关报案，控诉此前张三强奸杨某之事，后张三被捕。经调查，张三无违法犯罪记录，且一贯作风良好。

本案例属于实务中论及的“先强奸后通奸”情况。针对“先强奸后通奸”能否免除刑事责任的问题，理论上大多数学者认为，从保护该妇女和稳定社会关系两个角度出发，就没有必要再追究行为人强奸罪责。① 但是，对于免责理由的解说不尽相同，主要有如下观点：(1)强奸之后两人又通奸的事实表明，行为人从强奸者的角色转变为法律所允许的情夫关系，因此，被强奸人实际上也转换为情妇的角色，二者之前的矛盾通过双方当事人自行解决，刑法不应再对原行为以强奸罪论处。但是原强奸的事实确实不容否认，所以原来的行为仍然构成强奸罪，只是免除刑事处罚而已。(2)立足于被害人保护的视角，被害人在被强奸之后又与犯罪人通奸，以行为证明了对犯罪人侵害法益行为的谅解，如若再追究行为人的刑事责任，反而有损被害人利益，不能实现保护法益的目的，反而会造成对被害人的二次性伤害。(3)立足于保护妇女权益和稳定社会关系的角度，可以认为妇女受到的侵害已经基本消除，基于稳定社会关系的目的，没有必要再追究行为人的刑事责任。

以上观点只是立足点不同，共同之处在于都一致认为对强奸后又通奸的情况不宜再以强奸罪论处或者应当免除强奸者的刑事责任。从上述案例可以看出，张三在强奸杨某之后的行为和表现改变了杨某对其侵犯自己性自主权的态度，从两人后来长期同居的事实可以说明，立足于法益主体的视角，可以认为张三所侵犯的法益完全恢复。

再从国家层面考查张三强奸杨某后二人又通奸的行为是否能够得出法益恢复的结论。国家层面通过刑事政策对罪行的态度予以体现。由于1984年《关于当前办理强奸案件中具体应用法律的若干问题的解答》已经被废止，因此，“强奸后通奸合法论”主张已经因缺乏法律明文依据因而不能当然得出“不以强奸论处”的结论，同时，现行立法及有关强奸罪的司法解释对于该种情况又没有再次作出明确的规定，所以，强奸后再通奸的情况已经不能再适用“不以强奸罪论处”的原则，亦即，张三的行为不能以但书第13条的规定采取“不作为犯罪”的处理方式。

---

① 参见董晓松：《一个司法解释的困境与出路——“先强奸后通奸不宜以强奸罪论处”的再审视》，《吉林省教育学院学报》2007年第4期。

但是，综合张三罪中和罪后的行为表现，又确实可以认为属于“情节显著轻微、危害不大”的情况，应当适用《刑法》第 63 条关于减刑的规定对张三作出减轻处罚。但问题是，是否能够对张三免予刑罚处罚呢？这便涉及张三人身危险性的评判与个别（特殊）犯罪预防的问题。倘若经过张三的人身危险性评估之后，得出张三再次犯罪的可能性较小，理论上可以认为与普通人相当，便可以对张三免予处罚，相反，则不能免予处罚，对其仍然应当减轻处罚。由此，本书认为，对具有罪后积极行为表现情节的犯罪人，人身危险性评估的分值（结论）与常人相当是作出免除刑罚处罚的必备条件之一。

二、免罚类型规范化适用

免罚在刑法上的逻辑前提是行为构成犯罪，刑罚后果是被免予处罚，表现出“罪”与“刑”的截然分离，出现了所谓的“有罪无刑”的现象。由此，打破了常识性观点中的“罪是因，刑是果”的有因必有果，有罪必有刑的法理推论。①

“罪”的认定与“刑”的量制在刑法上是两道不同的而又紧密联系的程序，根据二者的关系，可以列出四种可能性组合方式：有罪且有刑，有罪但无刑，无罪但有刑，无罪无刑。其中，无罪但有刑无法在现代法学中获得正当性，无罪无刑亦即无罪，无刑是无罪的自然结果。有罪有刑是报应刑思想所推崇的司法样态，该思想认为，离开刑罚威慑，犯罪预防的目的也无法实现。对于有意义的罪刑关系，相应的裁判文书的主题样态表现为：定罪处刑判决、定罪免刑判决和无罪判决。此处仅探讨定罪免刑样态。

（一）免罚的评价样态

定罪免刑是刑事责任承担的一种特殊的方式，可以视为非刑罚化和刑罚轻缓化的具体实现路径之一，体现为对刑罚发动权的克制，是对犯罪人的刑罚“奖赏”，体现出刑法谦抑和刑罚人道主义的一面，有利于

---

① 参见陈兴良、邱兴隆：《罪刑关系论》，《中国社会科学》1987 年第 4 期。

维护社会关系的稳定和保障犯罪人人权的目的实现。

假如不考虑无罪(免罪)判断实际产生免刑的效果，刑法中与免刑有关的规范表述有如下三种：免予刑事处罚、免除处罚、不予刑事处罚。定罪免罚的处罚结论可能出自各方面的考量，如行为人本身身份的特殊性(如未成年)，以及行为本身的特殊性(如正当防卫)，绝大部分免罚判决应当是基于罪行本身的社会危害程度，以及罪前和罪后的各种情节。下面，根据免罚表述的不同，分别加以讨论。

1. 免予刑事处罚

免予刑事处罚的用语在《刑法》中仅出现在第 37 条关于非刑罚性处置措施的规定当中，“对于犯罪情节轻微不需要判处刑罚的，可以免予刑事处罚……”笔者认为，犯罪情节包含罪前、罪中和罪后情节，所以，该条可以视为犯罪积极行为导致免刑评价的法条依据，也是刑法总则统领分则罪名规范免刑情节的指引性条款。根据第 37 条后半段的规定，被免除刑罚的犯罪人被判处训诫或者责令具结悔过、赔礼道歉、赔偿损失，或者由主管部门予以行政处罚或者行政处分。1979 年刑法采用的是“免予刑事处分”的用语，1997 年刑法更改为“免予刑事处罚”，结合上下文义，两种表述的含义是一致的。

2. 免除处罚

“免除处罚”在《刑法》中出现的次数最多，据不完全统计，大约共有 16 处条文使用了免除处罚的表述。在刑法总则中的第 10 条“对外国刑事判决的消极承认”、第 19 条“又聋又哑的人或盲人犯罪的刑事责任”、第 20 条“正当防卫”、第 21 条“紧急避险”、第 22 条“犯罪预备”、第 24 条“犯罪中止”、第 27 条“从犯”、第 28 条“胁从犯”、第 67 条“自首”、第 68 条“立功”共计 10 处条文采用了“免除处罚”表述。在刑法分则中有第 164 条“对非国家工作人员行贿罪”、第 276 条之一“拒不支付劳动报酬罪”、第 351 条“非法种植毒品原植物罪”、第 383 条“贪污罪的处罚规定”、第 390 条“行贿罪的处罚规定”、第 392 条“介绍贿赂罪”共计 6 处使用“免除处罚”表述。根据上述条款规定以及刑法学相关理论，结合司法实践中的惯常性认识和做法，笔者认为，对于总则 16 处出现的“免除处罚”的含义应当理解为既免除刑罚又免除非刑罚性质的处罚措施。而对于刑法分则罪名规范中出现的“免除处罚”的含义仅仅是指免除刑罚处罚。此外，从分则罪名中的“免除处罚”规范内容分析，几乎都与罪后积极性行为表现情节有关，且与总则第37条“免予刑事处罚”的规范内容相互映照。

3. 不予刑事处罚

“不予刑事处罚”表述的适用范围比较特殊，专指因未满16周岁的行为人不予刑事处罚的情形，未包含有罪后积极性情节因素。

刑法中还有与免刑内涵相似的措辞，如“不予追究刑事责任”，在第201条逃税罪中出现，① 此处不予追究刑事责任的内涵是指包括公安、检察、法院在内的刑事司法机关均应当不作为刑事犯罪案件来追究行为人的刑事责任。倘若案件已经立案，则应当撤销案件或者作出不起诉决定，如若进入审判程序，则应当终止审理或者宣告无罪。另一个具有免刑效果的措辞是“不负刑事责任”，分别规定于精神病人犯罪、正当防卫和紧急避险中。“不予追究刑事责任”与“不负刑事责任”都能产生免除犯罪性质认定的效果，因此，并非属于本书此处所讨论的定罪免刑情况。

（二）司法运用中存在的问题

虽然刑法条文当中不乏有关定罪免刑的规定，但是，在司法实践中，对具体案件，尤其是涉及罪后积极性情节的案件，在适用定罪免刑判罚方式上存在如下两方面不规范的现象，需要予以纠正：

1. “不敢用”现象突出。现实中，司法机关并不乐于以“犯罪情节轻微”为由轻易作出对犯罪嫌疑人免除刑罚的结论，尤其是，当体现为罪后情节时，虽然嫌疑人在罪后采取了非常积极的措施对犯罪所造成的侵害加以了切实的弥补，但是，司法机关仍然极少采用先对行为定罪，然后再作出免除刑罚的判罚，相较而言，引用《刑法》第13条但书作出行

---

① 参见《刑法》第201条第4款，“有第一款行为，经税务机关依法下达追缴通知后，补缴应纳税款，缴纳滞纳金，已受行政处罚的，不予追究刑事责任……”

为人免罪的可能性或许略高。① 究其原因，一是为了免受轻纵犯罪之嫌，二是司法人员自身对罪与刑关系的理解出现了偏差，喜欢偏好于有罪必罚的传统观点来处理案件，同时，也认为采用传统观点和做法更为稳妥。如果出现对轻微犯罪判处免罚的案件较多，则无疑体现为对此前犯罪追诉部门相关工作的否定，从而可能衍生出其他负面问题。因此，司法实践当中，真正以犯罪人罪后积极性行为情节而采用先定罪再免罚形式处理的案件极为少见。

2. 除了体现出“不敢用”，在一些特殊罪名案件中又表现出“滥用”的现象。如，司法实践中出现了渎职侵权类案件免罚情况偏多，刑罚过于轻缓而造成的社会各界反映强烈的问题，对此，检察机关应引起重视，加强法律监和维护法律的公平正义。②

（三）规范化适用路径

对于定罪免刑在司法实务中的规范依据问题，如上文所述，可以首先围绕刑法总则第 37 条的规定展开，“犯罪情节轻微，不需要判处刑罚”应认为是对分则具体罪名适用免刑处罚的指引性规范，从而使得分则中凡是涉及罪后情节免刑的情况便具有了总则的照应和引领，由此，立法逻辑性更强且更规范。但是，由于总则第 37 条的规定存在一定的模糊性，过于笼统且文义不够清晰，所以，容易导致司法适用中的尴尬局面。一方面，体现为把第 37 条空置的现象，把定罪免刑的适用范围局限于刑法分则中罪名规范中列举的情形，“不敢越雷池半步”，对于具体罪名中没有明确阐明可以适用罪后积极性情节可以引致免除刑罚的案件不敢也不愿作出定罪免刑的判罚，而是认为必须严格按照总则规定判案。问题并非出在分则罪名规范不够精细和全面，而是由于总则第 37 条的规定本身不够明确，容易造成把“犯罪情节”错误理解为

---

① 有学者通过实证调查后证实，司法部门在具体案件中适用但书条款时，“错用”和“滥用”的情况较为严重。参见王华伟：《中国刑法第 13 条但书实证研究——基于 120 份判决书的理论反思》，《法学家》2015 年第 6 期。

② 参见王新：《刑法中“有罪免刑”的规范化适用》，《检察日报》2018 年 4 月 15 日第 3 版。

“犯罪中的情节”的狭义理解，从而致使一些因罪后积极行为本可以被评价为免罚，但由于“无法可依”，从而限制了定罪免刑的类型化规范适用。另一方面，如上文所述，由于刑法第 37 条对“犯罪情节轻微”过于概括性的描述，导致某些司法人员基于各种因素在一些特定类型的案件中予以“滥用”，体现出司法自由裁量权的过于放大，不仅造成个案判决的不公，也容易引发对定罪免刑制度本身合理性的无端质疑。

解决问题的有效路径便是对《刑法》第 37 条的规定予以适当修改，增强其适用的明确性，笔者建议可以作出如下修改，“根据所犯罪行，综合犯罪前和犯罪后的表现，对于情节显著轻微不需要判处刑罚的，可以免予刑事处罚……”如此规定，便不会产生对现有规定中“犯罪情节”理解的歧义，为具有罪后积极性事由的引导性出罪提供规范化依据。

第三节　从轻、减轻处罚评价

众所周知，刑法分则具体规定了每一个独立罪名的量刑幅度，根据刑法总则第 62 条关于从重处罚与从轻处罚的规定，量刑区间应当控制在法定刑幅度内。根据第 63 条关于减轻处罚的规定，应当在法定刑区间的下限值以下，亦即法定最低刑之下量刑判罚，倘若有数个量刑幅度，应当在原本法定量刑幅度的下一个量刑幅度之内量刑判罚。由此可见，我国采用的是在规范层面严格界分从轻处罚与减轻处罚的立法模式，与相当多数国家的刑法对从轻处罚与减轻处罚不加细分而采用“单一化”立法模式的做法相异，有“独树一帜”的特征，对此，有学者认为“不免凸显人定痕迹而有悖减轻处罚的客观实在”。① 对此，笔者并不完全赞同，虽然我国刑法“界分式”从轻、减轻处罚立法模式确

---

① 参见蔡伟文：《减轻处罚研究》，西南政法大学 2013 年博士学位论文，第 4 页。

实与大多数域外刑法相异，但从从宽处罚的角度，两种模式并没有本质性的区别。事实上，我国的立法更为“细腻”，根据我国当前司法实务的现状以及审判力量的实际情况，若采用“粗犷式”立法，在处理从宽性处罚情节时放大法官的自由裁量权，从而形成几乎不受规范形式上法定刑区间限制的裁量意志“自由穿梭”，反而容易造成个案的不公。

但是，对从轻与减轻处罚的界分也仅有规范形式上的作用，而实质意义上，从轻处罚可以视为减轻处罚的一种特例，也可谓之广义上的减轻处罚，与狭义上的减轻处罚相比，唯一的区别就在于从轻处罚的力度需要受到法定最低刑的限制。而二者的共同之处更为明显，即都与免除处罚相异，更是与从重处罚相区别。与免除处罚的区别在于行为是否具有可罚性，与从重处罚的区别在于处罚演进的方向截然相反。在笔者看来，采用把从轻处罚纳入广义的减轻处罚的国际立法大趋势虽然具有一定的合理性，然而，立足国内实际，现阶段以界分模式规定更为切实可行。

对于在从轻、减轻处罚量刑时如何掌握因罪后积极性情节从宽的力度问题，笔者主张，应当确立宽泛化评价的思维方式。所谓宽泛化评价就是指立足刑法预防犯罪的目的和功利主义的机能，充分考虑罪后积极性行为表现所具有的特殊价值，把所有的具有罪后积极性的行为均纳入从轻、减轻处罚的考量范围，并采用“必减”原则，① 进而采取对罪后积极行为最为全面、最具激励性的评价模式和方法。

根据本章前文所述，在考虑“免罪”和“免刑”的适用问题时，需要对适用条件加以严格的限制，例如，在“免罪”层面，必须要求受害法益几乎达到完全恢复的程度，也就是以因恢复行为促使“法益侵害归‘零’”为重要前提条件之一；再如，在“免刑”层面，要求综合评价行为

---

① “必减”原则与“可减”原则相对，意为应当作出减轻处罚，而后者是指可以作出减轻处罚。此处的减轻处罚采用广义上的理解，实为应当作出从轻或者减轻处罚。

人的人格因素变化，最终作出“免罚”①判罚必须建立在行为人的人身危险性评估结果显示出与普通人相当的前提条件基础之上。而在“从轻或者减轻处罚”层面，考虑到刑罚轻缓化以及恢复性司法的理念追求，在建立刑法评价体系时应当建立宽泛化的思维方式。

罪后积极性行为表现的具体形式多种多样，例如自首、坦白、立功、赔偿损失、接受处罚、赔礼道歉、被受害方谅解等，既可能出现行为人具有多种罪后积极行为，如自首后又立功并且积极弥补犯罪侵害最后又被受害人谅解的情况，也可能只表现为单一的积极性情节，如向受害人赔礼道歉。本书把可致从轻、减轻刑罚评价结果的罪后积极性行为划分为三大类：认罪行为类型、悔罪行为类型和赎罪行为类型。下文便按上述序列分类列举出典型性的行为表现，并对每一类行为的积极性价值作出量化评级，为减轻、从轻处罚具体力度的把控提供重要的素材。②

一、认罪行为类型

(一)当庭认罪③

当庭认罪即是当庭自愿认罪，现行的《量刑指导意见》进一步明确了当庭认罪属于一种独立的法定的从轻处罚量刑情节，可以给予在基准刑之下一定比例的优惠。④ 由此，当庭认罪与坦白、自首制度共同形成

---

① 此处的“免罚”与“免刑”同义，我国刑法文本中使用的是“免罚”措辞，但是，用“免刑”表述更为准确，本书有时对二者不作区分，均为免除刑罚处罚之意，请读者自行甄别。

② 由于本书第五章已经对刑法总则中的民事赔偿、自首、坦白和立功制度进行了讨论，所以本章中再次提到上述制度时只是从罪后行为积极性的层次以及阶序评价方面进行探讨。

③ 此处的“当庭认罪”是指除可以被作为自首、坦白情节之外的被单独进行评价的“当庭认罪”情节。

④ 详见 2017 年修改后的《最高人民法院关于常见犯罪的量刑指导意见》第 6 条：“对于当庭自愿认罪的，根据犯罪的性质、罪行的轻重、认罪程度以及悔罪表现等情况，可以减少基准刑的 10%以下。”

了具有认罪性质的具有激励作用的罪后积极行为评价机制。在考量当庭认罪行为的积极性价值，并在此基础上决定从轻处罚的力度问题上，需要注意以下三点：

第一，对当庭认罪是否必须要求“自愿”以及对“自愿”的理解。《量刑指导意见》中明确表述为“当庭自愿认罪”，强调了认罪是出由犯罪人自发且是其真实意愿。对于认罪行为的“自愿性”是否存在，纯粹是一个主观性判断的问题，而且，相较于其他需要法官予以调查核实的与罪行密切相关的情节，“当庭认罪”问题本身或许可以认为是一个“小问题”，因此，基于司法效率的原则，不允许法官在当庭认罪是否出自犯罪人的真实意愿问题上花费太多的精力和时间，司法实务中，恐怕也没有多少法官会在此问题上大做文章。所以，笔者认为，对“自愿”的判断只需要做出客观外在性的考察，只要犯罪人通过明确肯定性的语言或者文字承认自己的罪行，便可以肯定认罪是出于自愿，这在一定程度上淡化了对“自愿”的内心真实性探求，而且，评价结论更加客观化，减少无谓的主观判断恣意。

毫无疑问，当庭自愿认罪的积极性非常明显，带来法庭审理程序的精简和节约，有利于认罪伏法的宣示教育，稳定庭审秩序等，所以，司法机关通常对之十分认同和鼓励，在有关司法解释中被述明为一种减轻处罚事由。但是，单纯的自愿认罪行为本身并不能充分说明犯罪人真心悔罪的程度，因此无法直接推断犯罪人人格因素的变化，亦即，不能武断地得出其人身危险性必然降低的结论。由此，对于“当庭自愿认罪”的行为，刑法给以的从轻处罚力度不能太大，实际上司法解释也仅规定了上限为基准刑10%的减轻幅度，具有合理性。

第二，“认罪——罪行减让”的制度逻辑本身便内含有一定的风险性，容易造成犯罪人形成“认罪投机”心理，也存在诱导无辜的被告人被迫违心承认罪责的隐患。当无辜者面临指控，大多数不善于证据法的被告人可能在司法权力和一大堆证据面前慌乱手脚，唯恐被定罪和招致刑罚惩罚而违心地承认自己没有的罪过，因而不敢再坚持无罪抗辩。在认罪换来从宽处罚和不认罪任由审判可能二者之间，一些无辜的被告人可能会选择“当庭认罪”来争取获得从轻判罚，冤错案件便可能会在制度缝隙中滋生出来。① 所以，法官在评价“当庭认罪”情节时，应控制在适当的范围之内，切勿过分夸大该类行为的积极性意义，不能过分地诱导嫌疑人认罪，更不能超出从轻处罚的法定幅度量刑。

第三，在从轻量刑的优惠幅度问题上，应当在当庭认罪、坦白与自首等认罪类型行为之间保持合理的差序，以量刑从轻的力度从小到大的排序为：当庭认罪<坦白<自首。② 理由在于，当庭认罪的时间性晚于坦白和自首，而且认罪的方式相对简单许多，所以，其积极性价值自然低于后两种行为，对其从宽量刑的优惠力度自然最小。

(二)坦白

坦白与一般性的认罪的主要区别就在于对罪行主要事实的如实供述性要求上面。“当庭认罪”体现为只需要被告人在法庭审理期间做出明确性的认罪表示，而“坦白”则不仅要求犯罪嫌疑人认识到自己的罪行，同时，必须就其犯罪构成的主要事实进行如实的供述，因此，坦白对行为人认罪程度的要求必然要高于“当庭认罪”。此外，坦白与自首以及前文所述的“当庭认罪”的本体性特征相似，都依附于认罪这一种行为模式，同时，坦白与自首都要求向司法机关如实地供述自己的罪行，因此，二者之间的行为特征更为相似，因此，自首也被称为广义上的坦白。但是，由于坦白的时间性要求明显滞后于自首，所以，其积极性价值自然低于后者，而且，自首属于主动性投案，坦白则属于犯罪嫌疑人被动归案后才如实性供述，投案的主动性上差异明显。因此，对坦白的量刑优惠幅度应当小于自首。

(三)自首

具有罪后自首情节的犯罪嫌疑人，其积极性表现为：体现出一定的主动性悔罪和自我改造特征；由于主动投案，从而有效地节约了犯罪追

---

① 参见张建伟：《认罪认罚从宽处理！内涵解读与技术分析》，载《法律适用》2016年第11期。

② 与《最高人民法院关于常见犯罪的量刑指导意见》(2017年修改)中的相关规定吻合。

述司法成本；有利于抓获同案的其他犯罪嫌疑人并及时破案。同类型案件，自首的积极性程度大于坦白，而且，由于嫌疑人自首的动机和目的不同，还需要进一步细致评价。首先，对于罪后真诚悔罪的自首，展现出嫌疑人悔罪的程度最高，所以其积极性价值自然最大，需要指出的是，虽然最初并没有自首的想法，但在亲友的规劝之下最终选择自行投案的，也应当按照罪后真诚悔罪自首对待。其次，一些犯罪嫌疑人在犯罪之后并没有因悔罪而主动投案，而是在司法机关掌握其犯罪事实的情况下才不得已做出的投案选择，只要是投案之后具有如实供述自己以及同案其他犯罪嫌疑人真实情况的情节存在，也应当认定为自首。此类自首行为虽然缺乏罪后及时悔罪表现，但毕竟存在主动投案的情节，与那些抗拒抓捕、顽抗到底或者继续在逃逸过程中不断作案的犯罪人相比，其主观恶性肯定小很多，而且，由于行为人最后选择投案，从而避免了大量公安刑警资源的付出，甚至从一定程度上免于造成警察的人身伤亡，其积极性价值仍然不容否定，但是，其积极性价值应当略低于主动自首。因此，在决定从轻或者减轻处罚环节，应当予以相应的区别性评价。

二、悔罪行为类型

本书在此处谈到的悔罪行为类型指的是积极性退赃、退赔行为。

根据《刑法》第 383 条的规定，“退赃”可以理解为，将因犯罪行为所非法获取的财物直接退还被害人或者上缴国家的积极性悔罪行为。根据《刑法》第 64 条的规定，“退赔”可以理解为，当犯罪行为非法获取的财物因无法追缴或者退还被害人时，由犯罪人以折价补偿的方式予以弥补和代替的积极性悔罪行为。由此可见，退赔是退赃已不可能实现的情况下所采取的积极补救措施。

事后积极性退赃、退赔的行为价值非常明显，首先，有利于及时弥补被害人的损失；其次，体现出悔罪犯罪人人格因素的变化；最后，有利于尽早结案，节约审判和执行资源。因此，对于具有事后主动退赃、退赔行为的犯罪人从宽量刑是恰当、合理的，然而，在我国刑法总则中并没有关于对退赃、退赔可以从轻量刑的规定，虽然 2017 年修改后的《量刑指导意见》中关于“常见量刑情节的适用”部分规定了对具有退赃、退赔情节的量刑指导意见，① 但是，笔者认为，仍然应当在刑法中增设相关的条款来对该问题加以明确，以便司法实务中根据退赃、退赔情节决定从轻、减轻处罚时有更为明晰的立法参照。

对于退赃、退赔是否还要区分出于真诚悔罪而主动退缴还是在有关国家机关出具相关通知后再行退缴，抑或是在司法机关采取强制措施后不得不退缴的不同情形，笔者认为，首先应当肯定上述三种情况都属于具备退赃、退赔的大前提，因而应当在量刑层面进行恰当地从轻评判，这也正是本节所提出的从轻、减轻处罚宽泛化评价的当然之意。但是，对于上述三种类型的退赃、退赔积极性价值也应当进行区分，并体现在从轻、减轻幅度差异上。首先，主动性退赃、退赔的情况其积极性表现最为突出，从而刑罚从减幅度应当最大。其次，应当对是行政机关采取措施后退缴还是司法机关采取措施后退缴进行区分，经行政催缴后再退缴的积极性应高于采取司法强制措施后的退缴行为。理由在于退缴的时间早晚问题和程序进度问题，一般情况下，在作出司法强制性退缴之前通常会前置性的存在行政催缴，例如，针对逃税行为，税务机关首先会下达追缴税款，加罚滞纳金等行政性处罚。由此可见，立法上对逃税后有退赃、退赔情节的犯罪嫌疑人从宽处罚的力度相当大，目的就在于鼓励当事人尽早采取退赃、退赔措施，如若等到进入司法程序后再弥补，则不可能再“享受”免罪的“宽厚的待遇”，当然，此时便涉及从轻或减轻处罚的问题。

对于严重危害社会安全，尤其是具有严重人身危险性的犯罪行为，即便有事后退赃、退赔情况，刑罚从轻的幅度也需要严格掌握。但是，无论如何，只要事实上具有退赃、退赔行为，都应当采取“必减”的原则，只是减轻处罚的力度还需要结合原罪行以及退赃、退赔的实际效果

① 参见 2017 年 3 月 9 日最高人民法院关于实施修订后的《关于常见犯罪的量刑指导意见》的通知中“三、常见量刑情节的适用”中第 8 条的有关规定。

来加以考量。

三、赎罪行为类型

(一)立功

立功制度是我国刑法中的一项独具特色的量刑制度，是刑事法律功利主义思想的制度体现。其功能性作用体现为：对案件的侦破有极大的帮助作用；有利于从内部瓦解共同犯罪人之间的关系；有效节约司法成本等。立功制度本身并不要求犯罪嫌疑人表现出明显的悔罪性倾向，但是，立功总体上是利大于弊的有益于社会的行为。①

对于立功与悔罪之间的关系，笔者认同陈兴良教授的观点，认为犯罪嫌疑人立功的动机千差万别，事实上时常会出现立功与悔改不完全统一之处，亦即，真实悔改的罪犯未必具有立功的机会，因而必然未必具有立功的表现，而有立功表现的嫌疑人则内心深处未必就一定存在悔罪。② 正因如此，本书把立功划入赎罪类型加以讨论。从其他国家的立法例上看，鲜有单独规定立功制度的情况，原因在于，大都认为是否能够体现出犯罪人在罪后真诚忏悔完全在于对自己所造成犯罪侵害的弥补和挽回的行为与效果，对于犯罪人对同案犯或者其他案件嫌疑人的揭发行为丝毫不能体现出悔罪的迹象。但是，对于一些严重危害国家利益和公共安全，而侦破难度较大的集团性质犯罪，个别国家也规定了对类似于我国的立功行为给以轻缓处罚的制度，例如，法国刑法明确规定，对告发他人从事危害国家利益、对公共安全造成极大威胁的犯罪以及从事恐怖活动犯罪和走私毒品犯罪等罪行的，对告发他人犯罪者可以减轻刑罚。③

由此可见，在基于刑罚功利主义的目的下，我国刑法赋予了立功制度极大的规范空间，与其他国家的相关规定形成了较为鲜明的对比。考

---

① 参见崔爱鹏、李淑娟：《论立功制度的本质》，《法学评论》2000 年第 3 期。

② 参见陈兴良：《刑法适用总论》，法律出版社 1999 年版，第 621~622 页。

③ 参见[法]卡斯东·斯特法尼：《法国刑法总论精义》，罗结珍译，中国政法大学出版社 1998 年版，第 542 页。

虑到立功行为独特的功能特征，笔者认为，在肯定其罪后积极性意义的基础上，在考虑对具有立功行为的犯罪嫌疑人决定从轻或减轻处罚的力度问题上，除了必须考虑立功的实质作用大小，如是否属于重大立功之外，还应当与犯罪人的悔罪程度相结合进行评判，倘若立功人表现出明显的悔罪性特征，则减轻处罚的力度应当大于没有悔罪表征的立功人。

（二）民事赔偿

民事赔偿作为一种重要的罪后赎罪行为，刑法应当十分重视对民事赔偿的刑法评价问题。事实上，民事赔偿与自首、立功等行为的性质相同，都能体现出犯罪人罪后认罪、悔罪的一面，但是，跟其他认罪悔罪性行为相比，民事赔偿体现出了犯罪人主观方面甘愿承担经济上不利益的结果。或许正是对犯罪人主动承担自损利益的“回报”，刑法规定了赔偿减刑制度，但是，赔偿减刑必须掌握一定的限度，并非任何性质的犯罪，只要事后进行了民事赔偿都能实际获得减刑，而是应当从案件的性质、被告人的悔罪情况、社会以及受害人的态度以及赔偿时间和数额等方面加以严格区分和把握。① 对于具有严重危害性且社会影响恶劣的犯罪行为是否可以量刑从宽的问题，正如笔者上文所述，凡是具有罪后积极性行为表现的情节都应当在量刑层面予以考虑，但是，至于能否实际产生减轻刑罚的效果，还必须结合案件的具体情况而定。例如，药家鑫案件中的犯罪嫌疑人药家鑫与其父母虽然都主动提出愿意对受害人进行民事赔偿，但是，由于药某情节非常恶劣，而且社会反响强烈，一般应否定赔偿的量刑减轻功能，糯康案同样如此。② 对于杀害不特定多数人等性质、情节特别恶劣，社会危害性巨大的罪行，单纯的经济赔偿不能获得减刑。但是，这仅仅是从刑罚最终判罚的角度而得出赔偿得不到减刑的结论，并非说明民事赔偿本身在罪大恶极的案件中不应被纳入量刑情节的视野，即使对丝毫不能得到减刑的罪犯，判决文书中也应当详细陈述罪后积极赔偿的事实以及不能减刑的事由。受到经济赔偿的动

---

① 参见王瑞君：《赔偿该如何影响量刑》，《政治与法律》2012 年第 6 期。

② 参见万国海、高永明：《刑事案件民事赔偿的量刑机理研究》，《南京社会科学》2018 年第 8 期。

机、效果以及其他因素的影响，减刑的力度定当有所不同，下文将结合司法实务中赔偿赎罪的各种情况，从理论上研讨减刑的梯度问题。

1. 悔罪态度

在我国早些时期的司法解释中确立了赔偿可以减轻刑罚的酌定量刑情节，① 而2012年《刑事诉讼法》修改时，增加因民事赔偿而可以获得减刑的前提条件，其中之一便是要求犯罪人有真诚悔罪和赔礼道歉。② 换言之，倘若犯罪人事后没有向受害方诚挚道歉和表现出真诚悔罪，即使“花了钱，出了财”，仍不能被减轻刑罚。对此，笔者略有不同意见，即便刑法中出现了没有明确规定减轻处罚的情况，都应当在法定最低刑和责任刑之间，考虑预防必要性的需要而酌定减刑。毫无疑问，民事赔偿属于罪后积极性行为情节之一，就算没有其他诸如悔罪和道歉情况存在，也可以独立成为减刑的依据。众所周知，因赔礼道歉而推断出真诚悔罪的拟制逻辑，本身就存在一定的不确定性问题；而且，通过甜言蜜语来制造真诚悔罪的假象并非困难之事，而且也并非少见；实务中，也存在赔礼道歉被形式化的问题；此外，一些案件中的被害人一方事实上并不看重犯罪人是否有赔礼道歉，反倒认为民事赔偿对弥补受害创伤来讲更加实在。所以，笔者认为，赔礼道歉与民事赔偿是两种完全不同的罪后积极行为表现方式，因而不应采用混同评价的模式。民事赔偿或者赔礼道歉在罪后积极性评价层面都具有不可替代的作用，都应当作为量刑时从轻的情节之一，对于同时具备赔偿和道歉等悔罪、赎罪情节的，给以更大力度的从轻或者减轻处罚才是量刑时应当取用的正确模式和方法。由此，在该问题上，可以把罪后行为的积极性阶序简化模型为：赔礼道歉<民事赔偿<赔礼道歉+民事赔偿。

① 例如，1987年8月26日《最高人民法院关于被告人亲属主动为被告人退缴赃款应如何处理的批复》第4条的规定：“已作了退赔的，均可视为被告人退赃较好，可以依法适当从宽处罚。”2000年12月23日《最高人民法院关于刑事附带民事诉讼范围问题的规定》第4条：“被告人已经赔偿被害人物质损失的，人民法院可以作为量刑情节予以考虑。”

② 详见2012年《刑事诉讼法》第277条，该条内容被2018年新《刑事诉讼法》第288条所确认。

2. 与被害人和解，取得被害人谅解

正常情况下，犯罪人诚挚道歉，努力赔偿，受害人方面一般都会予以谅解。但在现实中，仍有不少案件，特别是有关人身体伤害的恶性案件，虽有道歉和赔偿，但受害方拒绝接受并拒绝签署谅解书的情况也并不少见。此种情形，便需要斟酌被害人的态度来决定对加害人减刑的问题。

被害人在刑事诉讼过程中地位很特殊且表现出全方位性，从而决定了其权利具有多重性，向被告人(加害人)提出赔偿要求只是被害人的权利之一,① 被害人的意愿和意见同样是需要受到尊重和重视的权利内容。但是，谅解是建立在受害方坦诚面对过去的基础之上，虽然绝对不能苛求所有的受害人都要达到如此的境界，但是，一味迁就于受害人的意见而不考虑刑事司法自身功能、特点的做法当然也不可取。因为刑事司法的成效并不能完全依靠受害人满意的程度来评判，任何无条件地满足受害人报复宣泄情绪以试图达到息访、稳定的目的都与司法公平、正义的理念相违背。所以，某些因受害人不愿谅解而不能达成和解的案件，只要犯罪人努力地实现经济补偿，展现出其诚挚认罪、悔罪的一面，便同样应当在量刑上予以适当的减轻。在肯定一切赔偿、悔罪都具有罪后积极性价值的基础上，位阶排序为：赔偿<赔偿+悔罪<赔偿+悔罪+受害人谅解。

3. 赔偿时间和数额的问题

犯罪人的实际经济支付能力以及基于刑事诉讼的策略考虑，都可能造成民事赔偿不及时，不全面的问题，对此，法律应当建立更具激励性的有效制度以促进犯罪人努力尽早全额赔偿。一般情况下，赔偿越及时、越到位，则受害人在物质和精神上的痛苦就越容易减轻或消除，进而谅解并达成和解的可能性越大。但是，决不能因为犯罪人赔偿有轻微的"拖延"或是欠缺，便拒绝依法给予减刑，正如张明楷教授所主张，

① See Laura J. Moriarty, Controversies in Victimlogy, Anderson Publishing Co, 2003, pp. 1-2.

形式判断不能替代实质判断，就算是最为严厉的死刑，立法规定(形式上)责任刑是死刑立即执行，只要存在因真诚悔罪、真心忏悔而推断出特殊预防必要性减小，即便没有能力及时完全赔偿致害损失，即便被害人不予谅解，即便仍然存在犯罪一般预防的必要性，也不应当核准死刑。① 所以，只要犯罪人展现出其罪后积极性认罪、悔罪和愿意努力"赎罪"的一面，都应当在量刑时予以考虑，对于及时全额赔偿的犯罪人，如若真实性地具有真诚悔罪情节，又得到受害方谅解的，可以考虑适用力度更大的量刑减让。

四、认罪认罚行为类型

现代刑事法律普遍采用承认和鼓励犯罪行为人事后认罪认罚在刑事法上的效力，在国家现代化治理领域，刑事法中的认罪认罚被大多数法治前沿国家所普遍采用，其制度重要性日益凸显。世界范围内大体上有两种关于认罪认罚的制度与理论，一种是"诉辩式"认罪认罚，以美国为代表；一种是"协商式"认罪认罚，以德国为代表，前者主要体现为证据妥协与运用方面，强调司法效率，而后者立足罪责层面，属于一类特殊性的结案方式。目前，美国超过 90%，德国超过 50% 的刑事案件通过认罪认罚制度程序加以解决。② 由于各种认罪认罚制度都是以从轻或免除处罚为激励手段，因此，许多"理性"犯罪人就会以此为"对价"，做出符合法律要求的积极性行为，并寄希望于认罪认罚后的法律评价结果。

中国认罪认罚从制度雏形的提出先后经历了制度试点、立法确立、执行完善等几个阶段和过程。2014 年在党的第十八届四中全会上对认罪认罚从宽制度作出重大部署，2016 年开始制度试点的工作，2018 年《刑事诉讼法》修订时正式载入认罪认罚制度，2019 年 10 月最高法、最

---

① 参见张明楷：《结果与量刑——结果责任、双重评价、间接处罚之禁止》，《清华大学学报(哲学社会科学版)》2004 年第 6 期。

② 参见王世洲：《认罪认罚情节在定罪量刑中的作用》，《检察日报》2020 年 2 月 8 日第 3 版。

高检、公安部、国家安全部、司法部五部门联合颁布《关于适用认罪认罚从宽制度的指导意见》。时至今日，法治认识能力和制度能力发展到了一定的高度，但认罪认罚的理论与实践都还处在一个不断探索和完善的过程，对于如何针对认罪认罚情节从宽性精准量刑，仍然存在亟待厘清的问题。① 例如，公诉机关究竟是应当提出"确定刑"量刑建设还是应当提出"幅度刑"量刑建议,② 具有认罪认罚情况的从宽量刑如何构建精准性阶序性评价等问题一直困扰着理论与实务界。

立足行为人罪后行为积极性层面，在理论上一般认为，刑事程序法上，认罪认罚的制度目标是降低诉讼成本和促进司法资源合理配置。③ 虽然刑事实体法文本上并没有明确规定认罪认罚，在刑法理论上也可以认为认罪认罚制度还具有促进犯罪人自行悔改和促进被害法益尽快和平修复的功用，有学者归纳为，该制度体现出"'贯彻宽严相济、提高司法效率、化解社会矛盾'三大价值功效"。④

认罪认罚能够产生从宽量刑评价是其制度特点与优势所在，纵贯于侦查阶段、公诉阶段和审判阶段，相应地，制度运用涉及侦查机关、检察机关和审判机关三个独立的公权司法机关。因此，认罪认罚的理论以及实际运用必然会与现有的罪后积极性类型化行为存在一定的交叉，而且，由于制度涵盖了完整的司法"三阶段"，又涉及对犯罪嫌疑人的精准化量刑问题，所以，应当在阶序化的罪后行为评价模式下来完成此重任，以往的任何单个制度所涵摄的范围都没有如此广泛。

(一) 认罪认罚与单纯认罪型、悔罪型、赎罪型情节的区别与联系

据上文所述，认罪认罚制度的显著性特征便是刑事实体法上的从轻、从宽和刑事诉讼法上的程序从简，这由《刑事诉讼法》第15条等条

① 参见刘伟琦、刘仁文:《阶梯式从宽量刑不同诉讼阶段的认罪认罚》,《学术论坛》2019年第6期。

② 参见陈国庆:《量刑建议的若干问题》,《中国刑事法杂志》2019年第5期。

③ 参见陈卫东:《认罪认罚制度研究》,《中国法学》2016年第2期。

④ 贾宇:《认罪认罚从宽制度凸显三大价值功效》,《检察日报》2020年2月26日第9版。

款所明确规定。① 然而，正如本书所述，法律明文规定的能够产生刑事实体法上从轻、从宽处罚的情节除了认罪认罚以外，还有当庭认罪、民事赔偿、坦白、自首等，这些罪后积极性情节与认罪认罚之间有何联系和区别？当具备多种罪后积极性情节时如何进行量刑精准化等问题在理论和实践上还存在着一些模糊性认识，亟待澄清：

首先，认罪认罚与其他罪后从宽情节的联系。在刑事实体法上，当庭认罪、坦白、自首制度之间本就存在着交叉与联系，《刑事诉讼法》正式载入认罪认罚制度之后，便与刑法上的制度形成了第二层交叉关系，主要体现为：(1)认罪认罚与当庭认罪、坦白、自首都属于法定从宽情节。可以认为，在刑事诉讼法已经明确规定认罪认罚从宽制度后，原本属于酌定情节的认罪认罚一跃成为法定情节，在罪刑法定语境下对司法者的约束力上与坦白、自首等法定情节的性质和作用相同。② 认罪认罚是非常特殊的从宽情节，其从宽性特征在刑事实体法和程序法上均能体现出来。(2)认罪认罚不仅包含了认罪，还当然性地包含心甘情愿接受处罚，而所接受的处罚包括行政性处罚和刑罚，也包括各种强制性措施。在认罪层面，程序性划分为侦查阶段、审查起诉及公诉阶段、审判阶段认罪，当庭认罪即属于审判阶段认罪的范畴。此外，认罪认罚与自首、坦白有一定的内容性重合。其中，认罪认罚中的"认罪"与坦白、自首的部分要求相同，体现为如实地供述自己的罪行，亦即如实供述犯罪事实，当庭认罪不外乎把如实供述自己犯罪事实的时间阶段限制于庭审阶段而已。认罪认罚与其他刑事实体法上规定的罪后从宽从轻情节对犯罪嫌疑人如实承认、供述的事实性内容要求一致。

其次，认罪认罚与罪后从宽情节存在一些差异。认罪认罚与当庭认

① 在刑事程序法上对因具有认罪认罚情节而在实体上从轻、从宽处罚加以规定的法条是《刑事诉讼法》第 15 条："犯罪嫌疑人、被告人自愿如实供述自己的罪行，承认指控的犯罪事实，愿意接受处罚的，可以依法从宽处理。"

② 认罪认罚是由《刑事诉讼法》规定的法定从宽情节，当庭认罪、坦白、自首、立功等属于刑事实体法上规定的法定从宽情节，而且，认罪认罚在实体和程序上均能够产生从轻、从宽的法律效果，此外，程序上还能产生从简的功效。

罪、坦白、自首、立功、民事赔偿等都是相对独立的从宽性法定情节，相互不能完全替代，每一种制度都有其独特的立法价值和规范空间。在规范内容上，区别主要体现为：(1)当庭认罪、坦白都有承认、供述自己所犯罪行的意思，但是并无认罚层面要求，这一点上自首制度同样如此，与认罪认罚的既认罪又认罚整体性要求不能完全等同。当然，在程序上，当庭认罪、坦白、自首的犯罪嫌疑人也不存在与检察机关进行量刑协商或者签署具结书的问题。(2)认罪认罚在认罪层面只是要求如实供述，如实坦白，并未要求犯罪嫌疑人有主动投案的事实情节，而主动投案和如实供述是自首的基本特征。此外，自首也并不要求投案的犯罪嫌疑人心甘情愿地接受各种处罚。(3)刑法上规定的民事赔偿可以与认罪认罚的部分行为特征相匹配，但是，赎罪赔偿不可能包含甘愿接受除了向受害人进行民事赔偿之外的处罚事项内容，因此，从积极性效果和内容上看，顶多认为民事赔偿属于认罪并对受害人进行相关赔偿，并不包含接受惩罚性处罚。

(二)认罪认罚的阶序性从轻、减轻处罚精准评价

涉及认罪认罚的程序空间非常广阔，再加上涉及认罪认罚的考察内容较为丰富，因此，欲做到精准性地评价认罪认罚的法律效果，设计阶序性的认定、评价方法是非常必要的，下面分别以司法程序层面的阶序评价模式和积极行为情节类型化层面阶序评价模式为主题展开讨论。

1. 司法程序层面的阶序评价模式

如果认罪认罚的内容相同，那么，对犯罪嫌疑人在不同司法程序阶段的认罪认罚情节是应当作出相同还是不同的法律后果评价？欲回答该问题，就必须弄清楚不同程序阶段认罪认罚所体现出来的行为人的积极性程度问题。因此，在相同认罪认罚的对象内容下，因在早晚不同阶段作出，而被认为认罪认罚的积极性程度不同。例如，同样是认罪性质的如实陈述罪行，假如陈述都十分到位，交待也非常清楚，但是，甲是在被抓获后立即认罪，乙是侦查机关掌握其犯罪事实证据后认罪，而丙是在眼看案件欲被提起公诉时认罪，丁则是在法庭审判过程中认罪，那么，可以认为，甲、乙、丙、丁认罪层面的积极性是依次降低，亦可称之为认罪态度依次递减。认罪态度、认罪积极性问题虽然在我国司法实践中被作为量刑情节加以考察运用，但是，理论与实务上仅从积极、消极两个反向维度加以区分，而并没有作出上面所述的同向积极程度阶段性细分。同样的认罪认罚内容，因何认为上述四人的认罪积极性程度不同，这正是由于犯罪嫌疑人认罪的早晚反映出悔罪的及时性，从而征表其骨子里的法规范意识以及将来对其进行刑罚教育和改造的难度性差异，属于预防刑基本原理的内容，反映于量刑结果则自然会有一定的差异。

当然，立足于刑事司法效益层面，也可以认为侦查、审查起诉、审判三大司法阶段上进行的认罪认罚所耗费的司法资源不同，而且从犯罪嫌疑人"趋利避害"本性的角度，可以推测为，越是晚认罪的嫌疑人逃避法律惩处的心思越浓厚，越早的认罪其坦诚面对、悔罪自新的可能性越大。由此可以认为，行为人犯罪之后在不同司法程序阶段所作出的认罪认罚虽然不能直接降低原严重社会危害性行为的恶性程度，但是，却可以征表出行为人的悔罪、赎罪程度以及改恶从良的难易程度和特殊预防必要性程度(再犯可能性大小)等指标，所以，刑事实体法上把刑事程序法中明确规定的认罪认罚情节作为从宽裁量刑罚的根据，符合刑法个别化原则下预防刑的裁量原理，体现和丰富了罪刑法定与罪责刑相适应的原则内涵。

2. 积极行为情节类型化层面阶序评价模式

认罪认罚从宽制度的确立被认为是对刑事实体法上罪后从宽情节的幅度相当有限的弥补。例如，现行刑法仅就贪污贿赂犯罪、盗窃罪、诈骗罪等极少罪名规定了罪后积极认罪、悔罪、退赃的从宽处罚情节，而刑法总则第36条中并没明确民事赔偿与从宽量刑的关系，换言之，现有刑法中并没有规定具有普遍适用性的赔偿损失就应当从宽的条款。刑事诉讼法上认罪认罚制度确立一定程度上缓和了刑事实体法上罪后广泛性积极认罪认罚情节适用困境的局面，但是，刑法应当及时跟上程序法的步伐，及时加以修改完善，以达到与程序法上与认罪认罚从宽制度相匹配。然而，毕竟认罪认罚制度的程序意义是主流，倘若实体法长期缺失，实务上就不可避免地出现关于认罪认罚情节的滥用现象，严重者必然冲击量刑上的底线。

那么，认罪认罚从宽制度在程序和实体上的价值被基本确认之后，而刑法相关规范规定暂时滞后的情况下，应当如何处理具有一般性的认罪认罚与原实体法上的坦白、自首、民事赔偿等积极性情节制度的关系，这是一个既关乎制度理论衔接又关于司法实务运作的重要问题。对此，笔者认为，根据罪后认罪、悔罪、赎罪以及认罪认罚行为的积极性程度为界分标准，形成对量刑产生影响的阶序评价模式，以便更为恰当地评价罪后积极性行为，继而更加精准化地量制刑罚。

根据行为人认罪认罚的积极性程度以及与其他现有的能够产生从宽、从轻处罚效果的行为之间的关系，可以大体上形成如下量刑阶序：(1)对于单纯的认罪行为类型，包括当庭认罪、坦白、自首，其积极性评价阶序见上文;① 对于既有上述认罪类型化行为且又认罚的，则处罚结果应当更轻，即从轻、从宽的力度更大。(2)对于当庭认罪又认罚的，处罚肯定应当比单纯当庭认罪轻，甚至于可以比单纯坦白和自首情况更轻一些；同理，坦白后又自首的，可以比单纯自首更轻一些。(3)对于单纯性认罪认罚的从宽力度应当小于在认罪认罚基础上积极退赃、退赔或进行民事赔偿的情况。(4)对于不存在坦白、自首情节，但是具有被动性承认罪行事实且认罚情节的，其从宽、从轻的力度可以与自首情节相当甚至刑罚更略微轻一些，可以设计为“可以从轻或者减轻处罚”。(5)对于悔罪、赎罪型立功行为与认罪认罚行为之间的评价关系不形成比较有交叉。②

此外，对于认罪认罚情节的从宽力度是否可以宽大致免除刑罚的问题，可以比照《法国刑法典》132 条的相关规定：“如表明罪犯已获重返

---

① 详见本章“第三节 从轻、减轻处罚评价”中的第一小节“一、认罪行为类型”。

② 笔者认为，立功的制度价值完全是出于刑法的功利主义考虑而设计，而认罪认罚制度的价值除了功利主义考虑之外，至少还具有教育、补偿和促进恢复的功能。

社会，所造成的损失已予赔偿，由犯罪造成的危害已告停止，可予免除刑罚。”法国刑法中的评价方法事实上与本书所提出的评价模式几乎完全一致。亦即，在参照罪行本身的危害程度和促进被害法益恢复的程度后，结合认罪认罚情节结合性地判断犯罪嫌疑人人生危险性、改造难易度、再犯可能性的大小，若符合法定的条件，完全可以免予刑罚。但是，在司法实务中要特别警醒，认罪认罚从宽不等于可以在不考虑其他积极性情节的情况下采用大凡都予免除刑罚的“宽大无边”处理方式，尤其是遇到职务犯罪等“判不下去”“下不了手”的案件时，倘若偏离本书所提出的罪后积极行为阶序评价模式，而以刑事实体法上匹配性规范缺失为借口，动辄采用认罪认罚“无限”宽大做法，则必然背离刑事诉讼法的立法初衷，违背刑法上罪刑法定、罪责刑相适应的基本原则。

参考文献

一、中文著作

1. 高铭暄、马克昌主编：《刑法学》，北京大学出版社2014年版。
2. 高铭暄：《刑法学原理》，中国人民大学出版社1993年版。
3. 马克昌主编：《犯罪通论》，武汉大学出版社1999年版。
4. 马克昌：《比较刑法原理》，武汉大学出版社2006年版。
5. 马克昌主编：《刑罚通论》，武汉大学出版社2001年版。
6. 马克昌主编：《中国刑事政策学》，武汉大学出版社1992年版。
7. 张明楷：《刑法格言的展开》，法律出版社2003年版。
8. 张明楷：《刑法原理》，商务印书馆2011年版。
9. 张明楷：《外国刑法纲要》，清华大学出版社2007年版。
10. 张明楷：《刑法学》，法律出版社2016年版。
11. 张明楷：《责任刑与预防刑》，北京大学出版社2015年版。
12. 陈兴良主编：《刑法学》，复旦大学出版社2003年版。
13. 陈兴良：《刑法疏议》，中国人民大学出版社1997年版。
14. 陈兴良：《刑法适用总论》，法律出版社1999年版。
15. 陈兴良：《刑法的启蒙》(第三版)，北京大学出版社2018年版。
16. 赵秉志：《刑罚总论问题探索》，法律出版社2003年版。
17. 赵秉志主编：《〈刑法修正案(九)〉的理解与适用》，中国法制出版社2015年版。
18. 赵秉志：《刑法基本理论专题研究》，法律出版社2005年版。
19. 赵秉志主编：《贪污贿赂犯罪的惩治与防范》，中国人民公安大学出版社 2010 年版。

20. 赵秉志、莫洪宪、齐文远：《中国刑法改革与适用研究(上)》，中国人民公安大学出版社 2016 年版。
21. 马克昌、莫洪宪：《刑法》(第四版)，高等教育出版社 2017 年版。
22. 莫洪宪：《中国当代死刑制度改革的探索与展望》，中国人民公安大学出版社 2012 年版。
23. 莫洪宪：《犯罪学概论》，中国检察出版社 2003 年版。
24. 林亚刚：《刑法学教义》，北京大学出版社 2017 年版。
25. 皮勇、王刚：《量刑原论》，武汉大学出版社 2014 年版。
26. 陈家林：《外国刑法理论的思潮与流变》，中国人民公安大学出版社 2017 年版。
27. 陈家林：《外国刑法：基础理论与研究动向》，华中科技大学出版社 2013 年版。
28. 何荣功等：《毒品类死刑案件的有效辩护》，中国政法大学出版社 2017 年版。
29. 齐文远、童德华：《全球化视野下的中国刑法原理》，法律出版社 2018 年版。
30. 许玉秀：《当代刑法思潮》，中国民主法制出版社 2005 年版。
31. 黎宏：《刑法学》，法律出版社 2012 年版。
32. 陈志军：《刑法中的立功制度研究》，中国政法大学出版社 2018 年版。
33. 田立文：《立功制度研究》，中国人民公安大学出版社 2014 年版。
34. 肖中华：《犯罪构成及其关系论》，中国人民大学出版社 2000 年版。
35. 夏勇：《和谐社会目标下"犯罪化"与"非犯罪化"的标准》，法律出版社 2016 年版。
36. 程红：《中止犯研究》，中国人民公安大学出版社 2007 年版。
37. 康均心：《刑法学——制度、学说、案例》，武汉大学出版社 2012 年版。
38. 蔡墩铭主编：《刑法总则争议问题研究》，台湾五南图书出版公司

1988 年版。
39. 杨春洗：《刑事政策论》，北京大学出版社 1994 年版。
40. 梁根林：《刑事制裁：方式与选择》，法律出版社 2006 年版。
41. 李居全：《犯罪概念论》，中国社会科学出版社 2000 年版。
42. 卞建林、杨宇冠：《联合国刑事司法准则撮要》，中国政法大学出版社 2003 年版。
43. 董文惠：《犯罪被害人国家补偿制度基本问题研究》，中国检察出版社 2012 年版。
44. 刘迎秋：《全国研究生学术论坛优秀文集》，2008 年(经济学 · 法学卷)，社会科学文献出版社 2009 年版。
45. 周加海：《自首制度研究》，中国人民公安大学出版社 2004 年版。
46. 吴宗宪：《西方犯罪学史》，中国人民公安大学出版社 2010 年版。
47. 冯亚东：《理性主义与刑法模式》，中国政法大学出版社 1998 年版。
48. 梁根林等：《刑法教义与价值判断》，北京大学出版社 2016 年版。
49. 洪福增：《刑事责任之理论》，中国台湾刑事法杂志社 1982 年版。
50. 王勇：《定罪导论》，中国人民大学出版社 1990 年版。
51. 邱兴隆、许章润：《刑罚学》，群众出版社 1988 年版。
52. 蔡一军：《刑罚配置的基础理论研究》，中国法制出版社 2011 年版。
53. 林钰雄：《新刑法总则》，中国人民大学出版社 2009 年版。
54.《德国刑法典》，徐久生、庄敬华译，中国方正出版社 2004 年版。
55.《俄罗斯联邦刑法典》，黄道秀译，中国法制出版社 2004 年版。
56. 赵可：《犯罪被害人及其补偿立法》，群众出版社 2009 年版。
57. 邓晓霞：《自首制度的理论与实践反思》，中国政法大学出版社 2016 年版。
58. 曲新久：《刑法的精神与范畴》，中国政法大学出版社 2000 年版。
59.《俄罗斯联邦刑法典》，黄道秀译，北京大学出版社 2008 年版。
60.《最新意大利刑法典》，黄风译，法律出版社 2007 年版。
61. 宫本欣主编：《法学家茶座》(第 5 辑)，山东人民出版社 2004 年版。
62. 董晓松：《事后行为论》，法律出版社 2011 年版。

63. 左坚卫:《缓刑制度比较研究》,中国人民公安大学出版社 2004 年版。
64. 周光权:《刑法总论》,中国人民大学出版社 2011 年版。
65. 曲兴久主编:《刑法学》,中国政法大学出版社 2011 年版。
66. 高锋志:《自首与立功制度及司法适用》,中国人民公安大学出版社 2012 年版。
67. 于爱荣:《矫正质量评估》,法律出版社 2008 年版。
68. 翟中东:《国际视域下的重新犯罪防治政策》,北京大学出版社 2010 年版。
69. 袁彬:《刑法的心理学分析》,中国人民公安大学出版社 2009 年版。
70. 田成有:《法律社会学的学理与运用》,中国检察出版社 2002 年版。
71. 张智辉:《刑法理性论》,北京大学出版社 2006 年版。
72. 付立庆:《犯罪构成理论:比较研究与路径选择》,法律出版社 2010 年版。
73. 董晓松:《事后行为论》,法律出版社 2011 年版。
74. 刘建清:《犯罪动机与人格》,中国政法大学出版社 2009 年版。

二、中文论文

1. 张明楷:《论犯罪后的态度对量刑的影响》,《法学杂志》2015 年第 2 期。
2. 张明楷:《外国刑法中的本来的一罪》,《甘肃政法学院学报》1991 年第 3 期。
3. 张明楷:《论放弃重复侵害的行为性质》,《中外法学》2017 年第 6 期。
4. 莫洪宪:《论自首和立功》,《法学评论》1996 年第 2 期。
5. 郑延谱:《罪责自负原则——历史演进、理论根基与刑法贯彻》,《北京师范大学学报(社会科学版)》2014 年第 4 期。
6. 吴琦东、董桂武:《论帮助立功的价值及其规范结构》,《中国刑事法杂志》2009 年第 1 期。

7. 敬大力:《正确认识和掌握刑法中的情节》,《法学与实践》1987 年第 1 期。
8. 廖瑜:《情节的定义》,《北京大学学报(哲学社会科学版)》2008 年第 3 期。
9. 李洁:《定罪量刑情节若干问题研究》,《北华大学学报(社会科学版)》2001 年第 3 期。
10. 林竹静、徐鹏:《论罪后情节》,《中国刑事法杂志》2004 年第 3 期。
11. 陈洪兵:《认真评价本犯的事后行为》,《南京农业大学学报(社会科学版)》2009 年第 1 期。
12. 闫雨:《论危险犯的既遂后自动恢复》,《中国社会科学院研究生院学报》2015 年第 5 期。
13. 林亚刚:《论犯罪中止的若干争议问题》,《法学评论》2003 年第 6 期。
14. 周光权:《论中止自动性判断的规范主观说》,《法学》2015 年第 5 期。
15. 王昭武:《论中止犯的性质及其对成立要件的制约》,《清华法学》2013 年第 5 期。
16. 周少华:《作为目的的一般预防》,《法学研究》2008 年第 2 期。
17. 周光权:《刑法解释方法位阶性的质疑》,《法学研究》2014 年第 5 期。
18. 吕欣:《重识恢复性司法》,《求索》2012 年第 7 期。
19. 吕世伦:《略论黑格尔的刑罚学说》,《法学研究》1983 年第 5 期。
20. 杜宇:《司法观的“交战”:传统刑事司法 VS. 恢复性司法》,《中外法学》2009 年第 2 期。
21. 江溯:《刑罚的文化分析——大卫·加兰德刑罚社会学研究》,《清华法学》2008 年第 5 期。
22. 何荣功:《我国轻罪立法的体系思考》,《中外法学》2018 年第 5 期。
23. 王志祥、韩雪:《我国刑法典的轻罪化改造》,《苏州大学学报(哲学社会科学版)》2015 年第 1 期。

24. 赵秉志、金翼翔:《论刑罚轻缓化的世界背景与中国实践》,《法律适用》2012 年第 6 期。
25. 王政勋:《论社会危害性的地位》,《法律科学》2003 年第 2 期。
26. 董桂武:《论刑罚目的对量刑情节适用的影响》,《法学论坛》2018 年第 6 期。
27. 袁彬:《刑法制裁措施多元化的功能审视与结构完善》,《法学评论》2018 年第 4 期。
28. 何荣功:《"预防性"反恐刑事立法思考》,《中国法学》2016 年第 3 期。
29. 倪正茂:《从法律激励看对中国法律文化传统的继承》,《法学》2014 年第 1 期。
30. 储槐植、闫雨:《"赎罪"——既遂后不出罪存在例外》,《检察日报》2014 年 8 月 12 日第 3 版。
31. 杨学海:《赎罪事实也应是量刑的根据》,《法学杂志》1992 年第 3 期。
32. 李明琪、杨磐:《犯罪学标签理论的应然走向》,《中国人民公安大学学报(社会科学版)》2012 年第 3 期。
33. 谷超、马荣春:《论刑法的标签化及其克制》,《海峡法学》2014 年第 4 期。
34. 王世洲、刘孝敏:《关于中国刑法学理论体系起点问题的思考》,《政法论坛》2004 年第 6 期。
35. 陈家林:《犯罪论体系之演变》,《刑法论丛》2009 年第 3 期。
36. 冯军:《刑法教义学的立场与方法》,《中外法学》2014 年第 1 期。
37. 劳东燕:《风险社会与功能主义的刑法立法观》,《法学评论》2017 年第 6 期。
38. 张明楷:《刑法目的论纲》,《环球法律评论》2008 年第 1 期。
39. 杜宇:《"犯罪人—被害人和解"的制度设计与司法践行》,《法律科学》2006 年第 5 期。
40. 劳东燕:《功能主义刑法解释论的方法与立场》,《政法论坛》2018

年第2期。
41. 储槐植、张永红:《刑法第13条但书与刑法结构——以系统论为视角》,《法学家》2002年第6期。
42. 王育君:《退赃应规定为法定情节》,《法学研究》1996年第6期。
43. 储槐植、汪永乐:《再论我国刑法中犯罪概念的定量因素》,《法学研究》2000年第2期。
44. 陈兴良:《社会危害性理论:进一步的批判性清理》,《中国法学》2006年第4期。
45. 王昭武:《犯罪的本质特征与但书的机能及其适用》,《法学家》2014年第4期。
46. 刘宪权、谢非:《罪刑法定原则下的出罪机制》,《上海法治报》2018年5月23日第B06版。
47. 陈兴良:《论人身危险性及其刑法意义》,《法学研究》1993年第2期。
48. 李永升、陈伟:《我国法治视野下刑罚目的的理性选择》,《河南科技大学学报(社会科学版)》2006年第1期。
49. 刘宪权:《中国刑法发展的时代脉动——97刑法颁布实施20年刑事法治纵览与展望》,《法学》2017年第5期。
50. 王作富:《谈谈刑罚个别化》,《中国人民大学学报》1987年第4期。
51. 曲新久:《试论刑罚个别化原则》,《法学研究》1987年第5期。
52. 翟中东:《刑罚个别化的蕴涵:从发展角度所作的考察——兼与邱兴隆教授商榷》,《中国法学》2001年第2期。
53. 郑延谱:《从罪责刑相适应到罪责刑相适应——兼论刑法中"人"的消隐与凸显》,《法律科学》2014年第6期。
54. 梁华仁、王洪林:《试论刑罚个别化的根据》,《时代法学》2004年第2期。
55. 李永升:《罪刑相适应原则的内涵解读》,《甘肃社会科学》2005年第4期。
56. 王瑞君:《赔偿与刑罚关系研究》,《山东大学学报(哲学社会科学版）》2011 年第 3 期。
57. 王瑞君：《赔偿该如何影响量刑》，《政治与法律》2012 年第 6 期。
58. 林亚刚：《自首、立功若干规定的理念及反思》，《法学评论》2005 年第 6 期。
59. 宋云苍：《贪污受贿案件量刑均衡问题研究》，《刑事法评论》2007 年第 1 期。
60. 吴占英：《制度的支点：坦白制度价值纠问》，《政法论丛》2017 年第 5 期。
61. 刘峰江、莫洪宪：《犯罪后正行为模式的功能主义形塑》，《法律适用》2020 年第 5 期。
62. 王宇展、黄伯青：《"坦白从宽"入律之法理研究与实践操作》，《政治与法律》2012 年第 2 期。
63. 熊瑛：《污点证人作证豁免制度与立功制度的比较考察——兼论构建我国污点证人作证豁免制度》，《湖北社会科学》2011 年第 8 期。
64. 刘宏水：《立功的起始时间应是到案后》，《人民司法》2012 年第 12 期。
65. 柏浪涛：《探析立功的疑惑问题》，《新疆大学学报》2010 年第 2 期。
66. 孙国祥：《对合犯与共同犯罪的关系》，《人民检察》2012 年第 15 期。
67. 谢望原：《应从有利于维护人权角度理解自首与立功》，《检察日报》2003 年 9 月 4 日第 10 版。
68. 王安、王立华：《立功若干问题研究》，《人民司法》2004 年第 10 期。
69. 赵志华：《立功制度的法律适用》，《国家检察官学院学报》2003 年第 4 期。
70. 高铭暄、彭凤莲：《论立功的成立条件》，《北京师范大学学报（社会科学版）》2006 年第 5 期。
71. 韩强、张庆国：《立功适用若干问题探讨》，《人民司法》2001 年第 9 期。

72. 毛玲玲：《恶意透支型信用卡诈骗罪的实务问题思考》，《政治与法律》2010 年第 11 期。
73. 刘宪权、庄绪龙：《“恶意透支”型信用卡诈骗罪若干问题研究——兼评“两高”〈关于办理妨害信用卡管理刑事案件问题的解释〉之有关内容》，《当代法学》2011 年第 1 期。
74. 刘宪权、曹伊丽：《“恶意透支型”信用卡诈骗罪的刑法分析》，《华东政法大学学报》2010 年第 6 期。
75. 陈国庆、韩播元：《〈关于办理妨害信用卡管理刑事案件具体应用法律若干问题的解释〉理解与适用》，《人民检察》2010 年第 2 期。
76. 董晓松：《一个司法解释的困境与出路——“先强奸后通奸不宜以强奸罪论处”的再审视》，《吉林省教育学院学报》2007 年第 4 期。
77. 杨新培：《“先强后通”不以强奸论处质疑》，《法学》1988 年第 2 期。
78. 刘方圆：《从客体到主体：法学范畴分类的认知解释》，《政法论坛》2019 年第 6 期。
79. 许明华、傅登平：《先强奸后通奸应以强奸罪论处》，《现代法学》1985 年第 3 期。
80. 刘为波：《〈关于办理受贿刑事案件适用法律若干问题的意见〉的理解与适用》，《人民司法》2007 年第 5 期。
81. 王玉杰：《收受财物后退还或者上交与受贿罪的认定——对于“两高”受贿罪司法解释第九条的反思》，《中州大学学报》2009 年第 6 期。
82. 刘艳红：《象征性立法对刑法功能的损害——二十年来中国刑事立法总评》，《政治与法律》2017 年第 3 期。
83. 何其星：《收买被拐卖、绑架的妇女儿童罪探析》，《中国刑事法杂志》1993 年第 2 期。
84. 赵星、张晓：《论废除非法吸收公众存款罪》，《河北学刊》2014 年第 5 期。
85. 刘为波：《〈关于审理非法集资刑事案件具体应用法律若干问题的解释〉的理解与适用》，《人民司法》2011 年第 5 期。

86. 刘艳红：《当下中国刑事立法应当如何谦抑？——以恶意欠薪行为入罪为例之批判性析》，《环球法律评论》2012 年第 2 期。
87. 黄榆：《治罪恶意欠薪者，难！》，《工人日报》2017 年 1 月 21 日第 6 版。
88. 董丽君：《拒不支付劳动报酬罪适用中宽严相济刑事政策之贯彻》，《中国人民公安大学学报(社会科学版)》2018 年第 6 期。
89. 刘艳红：《环境犯罪刑事治理早期化之反对》，《政治与法律》2015 年第 7 期。
90. 孙佑海：《明确环境司法依据，从严打击环境犯罪——关于〈最高人民法院、最高人民检察院关于办理环境污染刑事案件适用法律若干问题的解释〉的解读》，《环境保护》2013 年第 15 期。
91. 刘丽、岳振：《自动铲除所种罂粟为什么不能免刑责》，《检察日报》2009 年 8 月 1 日第 3 版。
92. 赵秉志：《论行贿罪从宽处罚制度的司法适用》，《人民检察》2016 年第 12~13 期。
93. 张明楷：《行贿罪的量刑》，《现代法学》2018 年第 3 期。
94. 姜涛：《废除行贿罪之思考》，《法商研究》2015 年第 3 期。
95. 姜涛：《刑法中的犯罪合作模式及其适用范围》，《政治与法律》2018 年第 2 期。
96. 何荣功：《“行贿与受贿并重惩罚”的法治逻辑悖论》，《法学》2015 年第 10 期。
97. 孙国祥：《我国惩治贪污贿赂犯罪刑事政策模式的应然选择》，《法商研究》2010 年第 5 期。
98. 任磊：《收受财物后退交行为的理性审视——以经济成本分析为视角》，《中国政法大学学报》2014 年第 5 期。
99. 阮齐林：《绑架罪的法定刑对绑架罪认定的制约》，《法学研究》2002 年第 2 期。
100. 雷成：《“善良绑匪”被判 6 年引争议》，《中国青年报》2007 年 6 月 6 日。

101. 李建明：《收受他人财物后退还或者上交对受贿罪构成的影响》，《人民检察》2007 年第 16 期。
102. 张明楷：《逃税罪的处罚阻却事由》，《法律适用》2011 年第 8 期。
103. 赵秉志、陈志军：《短期自由刑改革方式比较研究》，《政法论坛》2003 年第 5 期。
104. 王文华、刘宏武：《“赔偿损失”对刑事责任的影响——兼论我国〈刑法〉中“赔偿损失”的类型化研究》，《法学杂志》2014 年第 1 期。
105. 庞冬梅：《公平正义理念之刑事法论域——以俄罗斯刑事法研究为视角》，《黑龙江省政法管理干部学院学报》2011 年第 4 期。
106. 董玉庭、龙长海：《论俄罗斯联邦刑法人道原则》，《当代法学》2008 年第 4 期。
107. 郑丽萍：《轻罪重罪之法定界分》，《中国法学》2013 年第 2 期。
108. 张明楷：《论减轻处罚与免除处罚》，《人民检察》2015 年第 7 期。
109. 刘明祥：《论危险犯的既遂、未遂与中止》，《中国法学》2005 年第 6 期。
110. 徐光华：《排除危险状态行为之认定》，《河北法学》2009 年第 3 期。
111. 于改之、吴玉萍：《刑法中的客观归责理论》，《法律科学(西北政法学院学报)》2007 年第 3 期。
112. 陆虞霖、史琦波：《索债欲爆煤气瓶维权不当苦自食》，《检察日报》2010 年 3 月 17 日第 2 版。
113. 高立勇：《从一起案例看故意犯罪的完成形态》，《检察日报》2010 年 10 月 12 日第 3 版。
114. 徐光华：《“以刑制罪”视阈下绑架罪的定性与量刑——对大样本绑架释放人质案件的实证考察》，《政法论坛》2018 年第 5 期。
115. 于志刚：《关于增设消除犯罪记录型缓刑之立法建议的质疑》，《山东警察学院学报》2010 年第 2 期。
116. 张明楷：《受贿罪中收受财物后及时退交的问题分析》，《法学》2012 年第 4 期。

117. 卢建平、赵康：《收受财物及时退交行为与受贿罪认定——以受贿罪司法解释为分析视角》，《人民检察》2015 年第 23 期。
118. 储槐植：《刑法契约化》，《中外法学》2009 年第 6 期。
119. 肖中华、赵震：《涉嫌受贿案件中“收受分离”情形的处理》，《法学杂志》2010 年第 10 期。
120. 何显兵：《论收受财物后退还或者上交的认定》，《河北法学》2012 年第 3 期。
121. 陈国庆、韩耀元：《〈关于办理受贿刑事案件适用法律若干问题的意见〉的解读》，《人民检察》2007 年第 14 期。
122. 欧锦雄：《中国特色定罪论体系的建构——以免罪事由为主线的展开》，《上海政法学院学报(法治论丛)》2014 年第 7 期。
123. 蒋慧玲：《免除刑事责任：通向割断犯罪和刑罚必然联系的路径——俄罗斯刑法应对和预防犯罪的另一种制度安排》，《刑法论丛》2009 年第 2 期。
124. 张建田：《论军人违反职责罪的立法完善》，《法学杂志》2008 年第 4 期。
125. 孙道萃：《“收受财物后及时退还”的刑法教义分析》，《江汉学术》2017 年第 1 期。
126. 王林林：《贪污、受贿犯罪后情节适用的规范化研究——基于 200 例贪污、受贿判决文本的实证分析》，《法律适用》2016 年第 9 期。
127. 陈光中、兰哲：《监察制度改革的重大成就与完善期待》，《行政法学研究》2018 年第 4 期。
128. 秦前红：《全面深化改革背景下检察机关的宪法定位》，《中国法律评论》2017 年第 5 期。
129. 张建伟：《法律正当程序视野中的新监察制度》，《环球法律评论》2017 年第 2 期。
130. 储槐植、张永红：《善待社会危害性观念——从我国刑法第 13 条但书说起》，《法学研究》2002 年第 3 期。
131. 张波：《刑法学的若干基本问题探讨》，《现代法学》2004 年第 6

期。
132. 黎宏:《罪刑法定原则下犯罪的概念及其特征——犯罪概念新解》,《法学评论》2002年第4期。
133. 马克昌:《论刑事责任与刑罚》,《法制与社会发展》1996年第2期。
134. 陈伟:《认真对待人身危险性评估》,《比较法研究》2014年第5期。
135. 陈伟:《自首与立功竞合时该如何认定问题研究》,《法商研究》2016年第1期。
136. 卢建军:《人身危险性评估的基本方法》,《人民检察》2011年第14期。
137. 杜宇:《"犯罪人—被害人和解"的制度设计与司法践行》,《法律科学》2006年第5期。
138. 陈兴良、邱兴隆:《罪刑关系论》,《中国社会科学》1987年第4期。
139. 王华伟:《中国刑法第13条但书实证研究——基于120份判决书的理论反思》,《法学家》2015年第6期。
140. 王新:《刑法中"有罪免刑"的规范化适用》,《检察日报》2018年4月15日第3版。
141. 张建伟:《认罪认罚从宽处理:内涵解读与技术分析》,《法律适用》2016年第11期。
142. 崔爱鹏、李淑娟:《论立功制度的本质》,《法学评论》2000年第3期。
143. 王瑞君:《赔偿作为量刑情节的司法适用研究》,《法学论坛》2012年第6期。
144. 朱铁军:《民事赔偿的刑法意义》,《刑事法评论》2010年第1期。
145. 王珏:《交易控制:从"赔偿减刑"到"花钱买刑"》,《云南社会主义学院学报》2013年第3期。
146. 阴剑峰:《故意杀人罪死刑司法控制论纲》,《政治与法律》2008年第 11 期。
147. 万国海、高永明：《刑事案件民事赔偿的量刑机理研究》，《南京社会科学》2018 年第 8 期。
148. 劳佳琦：《财产性判项与减刑假释的联动机制》，《中外法学》2018 年第 3 期。
149. 张明楷：《结果与量刑——结果责任、双重评价、间接处罚之禁止》，《清华大学学报(哲学社会科学版)》2004 年第 6 期。
150. 万志鹏：《大陆法系刑法中的“客观的处罚条件”》，《广西民族师范学院学报》2015 年第 4 期。
151. 付立庆：《战后日本刑法学的发展谱系及其课题》，《苏州大学学报(哲学社会科学版)》2016 年第 4 期。
152. 王世洲：《认罪认罚情节在定罪量刑中的作用》，《检察日报》2020 年 2 月 8 日第 3 版。
153. 陈卫东：《认罪认罚制度研究》，《中国法学》2016 年第 2 期。
154. 吴占英：《坦白制度设置根基的多维考察》，《齐鲁学刊》2017 年第 6 期。
155. 吴占英：《坦白成立要件“如实供述自己罪行”理解探微》，《法学杂志》2016 年第 10 期。
156. 吴占英：《论坦白制度的理论根基》，《法学论坛》2016 年第 9 期。
157. 吴占英：《论坦白制度的缺陷及其完善》，《政法论丛》2015 年第 4 期。
158. 刘启刚：《犯罪嫌疑人对“坦白从宽”认知态度的实证性研究》，《中国刑事法杂志》2014 年第 4 期。
159. 陈攀：《对行为人主观心态与行为性质的辩解及自首的认定》，《法律适用》2014 年第 4 期。
160. 董邦俊、丁祥雄：《论自首制度的本质》，《中国地质大学学报(社会科学版)》2003 年第 4 期。
161. 陈国庆：《量刑建议的若干问题》，《中国刑事法杂志》2019 年第 5 期。

162. 刘伟琦、刘仁文：《阶梯式从宽量刑不同诉讼阶段的认罪认罚》，《学术论坛》2019 年第 6 期。
163. 贾宇：《认罪认罚从宽制度凸显三大价值功效》，《检察日报》2020 年 2 月 26 日第 9 版。
164. 周新：《认罪认罚被追诉人权利保障问题实证研究》，《法商研究》2020 年第 1 期。
165. 卞建林、陶加培：《认罪认罚从宽制度中的量刑建议》，《国家检察官学院学报》2020 年第 1 期。
166. 闵春雷：《回归权利：认罪认罚从宽制度的适用困境及理论反思》，《法学杂志》2019 年第 12 期。
167. 杨宇冠、王洋：《认罪认罚案件量刑建议问题研究》，《浙江工商大学学报》2019 年第 6 期。
168. 赵学军：《坦白的正当化根据与合法性适用》，《法律适用》2019 年第 7 期。

三、学位论文

1. 张昱：《自首制度实证研究》，武汉大学 2014 年博士学位论文。
2. 吴占英：《坦白制度研究》，武汉大学 2015 年博士学位论文。
3. 廖瑜：《论犯罪情节》，西南政法大学 2009 年博士学位论文。
4. 贾楠：《刑法中的不可罚行为研究》，华东政法大学 2012 年博士学位论文。
5. 金福：《论立功制度——以刑罚裁量制度为视角》，吉林大学 2009 年博士学位论文。
6. 郑伟：《法社会学视野中的刑罚理念及制度》，吉林大学 2006 年博士学位论文。
7. 尹振国：《刑法激励制度研究》，西南政法大学 2017 年博士学位论文。
8. 孙建保：《刑法中的社会危害性理论研究》，华东政法大学 2013 年博士学位论文。

9. 徐久生：《刑罚目的及其实现》，中国政法大学 2009 年博士学位论文。
10. 熊瑛：《量刑视野下的立功制度研究》，西南政法大学 2011 年博士学位论文。
11. 杜雪晶：《中国非刑罚化论纲》，吉林大学 2005 年博士学位论文。
12. 蔡伟文：《减轻处罚研究》，西南政法大学 2013 年博士学位论文。

四、中文译著、译文

1. [德]汉斯·海因里希·耶赛克、托马斯·魏根特：《德国刑法教科书》，徐久生译，中国法制出版社 2017 年版。
2. [日]山口厚：《刑法总论》，付立庆译，中国人民大学出版社 2018 年版。
3. 德汉斯·约阿希姆·施奈德：《国际范围内的被害人》，许章润等译，中国人民公安大学出版社 1992 年版。
4. [美]霍华德·泽尔：《视角之变：一种犯罪与司法的新焦点》，狄小华等译，中国人民公安大学出版社 2011 年版。
5. [德]康德：《法的形而上学原理》，沈叔平译，商务印书馆 1991 年版。
6. [法]米歇尔·福柯：《规训与惩罚》，刘北成、杨远婴译，三联书店 2003 年版。
7. [意]贝卡里亚：《论犯罪与刑罚》，黄风译，北京大学出版社 2008 年版。
8. [美]乔治·B. 沃尔德、托马斯·J. 伯纳德：《理论犯罪学》，方鹏译，中国政法大学出版社 2005 年版。
9. [法]米海依尔·戴尔玛斯·马蒂：《刑事政策的主要体系》，卢建平译，法律出版社 2000 年版。
10. [德]克劳斯·罗克辛(Claus Roxin)：《刑事政策与刑法体系》，蔡桂生译，中国人民大学出版社 2011 年版。
11. [德]李斯特：《德国刑法教科书》，徐久生译，法律出版社 2006 年版。
12. [美]道格拉斯·胡萨克：《过罪化及刑法的限制》，姜敏译，中国法制出版社 2015 年版。
13. [美]霍姆斯：《法律的生命在于经验——霍姆斯法学文集》，明辉译，清华大学出版社 2007 年版。
14. [美]戈尔丁：《法律哲学》，齐海滨译，生活·读书·新知三联书店 1987 年版。
15. [英]边沁：《立法理论——刑法典原理》，李贵方、陈兴良等译，中国人民公安大学出版社 1993 年版。
16. [意]加罗法洛：《犯罪学》，王新译，中国大百科全书出版社 1996 年版。
17. [意]恩里科·菲利：《犯罪社会学》，郭建安译，中国人民公安大学出版社 2004 年版。
18. [美]博登海默：《法理学——法哲学及其方法》，邓正来等译，华夏出版社 1987 年版。
19. [日]大谷实：《刑法总论》，黎宏译，法律出版社 2003 年版。
20. [俄]Н. Ф. 库兹涅佐娃、И. М. 佳日科娃主编：《俄罗斯刑法教程(总论)》，黄道秀译，中国法制出版社 2002 年版。
21. [日]西田典之：《日本刑法各论》，王昭武、刘明祥译，法律出版社 2013 年版。
22. [英]边沁：《道德与立法原理导论》，时殷宏译，商务印书馆 2000 年版。
23. [英]韦恩·莫里森：《理论犯罪学——从现代到后现代》，刘仁文等译，法律出版社 2004 年版。
24. [德]约翰内斯·韦塞尔斯：《德国刑法总论》，李昌珂译，法律出版社 2008 年版。
25. [美]罗伯特·S. 萨默斯：《美国实用工具主义法学》，柯华庆译，中国法制出版社 2010 年版。
26. [意]杜里奥·帕多瓦尼：《意大利刑法学原理》，陈忠林译，中国人民大学出版社 2004 年版。
27. [法]卡斯东·斯特法尼：《法国刑法总论精义》，罗结珍译，中国政法大学出版社 1998 年版。
28. [德]康德：《法的形而上学原理》，沈叔平译，商务印书馆 1997 年版。
29. [德]汉斯·韦尔策尔：《目的行为论导论：刑法理论的新图景》，陈璇译，中国人民大学出版社 2015 年版。
30. [美]埃米利·希尔弗曼：《美国的刑事赔偿制度(上)》，刘孝敏译，载《刑法论丛》2006 年第 5 期。
31. [德]克劳斯·罗克辛：《刑法中的责任和预防》，[日]宫泽浩一监译，日本成文堂 1984 年版。

五、外文文献

1. Larry J. Siegel, Criminology, Thomson Wadsworth, 2009.
2. Herbert L. Packer: The Limits of the Criminal Sanction, Standford, California: Stanford University Press, 1968.
3. Sentencing Guidelines Council 2007; New South Wales Sentencing Council 2009; Law Reform Commission of New Zealand 2008.
4. Wundersitz, Joy and Sue Hetzel "Family Conferencing for Young Offenders: The South Australian Experience", In Family Group Conferences: Perspectives on Policy & Practice, edited by Joe Hudson.
5. Sheri Lynn Johnson, The Politics of Predicting Criminal Violence, 86 Mich. L. Rev. 1322, 1324 (1988).
6. Laura J. Moriarty, Controversies in Victimlogy, Anderson Publishing Co, 2003.
7. Marshall, T. (1996), The Evolution of Restorative justice in Britain, European Journal on Criminal Policy and Research, Vol. 4.
8. Mary M. Chen, "Constitution Limits on Using Civil Remedies Achieve Criminal Law Objectives: Understanding and Transcending the Criminal—

Civil Law Distinction", 42 Hastings L. J. (1991).

9. John R. Taylor, Linguistic Categorization: Prototypes in Linguistic Theory, 2th ed., Oxford: Oxford University Press, 1995.

10. Julian V. Roberts&Ben Bradford, "Sentence Reductions for a Guilty Plea in England and Wales: Exploring New Empirical Trends." Journal of Empirical Legal Studies 12. 2 (2015).

11. Andrew von Hirsch, "Neoclassism, Proportionality, and the Rationale for Punishment: Thoughts on the Scandinavian Debate", 29 Crime and Delinquency, 1983.

12. Barnett, R., "Restitution: A New Paradigm of Criminal Justice", Ethics 87: 4, 1997.

13. Eric J. Wodahl&Brett Garland, The Evolution of Community Corrections: The Enduring Influence of the Prison, The Prison Journal, Vol. 89 (2009).

14. Robert Martinson, What Works? Questions and Answers about Prison Reform, The Public Interest, 25(1974).

15. Daniel W. Van Ness, Anchoring Just Deserts, Criminal Law Forum, Vol. 6 (1995).

16. G. Arzt /U. Weber, Strafrecht Besonderer Teil Lehrbuch, Verlag Ernst und Werner Gieseking 2000, S. 458ff.

17. Wessels /Hillenkamp, Strafrecht Besonderer Teil /2, 23. Aufl., C. F. Müller 2000, S. 202.

18. Bryan A. Garner editor in Chief. Black's Law Dictionary (Eighth Edition), West Group, 2004.

19. G. Santacroce, Relazione sull'amministrazione giustizia nell'anno, 2013.

20. Hastings [1996] 1 Cr. App. R(S) 167.

21. Joachim Herrmann. Bargaining Justice—A Bargain for German Criminal Justice? 53 U. Pitt. L. Rev., 1992.

22. Kirke D. Weaver, A Change of Hear or A Change of Law? Withdrawing

A Guilty Plea Under Federal Rule of Criminal Procedure 32(E), 92 J. Crim. L. & Criminology. 2001.

23. Mireille Delmas Marty, J. R. Spencer et al. European Crimial Procedures, Combridge University Press, 2002.

24. Preliminary Draft Elements of a Declaration of Basic Principles on the Use of Restorative Justice Programs in Criminal Matters, UN. 2000.

25. Wayne R. Larave, Jerold H. Israel, Nancy J. King. Criminal Procedure (3 rd Ed.), West Group, 2000.

26. Damien M. B. Gerard, Negotiated Remedies in the Modernisation Era: The Limits of Effectiveness, European Competition Law Annual, Vol. 2013.

27. Walker, N. and Padfied, N., Sentencing Theory, Law and Practice, 2nd edn, London: Butterworths, 1996.

28. SchÖnke /SchrÖder, Strafgesetzbuch, 26. Aufl., C. H. Beck 2001, S. 2055.